一橋大学経済研究叢書 12

津田内匠訳

チュルゴ経済学著作集

岩波書店

経済研究叢書発刊に際して

経済学の対象は私たちの棲んでいる社会である。それは、自然科学の対象である自然界とはちがって、たえず変化する。同じ現象が何回となく繰返されるのではなくて、過去のうえに現在が成立ち、現在のうえに将来が生みだされるという形で、社会の組立てやそれを支配する法則も、時代とともに変ってゆくのが普通である。したがって私たちの学問も時代とともに新しくなってゆかねばならぬ。先人の業績を土台として一つの建造物をつくりあげたと思った瞬間には、私たちは新しい現実のチャレンジを受け、時には全く新しい問題の解決をせまられるのである。

いいかえれば経済学者は、いつも摸索し、試作し、作り直すという仕事を、性こりもなく続けなければならない。経済研究所の存在意義も、この点にこそあると思われる。私たちの研究所も、一つの実験の場である。あるいは、所詮完全なものとはなりえない統計を、すこしでも完全なものに近づけることに努力したり、あるいは、その統計を利用して現実の経済の動きの中に発展の法則を発見しようとしたり、あるいは、分析の道具そのものをみがくことに専念したり、あるいは、外国の経済の研究をとおして日本経済分析のための手がかりとしたり、あるいは、先人のきわめようとした原理を追求することによって今日の分析のための参考としたり、私たちの仕事はきわめて多岐にわたる。こうした仕事の成果を、その都度一書にまとめて刊行しようというのが本叢書の趣旨にほかならない。ときには試論の域を出でないものがあるとしても、それは学問の性質上、同学の方々の鞭撻と批判を受けることの重要さを思い、あえて刊行を躊躇しないことにした。ねがわくは、読者はこの点を諒承していただきたい。

本叢書は、一橋大学経済研究所の関係者の筆になるものをもって構成する。必らずしも定期の刊行は予定していないが、一年間に少なくとも三冊は上梓のはこびとなろう。こうした専門の学術書は元来その公刊が容易でないのだが、私たちの身勝手な注文を心よくききいれて出版の仕事を受諾された岩波書店と、研究調査の過程で財政的な援助を与えられた東京商科大学財団とには、研究所一同を代表して、この機会に深く感謝の意を表したい。

一九五三年八月

一橋大学経済研究所所長

都留重人

訳者まえがき

一　本書はアンヌ・ロベール・ジャック・チュルゴ(Anne-Robert-Jacques Turgot 1727—81)の以下の経済学諸著作の翻訳である。すなわち、

『商業、貨幣流通と利子、諸国家の富にかんする著述プラン』(Plan d'un ouvrage sur le commerce, la circulation et l'intérêt de l'argent, la richesse des Etats, 1753—54)(以下『プラン』と略記する)

『指定市場』(Foire, article de *l'Encyclopédie*, 1757)

『財団』(Fondation, article de *l'Encyclopédie*, 1757)

『ヴァンサン・ド・グルネー讃辞』(Eloge de Vincent de Gournay, 1759)(以下『グルネー讃辞』と略記する)

『二人のシナ人あて、シナにかんする質問』(Questions sur la Chine adressées à deux Chinois, 1766)(以下『質問』と略記する)

『富の形成と分配にかんする諸考察』(Réflexions sur la formation et la distribution des richesses, 1766)(以下『諸考察』と略記する)

『リモージュ農業協会から賞を授与された諸論文にかんする所見、一　グラスランの覚書きについて、二　サン・ペラヴィの覚書きについて』(Observations sur les mémoires récompensés par la Société d'Agriculture de Limoges, I. Sur le mémoire de Graslin, II. Sur le mémoire de Saint-Péravy, 1767)(以下『所見』と略記する)

『価値と貨幣』(Valeurs et Monnaies, 1769?)

二　(1)　翻訳のテクストとしては、『諸考察』の目次の分類をふくめて、シェル版『チュルゴ著作集』全五巻(Œuvres de Turgot et documents le concernant, avec biographie et notes, éd. par Gustave Schelle, Paris, 1913—23, 5 vols.)のうち第一、第二、第三巻を使用し、シェルによってはじめて発見された『プラン』以外は、一般的にデュポン版『チュルゴ氏著作集』(Œuvres de M. Turgot, ministre d'Etat, précédées et accompagnées de mémoires et de notes sur sa vie, son administration et ses ouvrages, par Dupont de Nemours, Paris, 1808—11, 9 vols.)(小樽商科大学シェル文庫所蔵)とデール版『チュルゴ著作集』(Œuvres de Turgot, nouvelle édition classée par ordre de matières avec les notes de Dupont de Nemours, augmentée de lettres inédites, des questions sur le commerce, et d'observations et de notes nouvelles par MM. Eugène Daire et Hippolyte Dussard et précédée d'une notice pour la vie et les ouvrages de Turgot, par Eugène Daire, Paris, 1844, 2 vols.——De la collection des principaux économistes——)とを参照した。そのほか『指定市場』、『財団』についてはEncyclopédie ou Dictionnaire raisonné des sciences, des arts et des métiers, Paris et Neufchâtel, Tom. VII を参照し、『財団』についてはほかに W. W. Stephens; The life and writings of Turgot, comptroller general of France, 1774—6, London, 1895 所収の英訳(抄訳)"Endowments"を参考にした。

(2)　チュルゴの著作集には以上の三種類がある。デュポン版は最初の『著作集』であり、多くの貴重な同時代的資料を提供していると言えるが、同時にデュポンは編集にあたってチュルゴの原稿に多くの改稿・削除・脚注を加えたため、不完全なもの、あるいはフィジオクラート的に歪曲されたものとなった。一九世紀に最も流布したデール版は、デュポン版から経済学諸著作だけを選び、これに多少の字句の訂正と、編集者注を施し、デュポン版の年代順排列を問題別排列におきかえたもので、デュポン版の不正確さをそのまま踏襲している。これらのデュポン版、デール版の不正確さを指摘したのがシェルであった。かれは、各地の文書保管所《アルシーヴ》、とくにチュルゴの財務管区知事としての任地であったリモージュやチュルゴが財務総監を辞任後、晩年をすごしたラントゥーユ(Lanteuil)の文書保管所《アルシーヴ》を丹念に調査し、直接源泉資料にあたって未発表手稿・断片・書簡等を徹底的に収集し、厳密なテクスト・クリティークによって、デュポン版、デール版の「誤り」を訂正した。これがこんにち学術的標準版とされているシェル版『チュルゴ著作集』である。各版の異動の大要は、各著作の冒頭に記されているが、そこでA・Lと記されているのは、Archive de Lanteuil(ラントゥーユ文書保管所)の略号である。なおシェル版の誤植と思われるものは、前記二版のほか、ヴィグリュウ編『チュルゴ』(経済学選集)(Turgot(1727—1781), Textes choisis et préface par Pierre Vigreux. Paris, 1947——De la collection des grands économistes——)によって適宜訂正した。

(3) 『諸考察』の版本についてはシェルの注にも指摘されているが、つぎの諸版がある。㈠いわば『市民日誌《エフエメリード》』版(一橋大学メンガー文庫所蔵)。これは『諸考察』が一七六九年から七〇年にかけて、当時、重農学派の機関誌『市民日誌』にはじめて発表されたときのもので編集者デュポンによって多くの改変が加えられた。㈡一七七〇年版と一七八八年版(小樽商科大学シェル文庫、一橋大学メンガー文庫所蔵)。チュルゴはこのデュポンの改変に抗議して自分で一七七〇年正本を印刷に付し、これが一七八八年に再版された。㈢デュポンは、前述のデュポン版編集のさいに再び『市民日誌』版に改変を加え、㈣デールはまた前述のデール版編集のさいに多少字句を訂正し脚注を加えた。㈤ロビノ版(Turgot, Administration et Œuvres économiques, par Robineau. Paris, 1890—Petite bibliothèque économique française—)。シェル版は一七七〇年版、八八年版を底本に使用している。『市民日誌』における改変は、シェルの言うように、最初の部分だけではないし、またデュポン版は『市民日誌』版と同一ではなく、これらの諸版はそれぞれ異なっている。これらの諸版のうち訳者は一七七〇年版を見ることができなかったが、ここではそれ以外の版をすべて参照した。各版の異動はたんなる版本の考証ではなく、重農学派とチュルゴとの見解の相異を知る上に貴重である。シェルは『諸考察』各版の相異の主要なものを注で収録し指摘している。訳者もまたシェルにならって『諸考察』各版の異動をすべて注記してシェルの指摘を補なった。ただしデール版のデールの脚注は省いた。

(4) 『諸考察』には早くからこんにちにいたるまで、訳者の知るかぎりでも多くの諸外国語訳がある。英訳にはつぎの三種類がある。

Reflections on the formation and distribution of wealth. (*in* McCulloch, A select collection of scarce and valuable economical tracts, London, 1793.)

Reflections on the formation and distribution of riches, by Mr. Turgot. (*in* An Inquiry into the nature and causes of the wealth of nations, by Adam Smith, Basil, 1801.)

Reflections on the formation and the distribution of riches, by Turgot. New York, 1898. (Economic classics, edited by W. J. Ashley)

ドイツ訳にもつぎの三種類がある。

Untersuchung über die Natur und den Ursprung der Reichtümer und ihrer Verteilung unter den verschiedenen Gliedern der bürgerlichen Geselschaft. Aus dem französischen übersetzt. Lemgo, 1775. (一橋大学メンガー文庫)

Betrachtungen über die Bildung und die Verteilung des Reichtums, aus dem französischen Original ins Deutsche übersetzt von Valentine Dorn und eingeleitet von Heinrich Waentig. Dritte Auflage, Jena, 1924.

Anne Robert Jaques Turgot, Leben und Bedeutung des Finanzministers Ludwigs XVI, unter Abdruck seiner noch heute wichtigen Schriften, Biographie, Würdigung und Textwahl von Walter Weddigen, Bamberg, 1950. に『グルネー讃辞』と『所見』中の「サン・ペラヴィの覚書きについて」の訳とともに収録されている Betrachtungen über die Bildung und Verteilung des Reichtums.

ロシア訳には、『価値と貨幣』の訳といっしょに収録されている、ミクラシェフスキーによる訳ならびに解説、Тюрго. Размышления о создании и распределении богатств, Ценности и Деньги, пер. и дополнения А. Н. Миклашевского, Юрьев, 1905. がある。ほかに、『諸考察』のスウェーデン訳があり、Turgot, statsman, ekonom, förkämpe för ett fritt näringsliv, Anne Robert Jacques Turgot, Levnadsteckning av Gunnar Löwegren, Stockholm, 1950. に『グルネー讃辞』の訳とともに収録されている。

訳出にあたっては、主としてアシュレー版を参照し、スウェーデン訳を除いて他のものを適宜参照した。

(5) ここに訳出した諸著作のうち、つぎのものには邦訳がある。すなわち、

『質問』については、李永霖訳、『チュルゴート支那ノ二青年』(国民経済雑誌、第二九巻五号・六号—第三〇巻三号、大正九年一一月、一二月、一〇年三月)。

『諸考察』については、原田光三郎訳、チュルゴー『富の形成と分配』(大正一三年三月、京都、弘文堂)、永田清訳、チュルゴオ『富に関する省察』(昭和九年一一月、東京、岩波文庫)

『価値と貨幣』については、山内毅訳、チュルゴオ『価値と貨幣』(三田学会雑誌、三二巻二号、昭和一三年二月)である。

これらの諸著作の訳出にあたっては、それぞれ有益な教示をえた。とくに永田訳はたいへん参考になった。諸先学

の貴重な労作に深く感謝する。

三　訳文はできるだけ原文に忠実であるように努め、なるべく当用漢字、現代かなづかい、新送りがなのつけ方に従うようにした。地名、人名の表記もほぼこの原則に合わせ、フランス語原文が要求する発音の表記にはしなかった。

四　注は各パラグラフごとにつけた。チュルゴの原注はカッコなしの数字で、シェルの注はカッコつきの数字で示し、訳者注は＊印で示した。

五　各著作の冒頭にある、（　）で示された各版の指示、内容見出しはシェルによるものである。術語、地名、人名、書名等の訳者による原語挿入以外、本文中（　）で示されるものは、すべてチュルゴの原文である。訳者が本文中にことばを補なった場合、または度量衡等にかんする簡単な注記を示した場合には〔　〕を用いた。

六　原文中、イタリックのものは、書名以外は、傍点を付した。ただし『諸考察』中、シェルによる各版照合の部分では読みにくさをさけるための傍線とした。

訳者は一九五一年から五六年にかけて、東京商科大学の大塚金之助先生の研究室で、先生の指導を受けた。先生の示唆と指導にもとづいて、訳者がチュルゴの哲学・歴史思想研究に着手したのは、一九五五年であった。以来、訳者はチュルゴの哲学・歴史学諸著作と経済学諸著作の主要なもののいちおうの訳稿をえたが、成果のはなはだとぼしいことを深く恥ずかしく思う。こんかい都合で経済学諸著作の一部をさきに発表することにした。訳者自身は気づかずに潜在しているであろう多くの誤りや訳者自身気づいている全体的な未熟さを思えば、訳稿の発表もおのずからためらわざるをえないが、こんご多くの方々の批判や教示をえて、機会があればさらによりよいものにしたいと思う。

訳者はこの翻訳作業中、非常に多くの方々の援助をいただいた。さきにものべたように訳者に研究生活の出発点を与えられ、さらにこんにちまで、たえずあたたかい激励を与えられた大塚金之助先生ご夫妻にこころからのお礼を申しあげなければならない。さらに訳者の訳業とその発表に機会を与えられた一橋大学経済研究所所長はじめ諸先生方に深く感謝する。ことに学説史および経済史研究部門の松川七郎教授、大野精三郎助教授からは、多くのご教示とご配慮をいただいた。小樽商科大学所蔵のシェル文庫の閲覧について、これまで数年間かずかずのお手数をかけたにもかかわらず、いつもこころよく便宜を供された同大学の浜林正夫助教授、ビブリオグラフィやマイクロ・フィルムの作製について適切なご配慮をいただいたソ同盟科学アカデミー社会科学基本図書館長シュンコフ博士(Д-р. В. И. Шунков)とに深く感謝する。そしてさらに訳稿にかんして貴重な助言をいただいた静岡大学助教授 杉山忠平、一橋大学助教授 石川滋、同 鈴木秀勇、同 高橋安光、同大学助手 宇津木正、明治学院大学講師 渋谷一郎、川崎隆司、東京大学大学院学生 吉原泰助、原稿の清書と整理にあたった津田浩子の諸氏に深く感謝する。

一九六一年八月

津田内匠

付記　この訳稿の校正中に、ロシア訳の新版『チュルゴ、経済学著作選集』(Тюрго, Избранные экономические произведения, Москва, 1962)の刊行が予告された。

この翻訳にかんして、訳者は一九六〇年度に文部省科学研究費を交付された。

目　次

解　題

——チュルゴの経済思想形成の過程に即して——

アンヌ・ロベール・ジャック・チュルゴは一七二七年五月一〇日パリで旧貴族の三男として生まれた。父は、その後二年してパリ市長(Prévôt des Marchands)に就任している(一七二九—四〇年)。チュルゴは、当時の慣習と両親の希望に従って神学教育を受けた。かれが当時フランスに導入されたばかりのイギリス経験主義思想と、その紹介者たるヴォルテール等の諸著作に接したのは、一七四六年ごろ、この神学教育を受けているころであったと言われる。かれは、一七四八年末サン・シュルピス神学校(Séminaire de Saint-Sulpice)に入り、翌四九年にはソルボンヌ神学部付属(la Maison de Sorbonne)に入って、アベ・チュルゴ(abbé Turgot)と呼ばれた。当時のソルボンヌは神学研究、書物検閲、啓蒙思想弾圧の中心であったが、この付属は言論統制の空気とは無関係で、かなり「市民的」であったと言われている。事実、チュルゴの研究領域は、神学のほか言語学・哲学・歴史学・法学・文芸・物理学・数学・経済学等におよび、のちの百科全書家としての素地を作った。かれは、言語学・哲学研究では、ロックの強い影響を受けて感覚論的立場からモペルチュイ、バークリーの観念論を批判し(Remarques critiques sur les Réflexions philosophiques(de Maupertuis)sur l'origine des langues et la signification des mots; Lettres à l'abbé de…sur le système de Berkeley)、それによってのちの哲学上の主著『存在』(百科全書の項目)(L'Existence)の基礎を作り、歴史学ではこの哲学的立場に立ちながらモンテスキューの風土決定論《クリマトロジー》に批判的であった(Recherches sur les causes des progrès et de la décadence des sciences et des arts, ou Réflexions sur l'histoire des progrès de l'esprit humain(Fragments)1748)。かれが一七五〇年ソルボンヌ僧院長に選ばれ、開講・閉講の歴史講演、とくに閉講講演によって進歩の歴史観を示したことは周知のことである(Discours sur les avantages que l'établissement du christianisme a procurés au genre humain; Tableau philosophique des progrès successifs de l'esprit humain)。こうした研究関心のなかでチュルゴの宗教的立場は理神論にいたり、かれは、一七五一年、父の死を契機にとつぜん僧籍をすてた。翌五二年一月から官界に進み、まず高等法院検事総長補佐官(substitut du Procureur général au Parlement)、同年一二月高等法院参事官(conseiller au Parlement)、翌五三年以来請願委員(Maître des Requêtes)に就任し、行政官としてしだいに現実の政治・経済諸問題と接触しはじめ、六一年リムーザン財務管区《ジェネラリテ》知事となるまでこの職にあった。この間かれは、グルネーとケネーの知己を得るようになり、かれの経済思想形成の上で大きな影響を受け、ほかにおおくのサロンでドルバック、ガリアニ、レイナル、エルヴェシウス、ディドロ、ダランベール等と相知り、多彩な交友関係を持った。

一七六一年八月、三四歳のチュルゴは、時の財務総監(Contrôleur général des Finances)ベルタンによってリムーザン財務管区知事に任命された。かれはただちに赴任して、一七七四年、海軍大臣就任まで一三年間この地位にあったが、この間かれは、グルネーとケネーの影響のもとに、租税制度の改革、土地台帳の作製、純生産物の調査、土地単税計画の主張、賦役《コルヴェ》・軍役《ミリス》制度の改良、道路の建設、穀物通商の自由化、農業技術の改善、新産業の奨励等にわたって実践的改革を行ない、一方これらの諸改革と併行して、主著『富の形成と分配にかんする諸考察』のほか、『鉱山および石切場にかんする覚書き(一七六四年)』(Mémoire sur les mines et carrières)、『リモージュ農業協会によって賞を授与された諸論文にかんする所見』、『価値と貨幣』、『貨幣の貸付けにかんする覚書き(一七七〇年)』(Mémoire sur les prêts d'argent)、『穀物通商にかんする財務総監アベ・テレあての書簡』(一七七〇年)』(Lettres au Contrôleur général abbé Terray sur le commerce des grains)等を執筆して、かれの経済理論・政策を確立した。この時代のチュルゴの回状、報告書等は、ほとんどすべて諸改革の主旨・方法の原理的説明をふくむものである。かれは、一七六四—六六年にかけてフランスに滞在中のアダム・スミスと相知り、しばしば会合したと言われている。

一七七四年五月ルイ一六世の即位を契機にチュルゴは海軍大臣に任命され、八月には財務総監に任命された。当時フランスの財政事情は極度に悪く、不作と高価のため食糧事情も悪化していた。チュルゴは就任後ただちにこの問題を改善すべく九月一三日王国内の穀物通商の自由と輸入の自由を布告したが、結果は逆に悪化した。一七七五年春以来、世情は日に日に険悪化し各地に暴動が起り、五月に入ると暴動はついにヴェルサイユ、パリにまで波及した。チュルゴはこの暴動鎮圧に成功し、内閣におけるかれの立場を強化し、大規模な改革に着手することを可能にしたが、同時に民衆の不満を抑えることができず、やがて失脚の原因の一つを作ることになった。

一七七五年、チュルゴは、デュポンとの共作と言われる『自治体にかんする覚書き』(Mémoire sur les Municipalités)を国王に提出し、土地所有者による地方自治体の創設によって王制の改革をはかったがもちろん実現をみなかった。さらにチュルゴは、一七七六年二月、㈠賦役の廃止、㈡パリの穀物取締りと穀物に対する地方税の廃止、㈢パリの河岸、市場、港にある監督事務所の廃止、㈣宣誓手工業組合(Jurandes)による職人ギルドの廃止、㈤油脂税の改正、㈥食肉取引きを奨励するという名目で実際には食肉価格をひき上げていたポワッシ融資銀行(La caisse de Poissy)の廃止という六項目にわたる勅令を布告し、それぞれの布告の前文に詳細な原理的説明をつけた。㈡は一七七四年の布告の拡張であり、㈢、㈤、㈥は局部的問題の改革であるが、㈠、㈣はフランス全土にわたる社会・経済史上空前の改革であった。この大改革は貴族、僧侶その他の特権階級、高等法院、土地所有者等の激しい反撃にあい、一方民衆の支持もえられず、チュルゴは同年五月財務総監の職を辞した。チュルゴは失脚後は物理学の研究や詩の翻訳に専念し、またスミスと通信を交わしていたとも言われるが、書簡は発見されていない。チュルゴは痛風を病んで一七八一年三月一八日パリで死亡した。

以上は、チュルゴの生涯の全くの概略であるが、これによってもうかがえるように、かれの生涯の著作活動の時期は、およそつぎの三つに分けられる。第一期は、ソルボンヌにおける百科全書家的諸研究の時期から、請願委員としてのかたわら、グルネーの指導を受けて自由放任の理論を展開し、著作の上では『ヴァンサン・ド・グルネー讃辞(一七五九年)』(Éloge de Vincent de Gournay)に結実する、いわばチュルゴの経済思想形成の前期(一七四八―六一年)であり、第二期は、リムーザン財務管区知事としての諸改革と、著作の上では『諸考察』に代表される時期(一七六一―七四年)であり、第三期は、財務総監時代の勅令諸改革に代表される時期(一七七四―七六年)である。訳者は、ここに第一、二期の著作のうち『諸考察』を中心にして、かれの経済思想形成の経過と諸特徴を知る上に比較的重要なものを訳出した。以下、第一期の諸著作からみておこう。

第一期の諸著作が執筆された一七五〇年代は、周知のようにフランス絶対王制の弱体化とブルジョワジーの積極的な進出の時期である。しばしば指摘されるように、ジョン・ローの金融政策の失敗(一七二〇年)やオーストリア継承戦争(一七四四―四八年)等を契機として、絶対王制はその矛盾を露呈し、さらに七年戦争(一七五六―六三年)は決定的な財政破綻をきたしてブルジョワジーの進出をヨリ確定的にした。四八年のエクス・ラ・シャペルの講和やモンテスキューの『法の精神』の刊行を契機に、ジョン・ロー体制の挫折後のフランス経済の混乱の収拾、再建の方図について、また絶対王制の批判そのものについて、多くの議論が集中されるのである。この時期の絶対主義、その経済的体制としてのコルベルチスム批判を特徴づけるものは『百科全書』の公刊(一七五一年)に集約される啓蒙思想とケネーの『経済表』(一七五八年)に代表される重農主義であるが、グルネーの自由放任政策は、これにさきだつコルベルチスム批判の前史としての意義をになった。比較的リベラルな財務総監マショオ・ダルヌヴィルの支持もあって、一七五一年グルネーは自由な商工業者を代表する形で商工監督官に就任し、コルベルチスム批判の道を開いた。そしてこのグルネーの死んだ一七五九年には、さらにベルタンが財務総監に就任して、ケネーを中心とする重農学派の運動を助けることになる。チュルゴの経済思想は、このコルベルチスム批判の二段階とともに発展するのであるが、ここに訳出された第一期の諸著作はすべて基本的にはグルネーの自由放任論の影響下にあるといえるものである。しかしこの時期のチュルゴの経済思想がことごとくグルネーの影響下にあったわけではない。

チュルゴは、最初、グルネーの自由放任論とは無関係に、前述の百科全書家的諸研究のなかで、ロー体制批判と、「政治地理学」(la Géographie politique)の構想とによって経済学への接近を試みている。前者についていえば、かれは一七四八年の「著述予定表」に「流通論。利子、銀行、ローの体制、信用、為替および商業」(Traité de la circulation ; intérêt, banque, système de Law, crédit, change et commerce)という唯一の経済学のテーマを書き残したが、翌四九年には『法の精神』に刺戟され、ロックの貨幣論にも言及しつつ、ロー体制批判のための『紙幣にかんする書簡(未完)』(Lettre sur le papier-monnaie)を執筆し、前記テーマの利子、信用、銀行、貨幣、金の価値、手形等を論じようとした。かれはそこで「貨幣は記号ではなく、まさに商品として他の諸商品の共通の尺度である」として、転倒した信用論と誤まった貨幣の価値規制による紙券の発行に反対した。ロー体制挫折後の紙幣の問題は、ムロン、デュト、モンテスキュー等によって論じられ当時議論の一中心であった。ローの失敗は「重農主義の普及ならびにその興隆をさえ促進した直接の歴史事情」(マルクス)である。そしてチュルゴにとっても、ロー体制の批判は経済学の最初の直接的問題であった。ここでさらに経済学への他の一つの接近、「政治地理学」の構想についてみておく必要がある。「政治地理学」とは、一般的にはアッヘンヴァルによってStatistikという用語が確立される以前にフランスで代用された用語であると言われる。チュルゴは一七五一年ごろ、かれの「進歩の歴史観」にもとづく『世界史論』(Plan de deux Discours sur l'histoire universelle)の発展として政治地理学の構想を持った。「政治地理学」は、この「合理的世界史」の「断面図」である。ここで詳しくふれる余裕はないが、チュルゴは「世界史論」で「商業の精神」を社会進歩の重要な契機の一つとみなし、いわば「商業の精神」の歴史的状況を世界史の各時代、いくつかの「政治的世界図」の系列において考察することを「政治地理学」の一つの、そして主要な目的とした。チュルゴによれば、「政治地理学のすべての問題を解く二つの基本要素」は、「生産物の多様性と交通の便」である。すなわちそこでは多様な生産物の生産行程の分析ではなく、もっぱら流通面での考察が問題であった(Plan d'un ouvrage sur la Géographie politique)。われわれは、シェルによって一七五三―五四年の執筆と推定される『政治地理学について』(Sur la Géographie politique)という手稿断片において、『プラン』直前のチュルゴの諸見解を知ることができる。かれは『政治地理学』において、この「生産物の多様性」から商業＝分業の必然性と有利性を説き、もっぱらこの観点から外国貿易、植民地貿易、国内交易を考察した。かれは国内交易にかんしては特権マニュファクチュアの都市集中を非難し、外国貿易にかんしては航海条令以後の各国の保護貿易の「愚」を批判したが、主として流通機構にかかわる「生産物の多様性」の観点と個人を捨象した国家的視点のために、結局は「強大な国家」と「よく管理された」植民地貿易を主体とする重商主義体制を遠く離れなかった。もっともかれが生産を全く無視したわけではない。しかしかれが特権マニュファクチュアの都市集中を非難して一種の地方分散マニュファクチュアを主張する場合、それは低賃金による国際競争での優位の実現のためにほかならなかった。かれはまた土地の「有益な生産力」を「不生産的な華美」や「無為な人間の散歩道」に代えることに反対した。しかしかれはこれについては、所有権を「社会全体の有用性」という「公益」の観点から規制し、それによってコルベルチスムの個人的不生産的特権を規制しようとした。かれは所有権の根拠については、まだ全くの自然秩序において理解している。かれによれば、土地は「同一の父(神)の子たるすべての者に遺贈され、「土地の分割は社会の本性の一結果であり、また富の不平等を社会に確立するために神がつけ給うた道」である。そしてかれは、公益の観点から「所有権は全体の有用性の上に定められる。ゆえに所有権は全体の有用性に従属させられる」と考えていた。しかし所有の不平等こそ社会進歩の必要条件と考えるチュルゴにとっては、所有権に対する規制は最小限にとどめざるをえず、したがってこのエタチスムによるコルベルチスム批判もまた最小限たらざるをえなかったのである。もっともチュルゴ自身、所有権とエタチスムとの矛盾について、「規制権は、市民的法律とははなはだ異なる政治的法律である。規制権は市民的法律と組合わさるべきものである。政治的法律のみを重視する者は圧制者である。市民的法律のみを重視する者は無知な立法者である」と慎重に注を付したが、いずれにしてもかれの重商主義・コルベルチスム批判は、生産は流通に従属し、私益は公益に従属するという二重の制約を受けて力弱いものとならざるをえなかった。「政治地理学」の構想はこの手稿を最後に未完成に終った。というよりグルネーの自由放任論の「新体制」のなかに解消していったのである。

シェルによれば、チュルゴは『政治地理学』と同じ一七五三—五四年と推定される時期に、グルネーの翻訳、チャイルドの『商業と、金利引下げの結果生じる諸利益とにかんする論考』(Traité sur le commerce et les avantages qui résultent de la réduction de l'intérêt de l'usure, Amsterdam et Berlin, 1754)の訳注(出版のさいに削除された)にさらに個人的な『注解』(Remarques sur les notes qui accompagnent la traduction de Child)をつけるためグルネーと交渉を持った。『プラン』もまた、この手稿の発見者であり、全集編集者であるシェルによって一七五三—五四年の執筆と推定されている(全集では排列は『プラン』がさきになっている)。『政治地理学』と『プラン』の執筆年推定の根拠は必ずしも明確ではないが、いずれにしても両者の間に『注解』を契機とするグルネーの影響を挿入して考えるべきであろう。このあとチュルゴはグルネーのすすめでタッカーの翻訳(Questions importantes au dernier bill de naturalisation des protestants étrangers, de Josias Tucker, 1755)を発表し、カンチロンはじめイギリスの経済学者の諸著作を読み、つづいて一七五五—五六年には、商工監督官として国内視察にでるグルネーに同行して、フランスの商工業の実態を詳細に観察する機会をえた。一七五七年の『百科全書』第七巻に発表された『指定市場』、『財団』はグルネーとの対話の要約であるとさえ言われる。そして一七五九年かれがグルネーの死をいたんで発表した『グルネー讃辞』はチュルゴとグルネーの思想を分かちがたく結びつけて、この時期のチュルゴの経済思想の集約点となった。グルネーの経済思想についてはほとんど間接的にしか知ることができない。そして最も基本的な資料の一つが、チュルゴの『グルネー讃辞』である。したがって両者の見解を厳密に分離することは困難である。チュルゴによれば、グルネーの自由放任論の基調をなすものは、あらゆる労働の生産性と、いっさいの経済行動の基本としての自利心とに対する経験的認識と積極的評価である。したがって経済にかんする国家の役割は(1)国家構成員に対する「保護者」として、(2)国防と国内の諸改善を担当する「政治統一体」として、前者においては「買手には購入の、売手には販売の天与の自由を常に保護すること」、後者においては「国富の総量つまり土地と産業の年々の生産物が可能なかぎり最大であるかどうかに関心を持つこと」、以上の二点に限られる。そして政府が提示すべき唯一の政策は「労働にその報酬を保証し、もっぱらこの報酬を目的とする生産を永続的ならしめる唯一の方策」としての自由競争である。この立場は、生産と流通のいっさいをコルベルチスムの特権と規制から解放し、自由な競争を希求する若い産業資本の実践的要求である。

ここに、つまりグルネーの「新体制」のもとでチュルゴの経済思想に生産の観点からする一つの転換ないしは再編成が行なわれる。こうして、ここに訳出された『プラン』は、いわばチュルゴの「政治地理学」から「政治経済学」への転換点であり、チュルゴの経済思想の展開の方向を示した断片的ではあるが少なくとも経済理論的な最初の著作である。『プラン』のなかの(全体のプラン)の部分は全くの要領の記述にとどまっているが、ロー体制批判にまつわる諸問題の再検討から「農業とマニュファクチュアの必要」、「農業優先の諸理由」にいたるまで、この時点におけるチュルゴの重商主義批判の大要が反映されている。「農業優先の諸理由」は、この時期の一般的な思想傾向として、チュルゴの思考の基底にあったのであろうが、原理的にはケネーの純生産物概念の把握によって『諸考察』においてはじめて示されるのである。この時期の最後の著作『グルネー讃辞』にはケネーとの接触の産物として純生産物の概念がばくぜんと示されているが、まだそれにもとづく経済循環＝再生産過程の明確な分析による原理的・総体的重商主義批判を示すにいたらず、ヨリ直接的にコルベルチスムの特権・規制体制に対する現実批判に集中しており、『プラン』の(所有権)以下の部分、『指定市場』、『財団』にそれをみることができる。チュルゴは、この推移の過程で『政治地理学』における流通に従属する生産を、生産にもとづく流通に、公益に従属する私益を、私益にもとづく公益に移した。そしてかれは欲望の観点によって自由放任論の基調としての所有権および自利心の観念を明確にし、歴史的考察の方法によって批判の論点を明確にした。要するにチュルゴは以上の諸論点からグルネーの自由放任論を継承し発展させたのである。さらにいえばかれはケネーおよびその学派との接触以前に、グルネーの影響のもとに、やがてフィジオクラート最高の発展者となるべき、いくつかの基本点を準備したのである。

『プラン』の(所有権)以下の部分は一見脈絡のない諸断片であるが、論旨の中心は価格規制批判にある。その直接の論点は、「唯一の」価格決定の原理としての需要供給の関係によって決まる「売上価値」、「通用価格」を規制することはそれ自体不可能である、さらにコルベルチスムの消費者保護のための低価格政策は、この「通用価格」を生産者の「基本価格」以下に規制して生産を不可能にする、ゆえに価格決定は自由な競争にのみゆだねるべきである、というにある。「基本価格」とはケネーのそれと同じく生産費である。「通用価格」と「基本価格」の関係は『所見』の(サン・ペラヴィの覚書きについて)の部分にも説明されている。チュルゴは価格規制批判の論拠としてかれの価値価格理論を生産費に求めている。しかし同時にチュルゴは、「唯一の」価格決定の原理としての需要供給関係を、欲望の観点から、つまり「商業を構成する二つの要因」としての所有と欲望の関係から、一見『価値と貨幣』における主観価値説の展開を思わせる手法で示している。チュルゴの価値価格論については多く議論の分かれるところであるが、ここではチュルゴは生産費説に重点をおきつつ、同時に主観価値論への展望を持ち、それによって『価値と貨幣』における主観価値論の展開を導く素地を作ったと言えよう。チュルゴはまた、所有権の根拠をあきらかにするため、この欲望の観点を用い、享受と所有を区別し、この区別を可能ならしめる「占有あるいは最初の占有者の権利」を所有権の根拠として認めた。この所有権の観念は当時としてはかく別独創的なものではない。しかしチュルゴ自身の思想形成の経過からみれば、ここで『政治地理学』における「神の道」が消え、『諸考察』における所有権の歴史的把握にいたる道が準備されたのであり、所有権を自然秩序として把握する重農学派からかれを分かつ一基点が準備されたと言えよう。かれは、この所有権を社会の基底にすえ、価格規制が「生産者」の所有権の侵害、つまり全社会の根本原理の侵害であると批判した。すなわちかれは売手と買手を生産者と消費者の関係に還元し、消費者保護の低価格政策に対して、この「生産者」の側で「販売の利潤」を擁護したのである。（貿易商人）に対する積極的評価は、あきらかにグルネーに対する賛意の表明である。同様の趣旨は『グルネー讃辞』中にグルネーの商人としての、また哲学者《フィロゾーフ》、政治家としての商業活動に対する評価としてみられる。チュルゴにとって貿易商人は前期的商人として排除されるべきではなく、やがて『諸考察』においてみられるように自由な企業家として評価されるべきであった。ケネーは、「純生産物」を農業資本に保証するため、つまり「良価」実現の方策として内外商業の自由を要求したが、その基底には、等価交換論によって商業を「不生産的」とする観点から、商業を商人と区別し、さらに商人を貿易商人と区別し、商業を即、売手・生産者と買手・消費者間の交換と理解する「純粋な商業」の観念があった。この観念は自由な商人の介在を現実に否定することにはならないし、自由競争を前提とするかぎりいかなる貿易商人の利潤も排除されたわけではないが、少なくとも商人に対する積極的な評価を妨げた、したがって商業規制に対する積極的批判を弱めたと言えよう。そしてこの点はケネーよりその学派によって強められた。これはやがてチュルゴの批判の対象となる点であり、また農業以外の労働に対する評価についても同様である。チュルゴはすでに『注解』において工業規制に対する批判を示している。

この『プラン』で示された生産を基軸とする価格規制批判の方向は『指定市場』と『財団』とにヨリ詳細かつヨリ積極的に展開された。『指定市場』の狙いは、指定市場を撤廃してあらゆる商業特権から「商業の自然な動き」を回復させ、かかる商業育成のための減税を提案することにある。かれによれば自由市場と指定市場の差異は、市場形成の動因が前者の場合、売手と買手が「互いに探し合うことにおいて持つ相互的利益」であるのに対して、後者の場合、それは「若干の特権を享受したいという願望」である。両者の関係は、前者に対する重税と後者に対する免税特権の関係、つまり指定市場は自由市場における一般商業の衰退の原因そのものによってのみ繁栄するという関係にほかならない。したがって若干の指定市場における商業の繁栄は一国の商業の繁栄を意味するものではなく、むしろ商業が過度な重税によって妨げられていることの証拠である。『財団』の目的は、「公益にかんして財団一般の効用を検討する、というよりむしろその諸弊害を証明すること」であった。そして財団を全廃し、財団によって社会的生産から遊離された労働と資金とを回復させ、これを自由放任の原則に従わせよ、というのがチュルゴの主張であった。公益の観点はすでに『政治地理学』において社会批判の観点として示されたが、その場合すでにみたように、公益は所有権と全く対立する観念であり、したがって決定的な批判の観点とはならなかった。所有権は自然秩序において措定され、公益の観念は国家的視点に妨げられて、それ自体重商主義的性格を完全には脱しえなかったのである。チュルゴはさきにみたように所有権を社会の基底にすえた。したがってここでは「公益は自分自身の利益に対する各人の努力の結果」であり、この私益・公益の関係を正しく結ぶものは人間の自由な労働にほかならない。この人間の自由な労働、つまり所有権の行使を妨げるものに対して「公益は最高の法」となる。これによってチュルゴがさきに注を付した「市民的法律」と「政治的法律」の統一的理解が実現されたと言えよう。これが『財団』批判の基本的視点である。これによってみれば、個々の財団の趣旨がどうであれ、たんに慈善による「施し」は「怠惰とその結果としてのあらゆる無秩序とを買いとる」だけのことであり、社会的弊害の真の原因の解決とはなりえない。むしろそれは怠け者の生活を奨励して「国家にとっては労働の総量と土地の諸生産物の総量とを減ら」し、「国家の労働と富との間にある空白が生じ」、その結果食糧の欠乏、貧困の増大、人口の減退を生ぜしめるだけである。また社会的弊害の真の原因との対決を回避する財団自体は社会的に遊離し、創設者の虚栄と関係者の利害の産物にすぎなくなる。そして財団の濫立は、いたずらに「社会における無益な人間の数と、流通全体からひきだされる基金の総額」とをたえず増大するだけである。チュルゴは『指定市場』で、地方的小独立主権が単一の国家組織に統合された現在なお、中世以来の地方的領域的経済における制限、特権、地方税が存続している「奇妙」さを、歴史的に批判したが、『財団』においてもかれは、財団批判の視点を歴史的にさかのぼらせ、「創設者が財団に付与しようとした不変性」のために、財団がその起源において持ちえた効用を失なっていること、つまり財団はそれ自体の機構において歴史的に変動してやまない社会の要求に応じえないことを指摘した。かれは財団無用論の歴史的・社会的・経済的根拠を示したあと、かれ自身の積極的提案を示すのだが、それはまさに人間の自由な労働にもとづく自由放任の原理であり、自由な出資による市民的組織としての組合である。要するにチュルゴがここで指摘する問題は、ひとり財団の廃止にとどまるのではなく、指定市場にもみられたように社会の発展に対するあらゆる人為的規制、非歴史的・非社会的なあらゆる「不毛な記念物」に対する市民的権利の回復である。革命議会においてミラボが、この『財団』論を援用して教会財産の没収を提案したことは有名である。

ケネーは、このチュルゴの二論文と同巻の『百科全書』に『穀物』を発表し、しだいに純生産物の概念を成熟させつつあった。この純生産物の概念が一七五八年の『経済表』によって重農学派の中心理論となることは周知のとおりである。いつごろからか不明であるが、チュルゴはケネーの「中二階」の会合のメンバーであった。チュルゴは『グルネー讃辞』で、純生産物に言及した。しかしそれはケネーのそれとも後年のかれのそれとも異なる意味においてである、というよりグルネーの影響下にふさわしく用いられている。すなわちかれは国家の処分しうる収入の総額は「各土地の純収入と各個人の産業の純生産物で構成される」と理解した。またかれはグルネーが生産と流通を妨げる複雑な税体制に反対して、「すべての税は……結局は土地所有者によって支払われると考えた」とのべている。この土地単税思想の基礎にある純生産物と、「各個人の産業の純生産物」とは全く矛盾するわけである。これはグルネーの土地単税思想ではなく、むしろチュルゴの見解の表明であるとも考えられるが、もしそうだとすれば、やがて現われるチュルゴの土地単税論の産業保護的性格が強まるわけである。

こうしてグルネーの影響のもとで自由放任論を展開しつつケネーの純生産物の概念に接したチュルゴは、みずから両者の弟子であることを認め、両者が実践的結論として到達した競争の原理において両者の共通性をみいだした(一七六六年二月二〇日、デュポンあて書簡)。たしかに両者は生産と流通の全経済機構を拘束する封建的遺制を打破すべく自由放任の政策を示したが、その基底にあるものはグルネーにあってはあらゆる労働の生産性の現実的な承認であり政策の重点はどちらかといえば商工業にあり、ケネーにおいては唯一の生産的労働としての農業における純生産物の確保である。そしてチュルゴはグルネーの影響下であらゆる労働の生産性を認めながらなお「農業優先」の観点を持ち、さらに欲望の観点と歴史的考察の方法とによって自由放任論をいっそう徹底しつつケネーの純生産物概念に接したのであるから、厳密にはその思想の展開においておのづから三者三様とならざるをえなかった。チュルゴはグルネーとケネーを師とすることを認めながら両派の教義の普及に参加せず、一七六一年財務管区知事としてリモージュに赴き、その地で現実に改革を実践しつつ、経済思想の理論的確立につとめたのである。チュルゴが赴任したリムーザン地区は当時フランスで経済的に最もおくれた地方の一つであった。チュルゴ自身『諸考察』で指摘しているように、農業形態は前近代的分益小作＝小農経営が支配的であった。商工業も不振で、織物のほかには、製釘、磁器、製紙マニュファクチュアが存在した。チュルゴはケネーと同じく資本主義的大農経営を目ざしたが、現実に直面したものはその対極をなす小農経営であった。かれとしては現実から理想への距離の実践的な克服をたえず意識せざるをえなかったわけである。こうしたなかでチュルゴは一七六六年、帰国するシナの二青年のために『諸考察』と『質問』を執筆した。一七六六年といえば、ケネーが最も多くの経済学論文を執筆した年であり、ついで一七六七年には学派の理論的発展がほとんど停止し、デュポンの編集になるケネーの論集『フィジオクラシー』(Physiocratie)の公刊を契機に、ケネーの学説のドグマ的な政治的体系化が目立ってくる。このようなチュルゴと学派の対立的傾向は、やがて一七六九—七〇年になって『諸考察』が『市民日誌』に発表されたさいのデュポンによる改稿を必然的に招来し、チュルゴの側でもケネーとその学派に対する評価の区別と、学派の観念的体系化に対する批判とを生みだすのである。しかしこの対立を生ぜしめるのは、たんにこのような一般的傾向ではなく、両者間における方法的対立である。この方法的対立を強調するものが、この一般的傾向の対立であった。チュルゴが『諸考察』の執筆にさいして問題とするのは、もちろん『経済表』の演繹的な「発展」ではなく、むしろ学派によるケネーの体系化、狭隘化、簡略化、神秘化、絶対化の根源をなす『経済表』における数学的方法と形而上学的方法の排除であった。チュルゴはここで、ケネーの形而上学的自然秩序の観念にもとづく経済循環＝再生産過程の抽象的・静態的把握をではなく、それに代わる心理的・歴史的分析の方法によるその動態的把握を目ざしたのである。この方法はさきにのべたチュルゴの哲学、歴史学研究の成果であった。

『諸考察』はほんらい「シナの経済構造にかんする質問の前文として役立」てるための「社会の諸労働と富の分配にかんする一種の分析的素描」であった（一七七〇年一一月一二日タッカーあて書簡）。したがって『質問』と『諸考察』は一体として理解されるべきものであり、われわれにとってはむしろ逆に『質問』は『諸考察』における全経済過程の動態的把握の問題を理解するための簡潔な「前文」ならびに理論的「骨組」と考えてよいであろう。『諸考察』と『質問』の関係はしばしばケネーの『経済表』とその第一版の同年に発表された『人口、農業および商業にかんする要点の質問』の関係と比較されるが、両者の概括的な特徴は、ケネーの『質問』が経済機構の理論的分析のための物質的素材の調査にむけられているのに対して、チュルゴの『質問』は「経済状態と経済構造」の観察、分析のための問題点の積極的な提示であることにある。またケネーの『質問』が、農業を唯一の生産的労働とする観点から、農業生産と農業生産物の商業およびそれらにもとづく富の問題に限定されているのに対して、チュルゴの『質問』は、第一部で「資本の形成と展開」を中心としてあらゆる経済の分野において問題点を示し、第二部ではマニュファクチュアの諸技術、第三部では鉱物資源、製陶原料の調査等の博物学的・経済地理学的問題、第四部では社会の歴史的・慣習的諸問題にまで及んでいる。さらに言えば、『質問』の比較の直接的問題ではないが、ケネーとその学派が一般にかれら自身の合法専制政体の典型をシナにおいてみいだし、シナ社会を抽象的・一般的に美化するのに対して、チュルゴは学派の合法専制政体には反対であったし、かれの歴史論においてシナ社会をアジア的専制のゆえに停滞した社会であるとみていたことは特徴的である（Plan de deux Discours sur l'histoire universelle, vers 1751）。

この『質問』に対応する『諸考察』においてチュルゴは、『質問』に平列的に示された諸問題点を全体的・相互的諸関連において体系的に示しつつ、同時にかれ自身の見解とグルネー、ケネーの影響を感覚論哲学と歴史学研究の成果にもとづいて集大成し、独自の経済思想を示し、『諸考察』を周知のようにかれの主著たらしめている。すでにみたように、チュルゴはかれの第一期の経済思想の到達点である『グルネー讃辞』において、基本的にはグルネーの立場にたってケネーの純生産物の概念を受け入れたが、純生産物の概念には厳密な規定を与えず、たんにばく然とグルネーの体系とケネーの純生産物の概念を結びつけて、いわばグルネーの自由放任の政策論的観点からこれを理解した。チュルゴは『諸考察』でもグルネーとケネーの見解の調整をはかったが、そこでは逆に、基本的にはケネーの立場にたって政策論的観点から全経済過程の原理的総体的分析へ移っている。かれは『諸考察』で農業労働を唯一の生産的労働と認め、ケネーの純生産物論に歴史的考察を加えてその形而上学的自然秩序の神秘性を取除き、なお現実的にはグルネーの立場から労働一般の生産性を主張することによって、形式的にはケネーの重農主義体系に依存しつつ、その体系の展開においては重農主義の封建的な枠を破っていったのである。チュルゴの歴史的方法は、ケネーの自然秩序そのものを全面的に否定するものではない。グルネーの自由放任論も自然秩序に支えられているし、チュルゴ自身、自然秩序を認めている。またかれの歴史的方法自体、その基準は自然秩序にあった。しかしきわめて現実政策論的色彩の強いグルネーの体系そのものには、自然秩序の神秘的性格を認める余地はなかったであろう。チュルゴは、ケネーがマールブランシュの偶因論とロックの影響による感覚論の二元的世界にあったとき、偶因論を否定してはっきりした感覚論哲学の立場にたち、さらにその立場から歴史研究を進め、さらにグルネーの「新体制」のもとに自由放任論に達したのであるから、かれもまたその思想形成の経過において自然秩序の神秘的性格を認める余地はなかったわけである。したがってチュルゴの歴史的方法は、自然秩序そのものの全面的否定を意味するのではなく、ケネーの体系の封建的要素にまつわる自然秩序の神秘的性格、およびその現実への絶対的適用を排除することによって、ケネーの体系のブルジョワ的要素をヨリ積極的に展開するものとなった。『諸考察』は、それが『市民日誌』上に三回に分けて発表された区分にしたがっても、その構成は、第一―二八節(第一回分)までの純生産物論、第二九―七一節(第二回分)までの企業および企業利潤論、第七二―一〇〇節(第三回分)の利子、資本の蓄積論にごくおおまかに分けられるが、いま『諸考察』の構成を、主としてチュルゴの歴史的考察の方法とグルネーの影響という観点からみれば、つぎのような主要な特徴がみられるのである。

チュルゴは純生産物論では、ケネーが『経済表』で北部フランスの大農経営を現実のモデルとして抽象的理論的分析をはじめるのに対して、まず土地が平等に分割されていて地代も交換も存在しない社会を仮定し、この仮定を、土地は分割される以前に耕作されたし、生産物の多様性と欲望の多様性は必然的に交換を招来したという歴史的事実をもって否定することによって、以後、地代としての純生産物の発生を社会諸階級の分離の歴史的過程において考察するという方法をとっている。そこで第一にチュルゴは、それは生産者と生産手段の所有者の社会的分離によって、つまり賃金労働者の発生とともに生じるものと理解するのである。すなわち『プラン』でもみられたように、チュルゴは土地所有権の最初の唯一の根拠を耕作労働に認める。したがって最も初期の時代にはすべての者は「土地所有耕作者」つまり直接生産者であったのだが、土地所有の不平等が歴史的に進展するにつれて、この「土地所有耕作者」は土地所有者と非土地所有者としての「腕のみを持つ」賃金労働者とに社会階級的に分離する。さらにチュルゴによれば賃金労働者の賃金は労働者間の競争でその生活費額に限定されるのだが、自然はもっぱら物理的に「農業労働者の労働が生産する賃金以上の余剰」をもたらすので、ここで農業生産物は賃金部分とそれをこえる余剰生産物とに分かれ、この余剰分つまりチュルゴが「自然の無償のおくりもの」と呼ぶ純生産物が地代として土地所有者の取得分となるのである。チュルゴが土地所有権の最初の唯一の根拠を労働と占有と認める点ではケネーもまた同様であると言えるが、ケネーがこれによって所有権の根拠を自然秩序的に措定し、あるいはデュポンがそれを「土地前払い」において認めるのに対して、チュルゴは、この場合、労働を離れた土地所有権を、社会の法的所有関係において保証するものはもはや自然秩序でも「土地前払い」でもなく、「人間の慣習と市民的法律」という社会制度に他ならないと考えるのである。したがって、この所有関係においては「土地所有者の所有するものは、すべてチュルゴは純生産物を「自然の無償のおくりもの」と呼ぶと同時に、この所有関係においては「土地所有者の所有するものは、すべて耕作者の労働によるもの」とも理解するのである。こうしてチュルゴは、かれ自身の『グルネー讃辞』における純生産物のあいまいな理解を明確にするとともに、剰余価値としての純生産物の本質をいっそう明かにすることができた。

チュルゴは農業労働を唯一の生産的労働と認める以上、基本的にはケネーの社会階級区分に従っている。しかしチュルゴの諸階級の構成はたんにこの形式にとどまらない。チュルゴにとっては工匠階級は原理的には「不生産階級」であるが、実質的には唯一の「生産階級」である耕作者階級によって「雇用される階級」であり、純生産物の唯一の取得者である土地所有者階級は「自然の無償のおくりもの」を「自由に処分しうる階級」である。さきにみたように、チュルゴはグルネーの影響のもとであらゆる労働の生産性ないし有用性を認めたので、チュルゴの社会階級構成においては労働の有用・無用の区別は存在しないのである。チュルゴは、工匠階級の不生産性を強調するデュポンに対してその強調が不当であることを批判し、この不当な強調は結局グルネーが力をつくして反対したコルベルチスムの産業規制を事実上承認することになると指摘した(一七六六年二月二〇日デュポンあて書簡)。チュルゴが、純生産物の発生を明かにするさい、後に「賃金鉄則」と呼ばれる重農学派の一般的賃金論を援用したことはさきにのべたが、チュルゴがこの一般性の中で区別されるのは、賃金労働を農業労働に限定せず生産手段を持たない・すべての賃金労働においてこの「賃金鉄則」が完徹されるとしたことにある。したがってチュルゴの社会階級構成において特徴的なのは生産階級と工匠階級の生産性・不生産性を強調することではなく、むしろ「自由に処分しうる階級」としての土地所有者階級に対して、この「二つの勤労階級」を非土地所有者として、つまり「賃金鉄則」をうける賃金労働者階級として統一的に把握したことである。もっともこの場合、チュルゴは賃金労働者を二重の意味でばく然と考えているようである。第一に、非農業者をすべて賃金労働者として一括し、第二に賃金労働者の賃金を賃金鉄則によって生活費額に限定しながら賃金労働者の所得部分に賃金部分と利潤部分を認めている。すなわちチュルゴは、耕作者と工匠の二階級が「かれらの労働とかれらの前払いの価格だけを得る点で共通である」といいながら、「要するにかれらはかれらの労働の報酬だけしかもたない」というのである。第一の点についてはやがて資本を中心として「産業被雇用階級」を「資本家」と「賃金労働者」とに再編成することによって解決されるし、第二の点はすでにチュルゴが現実に耕作者と工匠の二階級の中にばく然と土地所有者ではない資本家、企業者を考えていることからくる混乱であろう。この点もやがて資本を中心に労働二階級を再編成することによって解決される。

チュルゴはこのように純生産物の発生を社会諸階級の分離の歴史的過程のなかで考察したあと、土地所有者が純生産物を最も有利に取得する耕作方法を検討してこの問題の解決の糸口を示している。すなわちかれは㈠賃金労働者による耕作、㈡奴隷あるいは農奴による耕作、㈢地代支払いを条件とする土地の譲渡、㈣分益小作農、㈤借地農による耕作方法を考察し、富裕な前払い資本を有する借地農＝耕作企業者による大農経営が土地所有と耕作経営の分離によって最も有利であることを指摘している。ケネーも借地農による大農経営を目指し、大農経営と小農経営の区別が前払い資本の問題であることを指摘したが、チュルゴによればケネーの区別は大農経営＝馬耕法、小農経営＝牛耕法として認められていた。チュルゴはデュポンに対してこの「物理的推論」を批判した。チュルゴをケネーの学派と分つのは、チュルゴが借地農を耕作企業者と理解し商業・工業の企業者と同一に理解した点にある。チュルゴはここで資本と企業の問題に到達した。

ケネーは資本を生産資本に還元し、流通上の貨幣資本を認めず、具体化された資本財を考えたため農業資本以外の資本を正しく理解しなかったが、チュルゴは積極的に貸付資本を認め、農業・工業・商業のすべての企業において前払い資本が不可欠であることを説き、さらに重農主義の枠をこえてあらゆる労働の分野で資本の形成を認めている。すなわちかれはまず土地がすべての富の源泉であるとする重農主義の立場から資本形成の源泉を年々の生産物の余剰の蓄積とみるだけでなくケネーと同じく前払い資本の最初の基本、たとえば野生の植物、木・石製の道具を提供したのは土地であり、この「蓄積された動産の富」が前払い資本となると理解している。この場合かれがケネーと異なるのは、「動産の富」に家畜を加え、かれが初期の文明史研究で示した人類史の狩猟・牧畜・農耕の発展諸段階をこの「動産の富」の所有形態の歴史的発展としてとらえていることであり、さらに家畜の発展した形態として奴隷を「動産の富」に加えていることである。デュポンがこの「奴隷」という語を削除して「用具」と訂正したのは経済学に道徳と秩序を持ちこむ傾向の現れであり、また人間労働を用具の付随的なものとみるケネーの亜流的表現の現れであろう。チュルゴはまた貨幣の出現によって、貨幣資本の蓄積が土地所有者だけでなく、工業者や賃金労働者においても行われたことを認めている。これは重農主義の原理と反することになるが、チュルゴは「工業の利潤は土地収入のように自然のおくりものではない」と認めながら、余剰の節約によって工業者にも資本の形成がありうるとしている。賃金労働者に資本の形成を認める場合、かれは労働者間の不完全競争によって賃金鉄則が完徹しないことから生じる利潤と、賃金鉄則によって生活費額に限定される賃金自体、本来「ある程度の利潤」を含むものであるという二重の意味に解している。いずれにしてもチュルゴは、あらゆる労働の分野で資本の形成を認めたのである。資本の形成は資本家と賃金労働者の階層分化を生むわけであり、チュルゴは積極的に資本の発生によって「産業被雇用階級」と「耕作者階級」を再編成し、それぞれの内部で企業者、資本家と賃金労働者とに分かれ、賃金労働者の側ではいぜんとして賃金鉄則が存在することを指摘した。ここでさきの賃金労働者の範疇のあいまいさは解消するが、同時にチュルゴがさきに農業生産において分析した純生産物発生の条件が生じたわけである。しかしチュルゴはかれの重農主義の形式に制約されてこの問題の分析をすすめず、企業者の利潤を土地所有との関係で考察することになる。すなわちチュルゴはこれらの資本の利用法を(一)土地購入、(二)工業・(三)農業・(四)商業の諸企業における投資、(五)貸付資本と説明し、諸企業への投資が最大の利潤をもたらすべきこと、貸付利子の正当なることを主張したが、これらをすべて(一)の土地購入によってえられる収入つまり土地資本の利子から導き、それにもとづいて構成されるものと理解した。(二)、(三)、(四)の利潤構成は土地資本の利子と企業者の労働・注意・技能に対する報酬であり、(五)の利子は土地資本の利子と若干の危険に対する保証である。そしてこの場合チュルゴにとって土地資本の利子は地代によって正当化される。チュルゴは土地資本の利子徴取の根拠は土地所有権にあると考えるからである。ケネーと同じくチュルゴにとっては、地代が唯一の剰余価値である。チュルゴは現実的にはケネーをこえて諸企業の利潤を認めたが、原理的には利潤を地代の一変形として理解した。したがってかれがさきに同じくケネーをこえて認めたあらゆる分野での資本の形成についても、工業者の利潤や賃金労働者の賃金の余剰はすべて純生産物からの控除にほかならず、資本形成の根源は土地所有者の取得する収入中、毎年保蔵しうる余剰の蓄積にほかならないことになる。こうしてチュルゴはかれがケネーの限界をこえて認めようとした農業以外のすべての産業の生産性を再びケネーの体系のなかにとじこめるのである。このことはチュルゴが資本の第五の利用法として示した貸付資本についても同様である。すなわちチュルゴは利子を地代によって正当化するため重農主義の体系に制約されて、貸付資本家の身分と機能を分離し、身分的には土地所有者階級に属するが、諸企業の資本を保護するため、土地単税の原理によって機能的には土地所有者階級から除外されるべきだと考えている。しかしチュルゴが貸付資本の利子を積極的に認めたこと自体、諸企業の利潤を現実的に認めたことともに重農学派の限界を破ったものと言える。かれは利子の正当性を主張して中世的偏見を批判し、また利率決定にかんする法の介入を拒否した。この場合チュルゴは利子徴取の唯一の根拠を貨幣の所有権にみている。したがって「貸付けは両当事者間の自由な相互契約」であり、貸付けの価格としての利子は、すべての商品の価格と同じく、完全な自由競争の原理にもとづいて定められるべきである。チュルゴが自由競争を主張する基底には、貨幣資本の蓄積の増大による利率の低下、それによる全産業の繁栄を実現しようというねらいがあった。したがってチュルゴはグルネーの低利案にもケネーの高利案にも、いっさいの金利統制には反対であった。グルネーは自由な商工資本の要求を反映して、チャイルドの翻訳の訳注でイギリスの一六二一年頃の金利引き下げ(一〇%から三%へ)によるイギリス経済の繁栄を引例し、フランスでの金利引き下げを要求したが、チュルゴはすでに『注解』でこれに反対して、グルネー自身の自由放任論を更に徹底させた。ケネーの高利案は農業資本を確保するためのもので、かれは純生産物の限界内でこれを要求した。グルネーの低利案が商工ブルジョワジーを基盤とするグルネーの体系の端的な表現であるように、ケネーの高利案は、まさにケネーの重農主義体系の端的な表現であった。そしてチュルゴの完全な自由競争の主張は、現実にそくして全産業の生産性を主張するチュルゴの思想の端的な表現であったと言えよう。ケネーの高利案に対してデュポンはじめケネーの学派は抽象的自由の体系からこれに反対した。しかしチュルゴと学派の間には自から基本的な差異が存在するわけである。その一つはチュルゴが節約による資本の蓄積を説くのに対して、デュポンは「節約は生産的ではなく」、「資本形成の諸要因のうちで節約という単純な考えは退けるべきである」と、チュルゴの「節約」という語に注をつけた点にも現れている。チュルゴはこのデュポンの注に対して資本の形成と資本の使用、蓄積と蓄財、を混同し、ケネーの初期の著作の誤りを蔽いかくそうとするセクトの精神であると批判した。この点は次の『所見』で論争となる点である。

チュルゴは、この『諸考察』を執筆した一七六六年、かれが知事として主宰するリモージュ農業協会を通じて『土地所有者の収入におよぼす間接税の効果』にかんする懸賞論文を募集した。この農業協会というのは、一七六一年以来、ときの重農主義的な財務総監ベルタンの命で各地に重農主義の紹介とイギリス式新農法の普及を目的として創設されたものである。これらの農業協会は、重農主義自体の持つ観念的性格のために、しだいに非現実的、独断的傾向を持つようになり、リモージュ農業協会もまた例外ではなかったが、チュルゴは協会の原理とは必ずしも一致していなかった。チュルゴが応募論文審査の結果、重農主義の原理にたって土地単税論を主張するサン・ペラヴィの論文に賞を与えながら、同時にあらゆる労働の生産性を認めて重農主義の純生産物を否定し、したがって土地単税を否定して所得と消費を中心とする累進課税を主張するグラスランにも賞を与えたのはその現われである。チュルゴは翌一七六七年両者に対する論評を『所見』にまとめた。この『所見』が公刊されたものかどうかシェルは明らかにしていないが公刊されたものではないようである。

『所見』の直接の目的はグラスランとサン・ペラヴィに対する論評であるが、そこに示されるチュルゴの諸見解は『諸考察』を補完するものとなっている。すなわちチュルゴはかれが『諸考察』で示した独自の立場からグラスランに対しては重農主義の諸原理と諸概念を示し、グラスランの純生産物論批判と消費税案に反論し、土地単税論の理論的根拠と実践的意義を多面的に説明しており、また重農学派の亜流であるサン・ペラヴィに対しては主として資本と収穫の関係、資本の蓄積の問題にかんして、ケネーの学説の機械的適用と停滞的固執を批判している。そして両者に対する批判を通じて特徴的と思われるのはチュルゴの主要な論点が資本の問題に集中していることである。グラスランに対する論評には『諸考察』からのかくれた発展はみられない。チュルゴはサン・ペラヴィに対する論評ではサン・ペラヴィが前払いと収穫の関係を一定の恒常的比例関係とし理解するのに対して、第一に地味が異なること、第二にのちに言われる「収穫逓減の法則」が存在することを指摘した。この指摘は『諸考察』ではまだ認められなかった点である。さらにサン・ペラヴィが徴税請負人は間接税による利得を保蔵すると非難するのに対して、チュルゴはいったん徴税請負人と貨幣の保蔵を分離して考え、サン・ペラヴィの非難を、節約にかんするケネーの学派の一般的見解、すなわち金銭的富の蓄積は生産の起点への貨幣の還流を妨げる、したがって収入の総額は必ずただちに流通に再投入されるべきであり、さもなければ生産物の売上価値が下がり、借地農の回収が減り、再生産が停滞するという一般的見解に還元し、これに対してチュルゴはかりに貯蓄が流通から貨幣をひきだし、それによって売上価値の減少が生じるとしても、それは貯蓄の直接的結果として資本の増大、金利の低下、したがって生産量の増大あるいは生産費の減少によって償なわれうる、また保蔵貨幣は実際上、土地購入、貨幣貸付け、農工商の諸企業への前払いに利用されることによってほとんどただちに流通に回帰する、したがって徴税請負人による貨幣の保蔵それ自体は害悪ではないと反論した。チュルゴがおそれるのは、むしろ政府がさまざまな借入金によって貨幣所有者にとっては有利だが、国家にとっては不生産的な用途をたえず貨幣に提供し、それによって政府が金利を高めることであり、チュルゴはこの弊害が現存している以上、国家収入の所有者や共有者が利得の一部を保蔵して資本を構成することはむしろ有益であると、きわめて現実的立場から、この問題を考えている。またここでチュルゴが節約によって大農経営だけでなく、小農経営における資本の形成を考慮に入れていることは特徴的である。デュポンやサン・ペラヴィが無条件に大農経営を立論の前提とするのに対して、小農経営をいかに大農経営へと導くかということがリムーザン地区におけるチュルゴの諸改革の主要な課題であったし、かれの土地単税論の積極的な主張もこの点にかかわっていたのである。

最後に『価値と貨幣』についてふれなければならない。チュルゴの価値価格論についてはすでに『プラン』でみたが、かれは『所見』のサン・ペラヴィに対する論評のなかでも基本価値と売上価値の関係について同様の説明を与えている。すなわち「基本価値」とは生産費であり、「売上価値」とは市場価格である。売上価値は需要供給の関係によってのみ定まり、欲望とともに変動するのであって、両者は「全く異なる原理」によって定まるので「必然的な比例」はないが、売上価値はたえず基本価値に接近する傾向にある、というのである。すでにみたように、『プラン』ではチュルゴはこの需要供給の関係を主観価値説的な手法で説明した。そしてこの方法はチュルゴがケネーの純生産物論を承認した『諸考案』でも商品評価の原理として示されている。チュルゴはこのようにかれの価値価格論を生産費説で示すとともに、主観価値説的手法で市場価格形成の過程を示し、それによって価格規制批判と完全な通商の自由の主張の根拠としたのである。この『プラン』、『諸考察』において示された主観価値説的方法を発展させたのが『価値と貨幣』である。したがって論旨の中心は前二者と同じく、個人の欲望から出発して市場価格形成にいたる過程をあきらかにすることにあるが、この論稿で発展された点は第一には、前二者では説明の発端をたんに欲望としたのに対して、ここでは進んで効用の観念を導き、効用と使用価値を区別して、市場価格形成にいたる過程を尊重価値と評価価値によって説明している点である。「尊重価値」とは交換以前の孤立人が効用と財の適性と希少性にもとづいて欲望の対象に付与する尊重の度合であり、使用価値である。「評価価値」とは交換において二人の交換者が各対象に付与する尊重価値の比較から生じる交換価値であり、「平均的尊重価値」である。そしてこの評価価値が自由な競争を前提とする市場において売手全体と買手全体の平均的評価として市場価格を形成することは、『プラン』や『諸考察』で示された見解と同様であるが、これまでたんに交換は等価であるとだけのべられたのに対してこの論稿では、この尊重価値と評価価値の区別によって、交換は尊重価値についていえば不等価であり、評価価値についてみれば厳密に等価であることを必要条件とする、とヨリ詳細な説明が与えられていることは特徴的である。すなわちかれによれば、交換は各交換者が少なく与えて多くを取ること、つまり各交換者において取得物に対する「尊重価値」が優越していることが本質的であり、しかも与える物と取得する物に対する尊重価値の差が交換者の相互において正確に等しいこと、つまり各人は等価を得るために等価を与え、したがって交換される二物は厳密に等しい交換価値を有することが必要である。チュルゴがこのような尊重価値と評価価値の区別を行なったのは、あきらかにかれがさきの『所見』で批判の対象としたグラスランの『富および租税にかんする分析試論』を読み、そこに示されている欲望にもとづく絶対価値と相対価値の区別から影響を受けたものであろう。事実かれは、この論稿では、グラスランをガリアニとともに、「あらゆる価値の共通な尺度を人間に求めた」著作家としてあげている。だがチュルゴがグラスランの欲望理論を無批判に受けいれたわけではないようである。チュルゴは『所見』ではグラスランの欲望理論には直接ふれなかったが、かれの純生産物批判に対して重農主義の原理をもって答え、グラスランが欲望理論によって費用論を否定するのに対して、チュルゴは同じ『所見』のサン・ペラヴィに対する論評のなかで、さきにみたように「基本価値」と「売上価値」の関係を説いている。また『価値と貨幣』ではグラスランが価値の基準を欲望に求めるのに対して、チュルゴはこれを欲望を満たす手段としての労働に求めている。すなわちかれによれば、孤立人の自然段階では、人間は「労働によって、つまり自分の能力と時間」を使う以外にはなにも獲得できないのであり、価値評価の唯一の尺度は「能力の総計」である。そして価値はこの尺度の比例部分として現われる。一物の尊重価値とは孤立人の「能力全体のなかで、かれがその対象に対して持つところの欲望に対応する部分すなわちその欲望を満たすのに用いようとする能力の部分」である。また平均的尊重価値としての評価価値の場合、それは「二人がそれぞれの交換対象の探求にあてようとする・各自の能力の分量の合計とこの二人の能力〔全体〕の合計の比率」である。この価値の比例的な説明自体はグラスランの影響であると思われるが、欲望と労働とを結ぶ見解はチュルゴがすでに『プラン』の「所有権」で示した見解である。そしてこの点は『諸考察』で「価値は小麦の売手全体の欲望と能力とブドウ酒の売手全体のそれらとの均衡で決定される」(第三一節)とばく然と示された点の発展であろうか。

『価値と貨幣』ではチュルゴはグラスランの欲望理論を批判的に摂取することによって、効用理論への接近を示したのだが、これをかれ自身の思想形成の過程に即してみれば、『価値と貨幣』は、労働を介して私益を公益に結ぶ・かれの自由放任論の価値論であるように思われる。チュルゴは基本的には重農主義の価値論を認めながら、なお主観価値論を主張して重農主義を離れた。そしてかれの独自な等価交換論は、ケネーが重商主義批判の論拠とした等価交換論を支持しながら、なおコンディヤックが商工業の生産性を主張する重農主義批判としての不等価交換論をも包含することになったと言えよう。そこにはもとより多くの論理的矛盾がみいだされるが、それとともにチュルゴの価値価格論の実践的性格からうかがえるのである。一七七〇年、かれは、アングレームでの実際の取引き問題にからんで利子の正当性を主張する『貨幣の貸付けにかんする覚書き』のなかで、この独自な等価交換論を展開している。『価値と貨幣』の執筆年の推定については、シェルの注にもあるように多くの疑問が持たれている。一方の意見は、チュルゴが文中で一七六七年刊のグラスランの『分析試論』を刊行されたばかりの、とのべているところから、デュポンの推定の一七六九年ではなく、一七六七年にヨリ近い時期であろうという意見であるが、一方チュルゴが一七五〇年刊のガリアニの『貨幣について』を、二〇年前の、とのべているところから、一七七〇年の執筆と考えることもできるであろう。もしそういう推測が許されるなら、『価値と貨幣』は一七六九年の現実の事件を契機として、あるいは翌七〇年の『覚書き』の執筆と前後して執筆されたとも考えられるわけである。しかしもちろんこれはたんなる推測で本筋の議論ではない。

以上、チュルゴの経済思想形成の過程に即して、ここに訳出された諸著作のごくおおまかな特徴をみたにすぎないが、許された紙数もつきたので、多くの問題を残してこの解説を終る。チュルゴは重農主義の原理と、急速に成長する、あらゆる経済分野でのブルジョワジーの現実的な要求のなかで、原理的にはしばしば一貫性を欠いている。しかしそのためにこそ、かれは、多くの点で重農主義体系をヨリ合理的に改善した。マルクスにしたがえば重農主義の体系自体、「封建制度の枠内で自己の道をひらいてゆく新らたな資本主義社会の表現」である。そしてチュルゴはその発展の極であった。チュルゴが自己の経済思想の確立の過程で、あるいはその帰結としてひきだしえた実践的な結論は、自由放任の原理にもとづく完全な通商の自由と労働の自由であり、全産業の育成を目ざす土地単税論であった。土地単税の試みはもちろんフランス革命まで実現をみなかったが、かれは完全な通商の自由と労働の自由によって一七七六年の大改革を準備した。チュルゴはしばしば原理的一貫性を欠いているが理論から実践への一貫性は明白である。そしてこのゆえにこそ、フランス革命にさきだつブルジョワ的改革の試みは失敗した。それは、周知のようにイギリスでは一七七六年アダム・スミスの『諸国民の富』が刊行された年である。

商業、貨幣流通と利子、諸国家の富にかんする著述プラン

（A・L所蔵の原文による。）

（1　全体のプラン。――2　所有権。――3　貿易商人。――4　自由に対する障害、規制価格）

1（全体のプラン）。I、――商業の諸原理。われわれの欲望の諸対象の交換。需要と量との関係における、それらの評価の原理。

II、――以上のことから、さまざまな財貨の抽象的評価が生じ、この抽象的評価によって、これらの財貨は相互に測定される。財貨はすべて貨幣であり、貨幣はすべて財貨であること。

III、――家畜の群れによる評価について、もろもろの貝殻、もろもろの金属について。それらが他のすべての財貨の保証としてあまねく選ばれた理由。

IV、――銀の価格は、他の諸商品との関係や他の諸金属との関係で変化すること。したがって商品は、銀がヨリ多いときは、高くなること、およびその逆。

V、――為替について。

VI、――流通の活潑さについて。

VII、――信用について。それは何によって成立するか。そのさまざまな形式について。持参人払い手形、為替手形、手形振出契約、商業における証券の利用、等。信用は一国の資本の総量に比例して増大すること。

VIII、――もろもろの契約について。貨幣・信用の諸表示について。その支払いとの本質的関係について。期限つき契約、他の諸地域に対する契約。為替の諸原理、利子の諸原理、この二つの原理の混合。

IX、――契約の用語。法定貨幣価値。その増減の、国王・国民・国家に対する諸結果は、たんに法律上の契約や職務俸に影響を与えるだけで、法定貨幣価値の増減後の商業には影響を与えない。というのは、もろもろの財貨の価格は比例的に上下するからである。職務俸はいささかも比例的に支払われるものではない。職務俸が法定貨幣価値のように増大しない理由はこれである。改鋳とその危険。改鋳は国王よりもむしろ外国にとって有利である。貨幣に対して国王が持ちうる権利の限界。諸金属間の比例について。

X、――さまざまな種類の信用について。無利子要求払い信用、流通信用あるいは持参人払い手形、この最後のものは第一のものの仮装にすぎない。それがあまりひんぱんに請求されないのは、だれでも、いつでも請求できるからである。信用には限界があること。それは利子を生じうるか？　ローの体制について、その運用の誤り。政府はどの程度まで手形を用いうるか。政府がそれによって得る効用はなにか。この方策をたんに無利子借入金としかみなすべきでないこと。したがって国家が必要とする場合にだけ、これを用いるべきで、同一の方策を用いうるためには、毎年、手形の一部を回収すべきであること。

XI、——一国の富は何によって成立つか？　一国にヨリ多くの貨幣があればあるほど、その国は富裕であるか？　一国の富は人間の数にあり、人間の数はそれに与えられる雇用と、それに供給される食糧とに依存すること。貨幣に富む国はヨリ高く売ろうと、安く売ろうと、いずれは買わざるをえないこと。このように商業による国家の繁栄には限界があること。もろもろの有用物の生産のみが富である。民衆の幸福との関係における、国家にとっての富について。国内および国外における国王の支出との関係における、国王にとっての国富について。

オランダの富裕とスペインの貧困とに対する、以上の諸原理の適用。金と雨との比較、急流と停滞。金の量が必然的にスペインの没落をひきおこしたこと、そしてスペインはそのマニュファクチュアと商業とを再建しても、なお自滅するだろう、ということ。銀はスペインの産物であること、それを銀と交換することはできないので、スペインはそれをもろもろの財貨と交換しなければならないこと。金を所有する国が、金によってえられる・もろもろの快楽よりも、金の方を欲するということはありえないこと、したがって、その国はもはや売手とはならず買手となるほかないこと、この結果、強いられなくても、早急にそうならざるをえないだろう。

ある国の金が他の諸国と均衡していない場合、金はその国から流出するはずであること。この均衡は何によって成立するか？　スペインは、自国の鉱山から生じる・この弊害を是正するために何をなしえただろうか、また何をなしうるだろうか。もろもろの有用な加工をくわえて、自国の民に金を買わせるべきであっただろう。しかし不幸なことに、金はあまりに豊富になりすぎていたために、もはや高く売れなくなっていたのである。だから、おそらくはアメリカ貿易を諸外国に任せて、アメリカを金庫としてではなく、開拓されるべき耕地として保有し、かつ移民すべきであったのである。以上の見解をすべて吟味すべきである。

銀にかんする諸国家間の均衡について。銀がヨリ多くヨリ安い国ほど、利益の少ない若干の商業に適していること、なぜならその国の商人は、いっそう適度な利得で満足するだろうからである。商業にかんする・どんな新しい組織も、得るところがほとんどなければ、以上の理由によって銀の少ない国では放棄されるだろうということ。君主の権力に対する、国民の貨幣上の最大の富について。フィリップ二世の権力。

国民の増加。貨幣上の富は、国民の増加にいかに役だつことができるか？　オランダの例。君主が蓄財しうる場合、また蓄財しなければならない場合、があるかどうかという問題。

XII、——農業とマニュファクチュアとの比較。農業とマニュファクチュアの必要。マニュファクチュアはほろびやすい。農業優先の諸理由。

XIII、——奢侈にかんする政治的諸考察。

2　(所有権)。——商業とは交換することであり、所有しているものを与えて、所有していないものを受けとることである。一方の所有と他方の欲望、これこそ商業を構成する二つの要因である。適切にいえば、それはさらに四つと数えるべきである。なぜなら、どんな交換においても、二つの条件があるからである。つまり所有されている物が二つあり、またこれらを所有していない者によって欲望され、その結果相互に譲渡され合う物が二つあるからである。一方の所有と他方の所有とが交換の基礎であり、これなしには交換はありえない。一方の欲望と他方の欲望とが交換の動機であり、まさにこの相互的欲望の比較から、交換される物の算定すなわち評価が生じるのである。というのは、ある物の価格、つまり所有者にその物を手放させる動機、この動機は、等価の利益にほかならず、所有者がこの利益は等価であると判断するには、かれがその物について持つ欲望によるほかはないからである。こうして所有され欲望されうる物はすべて、交換の対象となることができ、取引きされうることになるのである。わたくしは、所有され欲望されるもの、と言ったが、これを、所有されるものはすべて、と言ってもよかっただろう。なぜなら欲望されうるものがすべて所有されうるわけではないが、所有されうるものはすべて、欲望されうるからである。

わたくしは以下に、所有または所有権の真の概念について、これを法律家よりもやや一般的な意味に解して、いくらかくわしく論じ、ついで人間のもろもろの欲望が相互に均衡しながら、もろもろの財貨の評価を成立させた方法と、この評価の一般的尺度すなわち同じことだが貨幣が、どのようにして定められるにいたったかについて詳論しようと思う。

法律家は、私有権(le domaine)または所有権(la propriété)を、使用ならびに濫用の権利と定義する。しかしこの定義は、わたくしには、たんに所有権と用益権(l'usufruit)との間に一つの区別を置くために考えられたものとしか思えない。この問題にかんして明確な観念を持つには、所有の第一原理にさかのぼり、自然の諸対象がそれによってわれわれの欲望と恐怖とを刺戟するところの、自然の諸対象とわれわれとの最初の関係を検討すべきであったように思われる。自然の諸対象は、われわれの欲求を満たし、われわれがそこからかわるがわる快楽と苦痛とをくみとる・共有の泉となる。享受(jouissance)という観念が、いかにして所有(possession)という観念を生ぜしめたか、つまり自然によってすべての人間に提供された・われわれの欲望の諸対象が、いかにして全体の共有財産から取りだされて、さまざまな個人の所有とされたか、ということをあきらかにすべきであったのである。そして最後に、さまざまな所有のしかたと、諸物の所有にかんして人間が相互に行ないうる・さまざまな取決めとの起源を、この個々人の権利すなわち同じことだが所有権に付せられえた・さまざまな制限のなかで探求すべきであったのである。

ここで以下のことを検討するのは、わたくしの目的ではない。すなわち、自然のさまざまな対象はいかにしてわれわれの欲求と快楽とに役立つか、またこれらの対象をわれわれの諸器官および諸感覚に適用するさいに、そこに生じる結合の原因は何か、そしてこの結合によっていかにしてわれわれの魂が魂自体からぬけでて、もろもろの実在のなかで孤立したものでなくなり、世界を認識し、かつこれを享受し、他の同類の智能とともに、成員相互の犠牲によって、いわば幸福の売買が行なわれる一つの社会を形成するか、ということとである。わたくしとしては、以下のことを指摘すれば十分であろう。すなわち人間が自然の諸対象を自分に役立てる方法には、いろいろの相異があること、そしてこれらの相異は、諸対象の本性にもとづき、また諸対象を知覚する器官の多様性と、諸対象によって満たされるはずの欲求の多様性とにもとづき、さらには、初期の人間には無益無用と思われた物が、たとえば研究によってえられた若干の食品やほとんどすべての医薬品のように、あるいはその物とわれわれとの諸関係のいっそう深い認識によって、あるいはひとがその物を、いろいろな物からより直接的な効用をひきだすための手段または媒介物として利用することを知ったことによって、ふたたびわれわれの欲望の範囲内にはいるようになるところの、諸技術の発明における人間精神の進歩そのものにもとづいているということである。これらの相異がどうであれ、それらはすべて使用する(user)および享受する(jouir)という二つの語のなかにふくまれる。この二つの語は同意語ではなく、使用するという語の方が広い意味を持っているようである。また享受するという語は快適な対象に限られるようである。そしてこの語が多数の有用な対象をふくむのは、われわれのあらゆる快楽がほとんどわれわれの欲求の充足に基因しているためにほかならない。使用するという語は、このほかに、人間が自分の欲求の充足、すなわちより適切にいえば、快楽を得るための手段として用いるにすぎないような対象を全部ふくむのである。というのは動物生理(l'économie animale)やわれわれの感官の諸関係を観察する医者にとって、われわれの肉体の保持、われわれの快楽が、もろもろの欲求にほかならないとすれば、われわれの感覚がそれ自身としては何であるかについて、いわばわれわれの魂をおさえつけている感覚の重みについて検討する形而上学者にとってはいうまでもなく、われわれの欲望の動き、われわれの欲求は、もろもろの快楽にほかならないからである。享受するということ、あるいはもっと一般的な表現を用いれば、使用するということ、これこそまさに、人間が自分の欲望の対象に対して持ちうる権利の第一段階である。人間は自然からこの権利を得る。したがってその起源においては、この権利はすべての者に共通である。他の諸権利はこの権利を前提とし、この権利による諸制限にほかならない。だがこれらの制限はすべての対象に及ぶものではない。依然としてすべての人間に共有な物がある。そこでわたくしは、若干のものがいかにして共有のものでなくなったかを検討しなければならない。

　われわれがいくら使用しても、すこしも減らず、すべての人間が互いに妨げ合わなくても同時に享受できる物がある。また使用することによって消滅するか、あるいは消滅しないまでも、一度にただ一人または少なくとも限られた人数しか満足させえないような物もある。すなわち食糧がそれである。自然の対象はすべてこの二つの種類のなかにふくまれ、多かれ少なかれ、この二つの種類に関係を持っている。というのは、すべての人間に共通に眺められる天空から、ただ一人の空腹しか満たしえない食糧にいたるまで、われわれを取り巻く諸実在の無限の多様性は、これら二つの極端の間に介在する微細な程度の差をほとんど全部満たしているからである。使用することによって消滅する物、すなわち一般的にいえば、他の人びとに使用させないようにしなければ、ある人が使用できないような物を、自然状態つまりその物がすべての人間に共有であったか、あるいは少なくともすべての人間に提供されていた・かの自然状態からひき出したのが、占有あるいは最初の占有者の権利であり、競争の場合には力であったことはあきらかである。われわれは物がほんらい共有であったと考えるのだから、それを自然状態からひきだしえた唯一のものが占有権であったことは、いっそうあきらかである。これこそ最初の個人的権利すなわち占有物に対する他の人びとの権利の最初の制限であり、つまり使用権(l'usage)である。そしてこの使用権が物そのものを消滅させるような場合に、この権利は最も強大である。

3　(貿易商人(le négociant))。――貿易商人とは利潤をとって転売するために購入する人間である。ところで、かれは購入価格も販売価格も決めない。このいずれの価格も、販売の行なわれる場所ごとに、供給と需要の関係によって決められる。したがって貿易商人は自分の自由にならない・その価格にもとづいて行動しなければならないのである。

いっさいの商業活動の根底には、農産物の価値と、この価値の決定に関与する・あらゆる事情とについての正確な認識がある。なぜなら貿易商人は、輸送費および貯蔵費を考慮に入れた・さまざまな場所と時期とにおける農産物の価格の差にもとづいて、かれのいっさいの投機を行なうからである。

貿易商人は、自然の各種生産物およびさまざまな地方における諸技術、それらの個々の価値、輸出費および交易方法を比較する。

貿易商人の知識は、自然の諸生産物とさまざまな地方における諸技術との現状に及ぶ。

貿易商人の見識は、一見、細かい知識に限られているようにみえるが、これらの細かい知識の多数のつながりによって、ぼう大なものとなる。

4　(商業の自由に対する障害、規制価格)。――……事実は、それが少しでも現実から離れていたり、少しでも複雑であったりすればあっさり否定されやすいものである。そしてこのような議論のしかたは一般には論争を終らせるよりむしろながびかせるのにむいているのである。だが、この結果生じる偏見について力説するまでもなく、馬の生産は、牛や羊の生産と同じく、商業の一部門にほかならないこと。また自由がなければいかなる商業部門も繁栄しえないことを示す諸原理が、他のすべての商業と同じく種馬の商業にもあてはまることを考察すれば十分である。

取締りという口実のもとに、商業の自由に加えられた・さまざまな侵害は、つぎの二種類に還元されうる。わたくしは、もっぱら財政的見地と国庫収益とのために設けれた侵害については語らない。一方の目的は、商業の信用を保証し、商品の低価格を維持し、商品が良質であるように監視すること、要するに買手を保護することであった。また他方の目的は、商業のいくつかの部門をおこし、あるいはそれらを拡張し、商業の他の諸部門を制限し、外国人たちが占有して自分のものとしている諸部門をかれらから奪うこと、要するに国家にとって最も有利であるにちがいないと思われる方法で、商品の生産を保護し、その量、質あるいは選択について生産を指導することであった。

前者については、行政官の権限による農産物価格の決定、さまざまなマニュファクチュアに対する諸法規、さまざまな組合(communauté)の親方たちが強制される徒弟制度、審査、承認、そしてあきらかに公共事業を確保し、商業全体をいっそう行政官の手中に収めるための一手段と考えられた・これらのさまざまな組合の存在そのものを挙げなければならない。

商品の価格を規制することを最初に考えついた人びとは、売手と買手の相互の利益が釣合ってそれぞれの物の価格が決まる決まり方について多少とも考察すべきであった。この二つの利益は互いの利益を一致させるように協合する。すなわち一方は、他方が買う必要を持っていると同じだけ、売る必要を持っているからである。しかしこの二つの利益は価格の決定にかんしては相分かれ相対立する。すなわち一方は高く売りたいと思い、他方は安く買いたいと思うからである。

したがってここに相反する二つの利害関係が生じ、一方が他方を釣合わせ、かつこれを制限する。すなわち高く売りたい欲望は売る必要に屈し、安く買いたい欲望は買う必要に屈する。各人はめいめい自分で、この二つの利益を比較し、その結果、双方が同意して取引きが成立するまで、ヨリ多く提供するかヨリ少なく要求するかを自分で決めるのである。

二個人間だけの孤立した単一の売買を考えれば、あきらかに交換は常に完全に平等であり、双方のいずれも損をすることなどありえないだろう。なぜなら、交換される物は、二人の契約者おのおのの欲望がそれに付した価格以外の価格を持ちえないし、この欲望を判断しうるのはかれらだけであるからである。実際に、多くの人が売るために同じ商品を提供し、それを買うために多くの人が現われる場合には平均価格(le prix commun)が成立する。なぜなら売手はある人にではなく別の人に売るように強制されないので、かれは自分の商品を第二の人から期待しうる価格より安い価格では第一の人に引渡さないし、同様に買手は売手を選ぶことができるので、ある人がヨリ安い価格で提供するものを他の人からヨリ高い価格では買わないだろうからである。このような売手と買手間の相互的な競争の場合、価格は二人の間だけの掛合いによって決められるのではなく、一方の売手全体と他方の買手全体との間の掛合いによって決められるのであり、したがって供給と需要の関係は、いつでも、この〔価格〕決定の唯一の原理である。売るべき商品が大量にあるか、買手が少ない場合には、この原理は価格を下げ、逆に、商品が希少であるか、買手が多数である場合には、価格は上がる。ある人が自分で調べることをおこたったり、未知の商人のひと言を盲目的に信用したりすれば、その人がだまされて、ある物を通用価格(le prix courant)より高く買うことは、たしかにありうる。しかし通用価格が高すぎたり安すぎたりすることは決してありえない。こういうことがありうるためには、商品がそれ自体として考察されて、その希少性の大小、つまり需要の大小とは関係なしに、ある自然価格(un prix naturel)を持っていなければならないだろう。ところが、そういうことはないし、またありえないのである。なぜなら、あるのはただ、集合的に考えられた買手全体の需要と、おなじく集合的に考えられた売手全体の供給との比較だけであり、これが売上価値(la valeur vénale)を定めるのだからである。

「君主または行政官は、法令によって一対一〇と一対二〇とが等しいと定めえないのと同じく、商品の価値を規制することはできない」と、モンテスキュー氏に言わせているのはこのためである。*

* 『法の精神』第二二篇・第七章

市民が知らないのをよいことにして通用価格より高く売りつけようとする商人に市民がだまされないようにするため、農産物の価格を規制するのは幼稚なことであろう。それは、各人にできることで、しかも各人が政府よりもはるかにりっぱに行なえることを、政府にさせようとすることであろう。その上それは不可能なことを企てることであろう。というのは、あらゆる商品の通用価格はたえず変動するからである。したがって行政官はたえずその法規を変更しなければなるまいし、事情をよく知った上で法規を変更しようとすれば、十分に調べがつかないうちに、通用価格はすでに多くの変動を受けてしまっていることだろう。

通用価格そのものを規制するため、つまり買手に有利なように通用価格を低く維持するために、農産物の価格を規制するのは、なによりもまず不正を犯すことである。というのは、なぜ売手よりも買手の方を保護するのか？　かれらは、一方は商品の、他方は貨幣の、同じ自由、同じ所有権をもって、すべてを契約するのではないのか、すなわち法律や行政官からみれば、かれらは平等ではないのか？　さらにそれは思慮のない不正を犯すことである。というのは、かりにここで政治が均衡を不等に傾かせうるとすれば、それはむしろ売手の側に傾けるべきであろうからである。つきつめていえば売手と買手は生産者と消費者と同じことである。ところで、社会のあらゆる必要物を供給するのは生産者の労働であり、この労働がもっぱら販売の利潤を目的とすることはいうまでもない。価格を規制することは、所有権を侵害して全社会の根本原理を傷つけることである。というのは、所有権の十分かつ完全な享受こそが立法の目的であり、所有権はすなわち人間を未開状態からぬけださせ、社会に集まって法に従わせたところの動因であるからである。要するに、価格を規制することとは、国民に可能な限り最低の価格で生活資料を与えようとする目的にまっ向から反対することである。

この目的は、常に自由がもたらす競争によって、まったく自然に達成されるだろう。販売と消費とは、あらゆる方面から売手を招き、売手たちは、自分を選ぶ買手を決めようとして互いに競って価格を下げる。といっても、かれらは取引で生活している以上、利潤を全部あきらめるまで〔価格を〕下げることはできない。かれらは生活資料、立替金、それに商業上必要な前払いの利子を稼がなければならない。競争によって売手の利潤が、この点まで切り下げられたとき、農産物は可能な限り最低の価格である。商品〔の価格〕がさらに下がるとすれば、売手は損をして売り、その結果、売手は売らなくなり、生産者は生産しなくなるだろう。行政官はどうしようというのだろうか？　かれは通用価格を、基本価格(le prix fondamental)とも呼ぶべき・この価格以下に規制しようとするだろう。もしかれがそれをやりおおせるなら、かれはのろわるべきである！　やがて商業は止まるだろう。すなわちかれが避けたいと思う高価の代りに欠乏が生じるだろう。やがて、かれは商人たちを呼びもどすために価格を上げざるをえなくなり、こんどは商人たちがかれを指図するようになるだろう。なぜなら、この不安な取締りの気まぐれにさらされる心配のために、他に販路を求めうる者はみな遠ざかるので、競争は減るだろうし、商人はほんの小人数に減少するので、かれらはたやすく団結できるようになるだろうからである。行政官はきっと消費者も販売者も損をしないような・ある公正な相場で通用価格を決めようと努力するだろう。つまりかれは、かれがいなくても競争の方がずっとりっぱになしとげるようなことをしようと努力するだろう。

だが、この公正な相場をよく知るには、どんな方法が役立つだろうか？　商人はみなその方法を非常によく知っている。というのは、商人は自分の商品がいくらに値いするかを知っており、したがってかれは、どの程度まで価格を下げても自分の生活と自分の商業の維持とに必要な利潤を傷つけないか、ということを知っているからである。またどの商人も、競争はたしかにできるだけ価格を下げ、利得を制限する結果を招くけれども、それは生産を妨げないかぎりにおいてであるということをそれぞれに計算しているからである。ところが行政官は、この物それぞれの基本価値を全く知らないのである。それを知るには、かれはあらゆる職業を知っていなければならないだろう。つまりかれはそれぞれの商品の価値を、その価値がひきだされる・それぞれの場所で知っていなければならないだろう。

行政官は何人かの職人に相談することによってはじめて自分の無知を補えるのだが、かれらは行政官をごまかすことに興味を持っており、またかれらは自分の競争相手の利益をごまかすより、ずっとたやすく行政官をごまかすことができるのである。行政官がかれらの報告を確めるために、自分の眼の前でいろいろの実験を行なわせて、どんなに注意を払っても、それでもなお行政官はごまかされるだろう。なぜなら、こうした実験を行なうには、いまでも同業の職人に相談する義務があるからであり、またこれらの職人はいくら注意を払って経費を節約しても損にも得にもならないので、かれら自身の利益のために働くときのようにはいつも節約しないからである。だから、実験がまじめに行なわれるとしても、実験は必ず真の基本価格よりも多少高い基本価格を示すのであり、したがって行政官がどんなに注意を払って公正な規制価格を設けようとしても、行政官は常に、もっぱら自由な競争によって下げられる農産物の価格より高い価格を決めるように導かれるだろう。

王国のほとんどどの都市でも、行政官は価格表によってパンの価格を定めるのだが、この価格表には一ムジュールの小麦のさまざまな価格の変化に対応するパンの価格が記入されている。この価格表はさまざまな都市で全く一様でなく、しかもときにはその差がはなはだしく大きいので、そのため小麦価格は同一でありながら、パンはある場所では他の場所より高く支払われているのである。ところでこの不平等のために、パンが最も高い場所の消費者が、いつも損害をこうむっていることはあきらかである。パンが最も安い場所でも基本価格以上であることは疑いない。さもなければ規制価格は存続しえないだろう。最近、パンの価格と小麦の価格の比をあきらかにするために、いくつかの実験が行なわれた。発表された・その結果によれば、パンの価格はどこでもはるかに高すぎるようである。しかるに、この取締りの点についてはまだ人びとの意見が一致していない。もしも一方でパンの規制価格がなくなり、他方ではパン屋組合の独占が廃止されて、パンを売りたいものはだれでも自由に売れるようであれば、競争がすぐに人びとの意見をはっきりさせたことだろう。

指定市場[一]『百科全書』の項目

（『百科全書』第七巻、――『デュポン版著作集』第三巻、二―二三ページ）

（定義。――指定市場と自由市場の効用。――指定市場に課せられる諸税ならびに諸制限の弊害）

（一）　この項目には、不正確に指定市場と自由市場(Foires et marchés)という題がつけられた。

FOIRE(指定市場)、女性名詞、(商業および政治)。この語の語源は公共広場という意味の Forum であり、その起源においては marché(自由市場)という語と同意語であったし、今でも若干の点ではそうである。どちらも、商人と買手とが予定された場所と期間に集まることを意味するが、指定市場(foire)という語の方が、ヨリおおぜいの、ヨリ盛大な、したがってヨリまれな集まりを意味するようである。このちがいは、一見、二つの語の慣習的な使い方のちがいであるように思われる。しかしながらこのちがいは、それ自体、別のいっそうかくれた、いわばこれら両者間のヨリ根源的なちがいにゆらいするものである。以下、このちがいを詳述しよう。

ある魅力、つまり旅費と、農産物あるいは商品の輸送費とを償うか、もしくはそれを超えるかする・ある利益がなければ、商人と買手とが一定の期間と一定の場所とに集まりえないことはあきらかである。この魅力がなければ、ひとはそれぞれ自分の家にとどまっているだろう。この魅力が大きければ大きいほど、農産物はますます遠くから運ばれ、商人と買手との集まりはますますおおぜいでかつ盛大なものとなり、この集まりを中心とする地域はますます拡大されえよう。この集りを形成し、またこれをある程度まで大きくするには、商業の自然の動きで十分である。売手の競争が農産物の価格を制限し、かわって農産物の価格が売手の数を制限する。実際に、いかなる商業も、それにたずさわろうとする者を生活させなければならないのであるから、商人が個々の販売から得る利潤の少なさをどうしても、その販売の数で埋め合わすことが必要であり、したがって商人の数が消費者の実際の数と釣合い、その結果、各商人が消費者の一定数に対応することが必要である。そこで、ある農産物の価格をこれこれと仮定し、この農産物の商業を維持するためには、三〇〇世帯の消費をめざしてこれを販売することが必要であると仮定する。すると、それぞれ一〇〇世帯しかない村が三ヵ村で、この農産物の商人をただ一人しか維持できないだろう、ということはあきらかである。この商人はおそらく自分が、最も多くの買手がいっそう便利にあるいはいっそう少ない費用で集まれる三ヵ村の商人であることに気づくだろう。なぜなら、この費用の減少のために、その村に定住している商人の方が、他の二ヵ村の一つに定住しようとする商人たちよりも尊重されるだろうからである。ところで農産物の種類が多くても、おそらく事情は同じであろう。そしてどの農産物の商人も、同じ場所に集まるだろう。それは費用の減少という同じ理由からであり、また二種類の農産物を必要とする者は、それらを手に入れるために二度旅行するより、一度だけの方を好むからである。すなわちかれは実際には、それぞれの商品をヨリ安く買ったのと同じことになるのである。このようなさまざまな商業の結合そのものによって大きくなった・この場所は、さらにますます大きくなる。なぜならその仕事の性質上、田舎にとどまっていられない・すべての工匠や、富裕なため、なにもしないでいられるあらゆる人が、生活上の便利を求めてそこに集まるからである。買手の競争は、売手たちを販売の期待で引きつけ、同一の農産物に対して多数の商人がそこに定住する。売手の競争は、買手たちを安値の期待で引きつける。そして競争によって生じる農産物の安値が遠方からの買手に対して、その距離的な不利益を埋め合わせ、さらに常例と慣習の効果とが安値の魅力につけ加わるようになるまで、双方とも互いに増加しつづける。こうしてさまざまな商業の中心すなわちもろもろの自由市場が自然に形成され、農産物の性質、交通の便、および人口の状態によって、多少、広さの差はあるが、同じ数だけの地方なり地区なりがこれらの自由市場に対応する。また、ついでに言えば、これこそまさに町村や都市の最初の、かつ一般的な起源である。

商人と買手の集まりが一定の場所に決まるのは、それが便利だからという理由によるのだが、長途の輸送に耐えるには農産物があまりに安すぎたり、集まりを毎日十分に満たすほどにはその人口が多くない場合には、やはり便利だからという同じ理由によってその一定の期日も決まる。これらの期日は一種の黙契によって決まり、そのためには最小限度の条件さえあれば十分である。付近の諸主要地間の道のりに要する日数と、旅行者の出発を決める・いくつかの時期たとえば一連のいくつかの縁日や、いくつかの慣習的な支払い日や、あらゆる種類の定期的な祭礼や、要するに数日間、一定の人数を集めるような・あらゆるものとが組み合わされて、まさにこれらの期日に自由市場を設けることの基準となるのである。なぜなら商人は常に買手を見つけたいと思っており、その逆もまたそうであるからである。

しかしながら、この利益と、競争によって生じる安値とが、旅費や農産物の輸送費と十分釣合うぐらいのある適当な距離の間隔さえあればよいのである。したがってヨーロッパの一部の諸生産物がばく大な費用をかけて集められ、諸国民の集合地の観を呈する・かのはなやかな指定市場は、決して自由によって活気づけられた商業の自然の動きのせいではない。これらの途方もない費用を償うべき利益は、決して事物本然の理によって生じるのではなく、他のあらゆる場所では商業が規制価格と諸税とでおしつぶされているときに、一定の場所と一定の期間の商業にだけ認められた特権と免税とから生じるのである。慣習的な制限と圧迫の状態のもとで、商業は非常にながい間ヨーロッパ中で苦しんでいた。そのため商業の動きが、商業に少しでも多くの自由を提供する場所の方へむりに向けられたのは不思議ではない。このように、君主たちは諸税の免除を認めて、ヨーロッパのさまざまな地方に多くの指定市場を作った。したがって普通の期間の商業が過重に税を課せられていればいるほど、これらの指定市場がますます盛大であるにちがいないことはあきらかである。

ゆえに指定市場と自由市場は、いずれも予定された場所と期間とにおける商人と買手との集りである。だが自由市場にとって、買手と売手とを結びつけるものは、かれらが互いに探し合うことの相互的利益であり、指定市場にとっては、若干の特権を享受したいという願望である。すなわち、この結果、指定市場の方がずっとおおぜいで、ずっと盛大なものとなるはずである。

自由市場を設けるには商業の自然の動きで十分であるにもかかわらず、非常にながい間ほとんどすべての政府の商業行政を毒した・かの一連の有害な原理のために、いわばあらゆるものを指導し、あらゆるものを規制し、しかも決して人びとの利益を各人に任せないという偏狂が生じたのである。つまり自由市場を設けるのに警察を介入させたり、人びとが互いに妨げ合わないようにするという口実のもとに、その数を制限したり、あるいは若干の商品に課せられる税の徴収係員の便利のために、あるいはあらゆる商品を巡視と検印の形式に従わせようとしたために、若干の指定地以外ではそれらの商品を売ることを禁じたり、またどこにでも事務所を置くことができないようにしたりしたのである。産業に対する・かかる致命的な制度と戦うには、あらゆる機会をつかまえて戦っても戦いすぎることはない。このことは『百科全書』においてしばしば見られるだろう。

最も有名な指定市場は、フランスではリヨン(Lyon)、ボルドオ(Bordeaux)、ギブレ(Guibray)、ドイツではライプチヒ(Leipsig)、フランクフルト(Francfort)等のそれである。ここでのわたくしの目的は、指定市場に対してであろうと、多くの元首によって認可された諸特権を列挙したり、詳細に説明したりすることではない。わたくしはただ、ある人びとが若干の指定市場における商業の盛大さと広さとを一国の商業の盛大さの証拠としてあげている・かなり一般的な錯覚に対して若干の考察を加えるにとどめよう。

たしかに、ある指定市場はその所在地を富裕にし、ある特別な都市を栄えさせるにちがいない。しかしその時、ヨーロッパ全土は封建的政府の多くの束縛のなかで苦しんでいたし、どの村も、いわば独立的な主権を形成していたし、自分の館に閉じこもった領主たちは、必要あってかれらの地を通過せざるをえないすべての人にいろいろの献金や法外な通行税を課して、商業をただ自分の収入をふやす機会としか考えていなかったのである。税の厳しさを多少ゆるめれば、商業と消費との増大によってかれらはその損失を償なわれてあまりあるだろうということに最初に気づいた見識ある領主たちが、やがてかれらの居住地が富裕で、壮大で、美しいものになるのをみたことはたしかである。国王や皇帝がかれらの権威を強めて、みずから奨励しようと思う若干の都市の指定市場向けの商品を、かれらの家臣による徴税から免れさせたときに、これらの都市が必然的に非常に大きな商業の中心となり、そしてこれらの都市がその富とともにその権力を増大させたことはたしかである。だが、これらの小主権がすべて、ただ一人の君主のもとで単一の大国家を形成するために統合されて以来、怠慢や、慣習の強さや、悪弊の改革が望まれてもそれを改革することのむずかしさや、それを望むことのむずかしさのために、各地方、各都市がさまざまな主権者のもとにあったときに確立されていたのと同一の諸制限、同一の地方諸税、それに同一の諸特権がそのまま存続したのだとしても、この偶然の結果がたんに賞讃されたばかりでなく、正しい政治の所産として手本とされたのは奇妙なことではないか？　非常な善意と、商業を繁栄させるという目的とをもって、さらにいくつかの指定市場が新設されたり、若干の都市の特権と免税とがさらにふやされたり、商業のあるいくつかの部門を貧しい諸地方に新設すれば、これと同じ商業の部門でこれまでながい間繁栄してきた他のいくつかの都市の障害となるのではないかという心配からその新設が妨げられさえしたのは奇妙なことではないか？　これこれの商品を製造するのがピェールであろうとジャックであろうと、メーヌ地方(le Maine)であろうとブルターニュ地方(la Bretagne)であろうと、国が豊かになりフランス人が生活してゆけさえすれば、どうでもよいことであろうか？　一枚の布がボケール(Beaucaire)で売られようと、その生産地で売られようと、労働者がその労働の価格を受けとりさえすれば、どうでもよいことであろうか？　商業のばく大な総量が一ヵ所に集められ、一目でわかるように積み上げられれば、それはいっそうはっきりと皮相な政治家の眼を打つだろう。泉水や運河に人工的に集められた水は、つまらぬぜいたくの外見で旅行者を楽します。しかし水は、雨によって一様に田畑の表面にふりまかれ、地面の傾斜によってはじめて谷間に流れて泉をなし、いたるところで富と肥沃とをもたらすのである。ある都市で、ある時期に大規模な商業が行なわれ、この一時的な商業が、実は商業を妨げ、これ以外のすべての期間と国の全域とにわたって商業を衰退にいたらせる諸原因そのものによってのみ大規模であるのだとしても、それはどうでもよいことであろうか？

　われわれがいまチャイルド(Child)の翻訳で恩恵を受けており、また商業を保護しようとして商業の進歩に課せられた・もろもろの障害を取り除くために、フランスがおそらくいつかはその恩恵をうけると思われる市民的行政官(一)は、つぎのように言っている。「いつかご馳走を食べるために年中なにも食べないでいるべきか？　オランダには指定市場はひとつもない。ただ国中が一年中、いわば一つの不断の市(une foire)をなしているだけである。なぜならそこでは商業はいつでもどこでも、一様に盛んであるからである。」

（一）　ヴァンサン・ド・グルネー(Vincent de Gournay)

ひとは言う、「国家は収入なしにはやってゆけない。国家の必要に応じるためには、商品にさまざまな税を課すことがどうしても必要である。一方、とくに外国でのわが国の諸生産物の販売を容易にすることもまた必要であり、これがためにはできるだけ価格をひき下げざるをえない。そこで、平常の、必要欠くべからざる消費が十分に公収入をみたす一方、商品の低価格が外国人を誘い、異常な消費をひき起すような免税の場所と期間とを指定すればこの二つの目的は両立される。この特典の時期をなんとか利用したいという熱望のあまり、売手と買手は熱中し、しかもこれらの大規模な指定市場の盛大さは一種の魅力によってこの熱中をさらに増大させるので、結果として、商業全体の総量は増加することになる」と。これは大規模な指定市場の効用を擁護するためにする口実である。だが全体的な調整によって、しかも国家全成員にひとしく恩恵を与えながら、政府が企図する二つの目的を、もっと有利に両立させることができると確信するのは困難ではない。実際、君主が自分の税の一部を失い、それを商業の利益のために犠牲にすることに同意している以上、君主はすべての税を均等にして、かれが失うことに同意しているだけの額を総額から減らしてもさしつかえないわけである。つまり国内消費に対する税だけをそのまま残して、外国への販売の税を免除しようという目的は、国外にでる全商品の税を免除することによって、ずっとたやすく達成されるだろう。というのは要するに、わが国の指定市場がわれわれの消費の大部分をまかなっていることはなんびとも否定しえないからである。このようにすれば、指定市場の期間になされる異常な消費は大いに減るだろう。だが税の軽減のために、普通の期間の一般消費がいまよりずっと多くなることはあきらかである。このようなちがいがあるために、税が均等で、しかも軽減されている場合には、商業は、君主が商業のために犠牲にしようとするものをことごとく手に入れることはあきらかである。これに反して局地的ならびに一時的免税にもかかわらず、税が一般に高い場合には、国王は多くを犠牲にすることができるが、商業はほとんどなにも得ることができない、すなわち同じことだが、農産物あるいは商品の価格が下がりうるとしても、それは税が減少するよりはるかに少ないのである。なぜかといえば、この税の減少によってえられる利益から、農産物および商品の指定市場指定地までの輸送費、滞在地の変更〔の費用〕、土地所有者の独占によっていっそう高くなった指定市場の場所代、それにかなりの短期間には販売しないかもしれず、したがって長い旅をしても全くの損となるかもしれない危険を差し引かねばならないからである。すなわち、商品はどんな場合でもこれらの費用やこれらの危険を全部弁済しなければならないのである。したがって、君主が税を犠牲にして一時的かつ局地的免税を行なっても、それは税全体に対する・ある僅かな軽減ほども商業にとって有益ではないのである。また慣習的な過度の重税によって日常の消費が減少しても、それだけ特別な免税によって異常な消費が増大することは決してないのである。その上、特別な免税は必ず、それを利用するための不正、新たな制限、この不正を防ぐための係員や監視人の増加、不正を罰するための刑罰、その他、国家にとって貨幣と人間の損失を生じるのである。

結論すれば、大規模な指定市場は、その前提をなす制限が有害であると同じく、決して有益ではない。またそれは商業が繁栄している状態の証拠であるどころか、逆に、商業が妨げられ、過度な重税を課せられ、その結果、商業が盛んでない諸国にのみ存在しうるのである。

財団『百科全書』の項目

(『百科全書』第七巻、――『デュポン版著作集』第三巻、一二三五ページ)

(定義。――財団の諸弊害。――自由放任)

FONDATION(財団)、女性名詞、(政治および自然法)、fonder, fondement, FONDATION という語は、ごく自然な比喩によって、あらゆる恒久的常設的組織に用いられる。*établissement* という語自体、あきらかに同様の比喩にもとづいているからである。

この意味から、*la fondation d'un empire, d'une république*(一帝国、一共和国の建設)というように言われる。しかしこの項目では、これらの大問題については語らない。すなわちわれわれがそれについて言いうることは、政治的権利の根本的諸原理、人間間における諸政府の最初の設立にかかわるからである。

また *fonder une secte*(一派を創設する)とも言われる。最後に、*fonder une académie, un collège, un hôpital, un couvent, des messes, des prix à distribuer, des jeux publics etc.*(アカデミー、学校、病院、僧院、ミサ、授賞、公設競技場等のための基金を出す)というふうに言われる。この意味での *fonder* とは、その目的が神の礼拝または公益を目指すものであろうと、この二つが口実に使われていても、その目的が創設者の虚栄心、これがしばしば唯一の真の動機であるが、を満足させるだけのものであろうと、創設者が意図した目的を実現するため永続的に使用されるように、ある基金すなわち一定額の貨幣をあてることである。

創設者の意図を実現することを託された人たちへ、創設者が準備した基金の所有権あるいは使用権を移譲するのに必要な諸形式、これらの人びとによって結ばれた契約の永続的履行を保証するために講ずべき・もろもろの措置、たとえば所有者の変更ごとに徴収していた税を当該基金にかんしては永久に失なう領主のように、この所有権の移譲によって利害関係を生じうる人びとに対する・しかるべき補償、かかる軽率な贈与の過度な増加に対して政治が慎重に課そうとしたもろもろの制限、要するにもろもろの財団に本質的なあるいは付随的なさまざまな事情がさまざまな法律を生ぜしめたのであるが、それらについての詳細はこの項目の範囲ではない。これらのことについては、FONDATION (*jurisprudence*)(財団(法律学))、MAINMORTE(財産移転税)、AMORTISSEMENT(償却)等の諸項目を参照。

この項目でのわれわれの目的は、もっぱら公益にかんして財団一般の効用を検討する、というよりむしろその諸弊害を証明することである。願わくは以下の諸考察が、この世紀の哲学的精神と協力して、新たな財団を嫌悪し、古い財団に対する迷信的な尊敬のなごりを一掃しえんことを！

1　創設者というものは、自分の意志の実現を不朽のものにしたいと望むものである。ところで、かれの意図が常に最も純粋なものと考えられるとしても、ひとはかれの見識を疑う理由をいかほども持たないだろうか？　善を行ないたいと思いながら、悪を行なうのは、どんなにかたやすいことではないだろうか？　ある組織が期待どおりの結果を生み、正反対の結果を生じないかどうかを正確に予測すること、身ぢかな・明白な一つの善と、目に見えない・長いひとつながりの諸原因の結果として生じる・もろもろの現実的な悪とを迷いのなかから見分けること、社会の真の宿弊を知り、その諸原因にさかのぼること、その解決策を一時しのぎの手段と区別すること、誘惑の魔力からかろうじて身を守ること、盲目的な大衆の讃辞やわが国民特有の熱狂によってもあきらかなように、ある計画を取りまく・かの有頂点の雰囲気のなかで、その計画に対して厳しい、落着いたまなざしを注ぐこと、以上のことは最も深遠な天才の努力を要することであろう。それにおそらく政治諸科学はこんにちではまだ、それに成功するほど進歩してはいないだろう。一般的原因による弊害の救助が、しばしば若干の個人にさしのべられるが、往々にして結果を防ぐための解決策自体がその原因の力を増大させることがあるものである。われわれは、更生した売春婦の収容所用に作られた若干の施設において、この種の不手際の著しい一つの実例を知っている。その施設に入るには、堕落していることを示さなければならないのである。財団が他の諸目的に転用されないようにするためには、かかる予防措置が考案されねばならなかったことを、わたくしは十分承知している。だが、堕落と戦わねばならないのは、決してこのような堕落の真の諸原因とはなんの関係もない組織によってではなかったことが、この一事であきらかではないか？　わたくしは堕落についてのべたが、それは実に貧困にゆらいするものである。貧者は富者の豊かさを要求する明白な権利を持っている。人道と宗教とはともにわれわれにわが同胞の不幸を軽減する一つの義務を課している。すなわち、この避けることのできない義務を果すためにこそ、あらゆる種類の困窮を緩和するための多くの慈善団体がキリスト教世界に建てられたのであり、また無数の貧民が病院に集められ、僧院の戸口で毎日の配給の食事を与えられているのである。その結果はどうか？　スペインやイタリアの諸地方におけるように、まさに、これらの施しの資金が最も豊富な地方においてこそ、貧困は他の地方よりずっと多く、ずっと一般的である。その理由はきわめて簡単で、多くの旅行者がそれを指摘した。おおぜいの人間を施しで生活させるということは、怠惰とその結果としてのあらゆる無秩序とを買いとることであり、労働している人間の生活状態よりも怠け者の生活状態を好ましいものとすることであり、その結果、国家に対しては労働の総量と、必然的にその一部が未耕地となる土地の諸生産物の総量とを減らすことである。このため食糧の欠乏がひんぱんに生じ、貧困が増大し、その結果として人口が減少する。すなわち勤勉な市民たちは、放浪的な乞食の群れの、どんな種類の犯罪にも手をだす・いやしい下層民にとって代わられるのである。これらの正しく取締まられていない施しの弊害を理解するためには、非常によく管理されているので、貧民がひとりもいないような・ある国(移民のための植民地を持っている国にとっては、たしかに可能なことである)を想定してみればよい。一定の人数のための無料救済組織はただちにその国に貧民たちを作りだすだろう、すなわちその人数だけの人間にかれらの仕事を放棄して貧民になることの利益を与えるだろう。この結果、国家の労働と富との間にある空白が生じ、勤労者の頭上にかかる公共費の負担が増大し、社会の現在の機構のなかで、われわれの気づくかぎりの無秩序が生じるであろう。このように、最も純粋な美徳でさえ、警戒心もなく美徳を吹きこまれるがままになっている人びとを欺くかもしれないのである。しかし、敬けんでかつ尊敬すべき計画でさえ、それに寄せられた期待を裏切るのなら、たんに軽薄な虚栄心の満足だけを真の動機と目的とする・あきらかに大多数の財団についてはなんと考えるべきであろうか？　わたくしは少しもはばかることなく言おう、こんにちヨーロッパに現存する・あらゆる財団の功罪を比較すれば、ある啓発された政治学の検討に耐えるものは、おそらくひとつもあるまい。

2　しかし、ある財団がどんなに有益であろうとも、財団はそれ自身のなかに回復できない・ある欠陥を持っている、しかもその欠陥は財団がほんらい持っているものであるから、財団の運営を継続することは不可能である。創設者たちが、自分たちの熱意は、その成果を永続させることを託された人たちに永遠に伝えられるものと思いこんでいるとすれば、思いちがいもはなはだしいのである。たとえしばらくの間は、その成果が生かされたとしても、ながい間にその当初の精神を失わなかった団体はない。習慣そのもののために、また習慣をおこさせる・対象とのなれのために、鈍らされないような感情はない。はじめて病室に入る人は、おそれ、悲しみ、人間に対する深い同情、苦しんでいる不幸な人へのあわれみのいりまじった・なんという感情の動きを経験することか！　ところが、眼を開いてよく見れば、まさしくそこで、人間のあらゆる惨めさを集めたような・そのなかで、その救済にあたる関係者たちは、不注意な、ぼんやりした様子で、ぶらぶらしているのである。かれらは機械的に無関心に病人から病人へ食物や、時にはぞんざいに処方された・あぶなっかしい薬を配っていく。かれらの心は、つまらないおしゃべりや、おそらく最もみだらな、最もばかげた考えにさえふけっているのだろう。みえ、ねたみ、憎しみ、ありとあらゆる情念が、他の場所と同じくそこでも支配し、かれらの目的に介入し、つきまとう。そして小川のせせらぎがにぎやかなおしゃべりをさえぎらないと同じように、うめき声や痛みの鋭い叫び声も、かれらの情念をそらさせない。とても理解しかねることではあるが、ひとは同じ床が同時に死の床でもあり、堕落の床でもあることを見たのである。人間の心をどんなに感動させることのできる目的に対しても、習慣のおよぼす結果はこのとおりである。これこそどんな熱狂も持続しないゆえんである。では、財団の関係者たちは、熱狂もしないのにいかにして、いつもきちんと財団を運営するのだろうか？　怠惰、つまりたえずわれわれを無為のなかに引き止めようとする人間の本性に結びつけられた・このおもりを、かれらはどんな利益で釣合わせるのだろうか？　創設者がかれらに一定の収入を保証するために講じた・もろもろの措置そのものによって、かれらは労せずに一定の収入を受けることを許されている。創設者は、財団の規約を履行させるために、監督者、検査員を置くだろうか？　これらの検査員たちの場合も、なんらかの規則のために設けられる・すべての人の場合と同じであろう。規則の履行を妨げる障害が怠惰から生じるのなら、かれらもまた同じ怠惰のためにそれを監視できなくなるだろう。もしその障害が金銭的利益であれば、かれらは容易にその利益の分配にあずかることができよう。したがって監督者自身、監督されなければならなくなるだろう。では、このおかしな連続は、どこで止まるのだろうか？　人びとが、僧会員たちの全収入をほとんどかれらが自分で配る施し〔の額〕に限定して、かれらを聖務に精励させたのはもっともなことである。だがこの方法はただ物質的な援助を強制しうるだけで、財団のもっと重要な他の諸目的のためにはどれほど有益であるだろうか？　したがって、古い財団はほとんど全部、その設立当初の〔精神〕から堕落した。そこで、最初の財団を生ぜしめたのと同じ精神が、ふたたび同じ計画あるいは別の計画にもとづいて財団を設立させた。そしてこんどはそれが堕落すると、それはまた同じようにして作り代えられるのである。通常、創設者はその組織が外部からの刷新を受けないように十分な措置を講じるので、一般に、古い組織を改革するよりは、新たな組織を創設する方が、いっそうたやすく、それにきっと、いっそう名誉に思われるのである。だからこの二重、三重の使用のために、社会における無益な人間の数と、流通全体から引きだされる基金の総額とが、たえず増大されるのである。(一)

（一）この問題については、神学大学入学資格者シャンプロンの司祭(curé de Champrond)、ティエール(Thiérs)著、『貧民の弁護』(*L'avocat des pauvres*)、パリ、一六七六年、一二折判、神学博士たちの出版許可つき、を参照。

いくつかの財団は、ある別の理由で、それも時の経過だけで、いまなお運営されていない。すなわちそれは銀と金利で設けられた財団である。周知のように、あらゆる種類の金利は、つぎの二つの原理によって、ながい間にはほとんど全部その価値を失った。すなわち第一は銀一マール(la marc d'argent)〔旧重量単位〕の法定価値の漸次的かつ継続的増大であり、このため、当初には銀一二オンス相当の一リーヴルを受けとっていた者が、こんにちでは同じ純分の割合いで、この一二オンスの七三分の一にも相当しない現在の一リーヴルを受けとっているにすぎない。第二の原理は銀の総量の増加である。つまりアメリカが発見されるまでは、ただの銀一オンスで手に入っていたものが、こんにちでは、三オンスでなければ手に入らないようになっている。これらの財団が完全に廃止されても、この点で大きな不都合が生じることはあるまい。しかし財団の本体はいぜんとして残る。ただ規約がもはや履行されないだけである。たとえば、ある病院の収入がこの減少の影響を受けるとすれば、ひとは病人の寝台を廃止して付属牧師の維持費を用意することで満足するだろう。

3　わたくしは、つぎのように考えたい。つまり財団はその起源においては、あるあきらかな効用を持っていた。また怠惰や不注意が財団を堕落させないようにするために、十分な措置が講じられた。そして資金の性質上、財団は一般の富に対する時代の変動から保護されている。すなわち創設者たちが財団に付与しようと努力した不変性こそ、いっそう重大な支障となっている。なぜなら時代は、新たな変動をひきおこして、その起源においてはありえた効用を消滅させたり、それを有害なものにすることさえできるからである、と。

社会はいつも同じ必要をもつとはかぎらない。財産の性質とその配分、国民のさまざまな階級間の区分、もろもろの意見、もろもろの習俗、国民のないしは国民のさまざまな部分の一般的な職業、気候でさえ、それに病気その他の人間生活における・もろもろの災害は、たえざる変化に遭遇する。新たな必要が生まれ、他の必要は感じられなくなる。そのまま残る必要の割合いも社会のなかで日に日に変化し、これらの必要に応じるために作られた財団の効用は、これらの必要とともに、消滅あるいは減少する。パレスチナ(Palestine)の諸戦役は無数の財団を生ぜしめたが、その効用はこれらの戦役とともに終った。もろもろの戦闘的修道会はいうに及ばず、ヨーロッパには以来久しくライ病は認められないにもかかわらず、そこには今なお非常に多くのライ病院がある。これらの大部分の建物はその役目を終った後もながい間残っている。なぜなら、第一に、それを役立て、それを維持することで利益を得る人間が常にあるからであり、第二に、たとえそれが無益であることがはっきりわかっていても、それをとりこわす決心をするのに、非常に手まどるし、これらの大建築物は以来いく世紀もの間に建てられて、しばしば他の建物に密接していて、これをとりこわすには他の建物の土台を揺るがすおそれがあるので、これらの大建築物をとりこわすのに必要な手段や形式についても、あるいはそれらの残骸の利用もしくは分配についても決定するのに非常に手まどるからであり、第三にそれが無益であることを納得するのに非常に手まどるからであり、そのため、それが無益ではないかと思われたときには、すでに時間がたっていて有害なものとなっていることが往々にしてあるからである。

財団は、それがどんなに有益であるようにみえても、いつかは少くとも無益な、おそらくは有害なものとなるだろうし、将来もずっとながい間有害であろうとしか思えない。すなわちいかなる創設者も、自分の虚栄心の満足という以外の目的を持とうとするのをやめさせるにはこれで十分ではないか?

4　わたくしは大財団を取り巻く建物の奢侈や豪華さについては、まだなにも言わなかった。だが、その効用を経費の一〇〇分の一と算定すれば、たぶんその効用を十分好意的に評価することになろう。

5　もしもわたくしの目的が、これらの考察を示すことによって、ひとを自分の利益だけに閉じこもらせ、同胞の苦悩や幸福について無関心にさせ、その市民精神を失わせ、人びとのために役立つ高貴な熱情のかわりに一個の無為かつ無気力な慎重さを置き代えることであるとすれば、わたくしはのろわれるべきである！　わたくしが願うのは、人間性、つまり公益を愛する熱情が、創設者たちの虚栄心に代って、それと同じだけの利益を人びとに与えること、それもヨリ確実に、ヨリ完全に、ヨリ少ない費用で、しかもわたくしが不満に思う諸弊害を混じえずに与えることである。恒久的組織あるいは財団によってみたされるべき社会のさまざまな必要を、つぎの二種類に区別しよう。すなわち一方は、社会全体にかかわることであり、それは、社会の成員ひとりひとりの利益の結果にほかならないだろう。たとえば人間の一般的な必要つまりすべての人にとっては食糧、すべての家庭にとっては子供のしつけと教育のようなものである。しかもこの利益の切実さの度合はさまざまな必要によって異なる。というのはある人は子供にりっぱな教育を授けることの利益よりも、食糧の必要をいっそう強く感じるからである。この種の社会の第一義的必要が、ほんらい財団によっても他のいかなる無料の手段によってもみたされるはずのものでないこと、またこの点で公益は、自分自身の利益に対する各人の努力の結果であるべきことを十分理解するには、多くの考察を必要としない。健康な人間はみな自分の労働で自分の生活資料を手に入れるべきである。なぜならひとが労働をせずに養われるとすれば、そのひとは労働している人たちの犠牲において養われるだろうからである。国家がその成員ひとりひとりのためにしなければならないこと、それはかれらの勤労を妨げたり、その報酬としての生産物の享受を妨げたりする・もろもろの障害を取り除くことである。もしこれらの障害が存続するなら、個々の慈善は全体の貧困を少しも減少させないだろう。なぜなら原因がそのまま完全に残るからである。

　同様に、すべての家族は生まれる子供を教育しなければならないので、ただちに教育に関心を持つ。しかも教育は各家庭それぞれの努力によってのみ全体的に完成しうるのである。諸君が学校に先生と奨学資金とをおくために基金を寄付して、それでよしとするなら、偶然にめぐまれただけで、多分それを活用するのに必要な才能を持っていない少数の人にしか、その有益さはわからないだろう。すなわちそれは、国民全体にとっては広大な海に注がれた一滴の水にすぎないだろう。そして諸君は、非常に大きな費用でごく僅かなことをしたことになろう。その上、人びとがなんでも要求し、なんでも受け取り、自分自身はなんの義務も負わないように慣らす必要があるだろうか？　あらゆる境遇の人びととの間にひろがっている・この種の乞食根性は、国民を堕落させ、あらゆる高貴な熱情のかわりに卑しさと陰謀の性格をもたらしている。人びとがもし、諸君がかれらに与えたいと思っている利益に強い関心を持っているなら、かれらのなすにまかせよ(*Laissez-les faire*)、これこそ偉大な唯一の原理である。かれらが諸君の望むほどその利益に熱心にならないようにみえるなら、かれらの利益をふやしたまえ。諸君が教育を完成したいと思うなら、親ならびに子供の競争心に賞をだしたまえ。そしてこれらの賞が、少なくとも市民の各階層で、だれでもそれにふさわしい人に贈られ、どの分野でも役職と地位とが賞の報酬と仕事の将来の保証となるなら、諸君はどの家庭でも、いっぺんに競争心がかきたてられるのをみるだろう。やがて諸君の国民はいま以上に向上するだろう。つまり諸君は国民の精神を啓発し、国民に道徳を与え、大事業をなしとげたことになろう。しかも費用は学校を一つ創設するほどもかかるまい。

　財団による援助を必要とした・別の種類の公共的必要のなかには災害とみなされるものがふくまれる。つまり災害は一定の場所と一定の期間とに限られるので、一般行政の体系にはいるより、むしろ特別な救済を必要とするからである。ここで問題となるのは、食糧の欠乏や伝染病の害を救い、いく人かの老人と孤児の扶養やすて子の保護に応じ、ある町の生活の便宜や衛生に有益な事業をおこし、あるいはそれを維持し、農業またはある地域で不振な若干の技術を完成し、市民が自分の町に対して行なう・もろもろの貢献に報い、その才能で名高い人びとを町に招く等のことであろう。ところで、できるだけ広い範囲にわたって、人びとにこれらのあらゆる利益を与えるには、公共団体や財団による方法は決して最上のものではない。その必要が緊急かつ全般的である場合には、共同体の収入の自由な使用あるいはその全成員の費用の分担。またそれほどすぐ利益があるわけでなく、それほどひろく利益が一般的に感じられていない場合には、自由な協同やいく人かの寛大な市民の自発的な寄付。これらの方法こそ、あらゆる種類の真に有益な目的を完全に達成するために必要なものである。しかもこれらの方法はいかなる重大な弊害も受けないので、財団の方法よりも、はかりしれない利益を持つだろう。各人の出資はまったく自発的なものであるから、資金がその目的以外に使用されることはありえない。かりにそういうことがあれば、資金源はただちにつきるだろう。つまり無用な経費や装飾や建物にむだに使われる金銭はすこしもないのである。これは、公益だけを目的とするというちがいはあるが、商業で行なわれている組合(société)と同種類のものである。そして資金は出資者たちの承認のもとでしか使われないので、その資金は最も有利な方法で使われるように監視されうる。財源は、一時的必要のためのもので、決して永久的なものではない。すなわち救済は社会の苦しんでいる部分や商業の不振な部門にしか絶対にあてられない。必要がなくなり、施しが終れば、救済は他の必要の方へ向けられる。決して二重、三重の使用はおこらない。なぜなら公共救済者たちの寛大さを決定するものは常に明白な実際的な効用にほかならないからである。それにこの方法は全体の流通から、いかなる基金をもひきださない。土地は、怠け者の手で決定的に所有されているわけではない。積極的な所有者の手中にあっては、土地の生産物はただ土地自身の肥沃さの限界を持つにすぎないのである。これが根拠のない考えだとはだれも言うまい。すなわちイングランド(Angleterre)、スコットランド(Ecosse)およびアイルランド(Irelande)には、このような組合がたくさんあり、数年来、その好結果が認められている。イギリス(Angleterre)で行なわれているものなら、フランスでもできる。ひとがなんと言おうとも、イギリス人だけが市民であることの絶対的権利を持っているわけではない。わが国にもすでに若干の地方で、このような組合の実例がいくつかあり、その可能性を証明している。わたくしは、とくにバイユー(Bayeux)の町を例としてあげよう。すなわちバイユーの住民は、自分たちの町から乞食の生活を完全になくすために自由に分担金をだし合い、健康な乞食にはみんなに仕事を、そうでない乞食には施しを与えて、これに成功した。このすばらしい実例は、わが国のすべての町の競争心に対して推せんされるにふさわしい。わが国民のように名誉に対して感じやすく、また政府が国民に与えたいと思い、かつ与えることのできる・どんな影響にも従いやすい国民の競争心と趣好とを、全体的かつ確実な効用のある諸目的の方へ向けることは、しようと思えばこれほどたやすいことはあるまい。

6　以上の考察によってわれわれは、国王が一七四九年の勅令で財団新設の自由に課した賢明な制限に賛成すべきである。さらに、以上の考察によってわれわれは、古い財団を処分したり、その資金を新しい諸目的に向けたり、さらにのぞましいことには、それを全く廃止したりすることについて、第一に世俗界においては政府が、つぎに宗教界においては政府と教会とが持っている明白な権利に対していかなる疑いも残すべきではない。公益は最高の法である。したがって公益は、あたかも無智で偏狭ないく人かの個人が、まだ生まれていない世代をもかれらの気まぐれな意志で拘束する権利を持ってでもいたかのように、創設者の意図と呼ばれるものに対する迷信的な尊重によって左右されるべきではないし、またあたかも個々の団体が国家に対して若干の権利を持ってでもいるかのように、ある団体の権利と称されるものを犯さないようにという気づかいによっても左右されるべきではない。市民は諸権利を持っている。しかもそれは社会という団体にとっても神聖な諸権利である。それらは社会とは関係なく存在し、しかも社会を構成する必要な要素である。そしてかれらが社会に参加するのは、ただ自分の財産と自由とを保証する・社会の同じ法律の保護のもとに、自分のいっさいの権利とともに自分を保持するためにほかならない。しかし個々の団体は自分だけで存在しているのではなく、また自分自身のために存在しているのでもない。それらは社会のために組織されたのである。したがってそれらが有益でなくなれば、それは消滅すべきである。

結論すれば、人間のいかなる業績も永遠のために作られているのではない。そして財団は、たえず虚栄心によってその数をふやすが、ながい間には基金や個人的財産を全部使い果してしまうので、結局のところ財団は解消されることにならざるをえないのである。死んだ人間がみな墓を持っていたとすれば、耕地を見いだすためには、これら不毛の記念物をくつがえして、生ける者を養うために死者の遺骸を移さざるをえなかったろう。

ヴァンサン・ド・グルネー讃辞(一)

(原文はA・Lに所蔵。――『メルキュール・ド・フランス』誌、一七五九年八月号に抜粋掲載。――『デュポン版著作集』第三巻、三二〇ページ、かなり多数の改変あり。――Robineau, Turgot, administration et Œuvres économiques はデュポン版テキストによる。)

(商業学。――ヴァンサン・ド・グルネー。――労働の自由。――体系論者たち。――産業の保護。――諸税および財政。――商工局《ビュロー・ド・コメルス》。――奨励。――チャイルドの翻訳。――グルネーの旅行。――かれの生涯。――かれの体系)

(一) 『ヴァンサン・ド・グルネー讃辞』は、『メルキュール[・ド・フランス]』誌の編集者で、このすぐれた人物の物故者略伝を自分の雑誌に掲載したいと望んでいたマルモンテル(Marmontel)のために、商工監督官[グルネー]の死後間もなくチュルゴによって書かれた。一七五九年八月号の『メルキュール[・ド・フランス]』誌には一篇の物故者略伝が掲載されている。その全文は、若干の語以外は、『讃辞』から書き写されたものであるが、学説の解説はかなり短縮されている。

大法院名誉参事官(conseiller honoraire au Grand-Conseil)、名誉商工監督官(intendant honoraire du commerce)、ジャック・クロード・マリ・ヴァンサン・ド・グルネー氏(Jacques-Claude-Marie Vincent, seigneur de Gournay)は、さる六月二七日パリにおいて四七歳で死亡した。

かれは、一七一二年五月、サン・マロ(Saint-Malo)で、この町の最も有力な貿易商の一人であり国王の秘書であったクロード・ヴァンサン(Claude Vincent)の子として生まれた。

両親は、かれを商人にするつもりで、一七二九年やっと一七歳になったばかりのかれをカディス(Cadix)にやった。

かれはずい分早くから自分で自分を律するようにまかせられていたので、この年齢にありがちな危険と放蕩から身を守ることができた。そしてかれのカディス在任中の生活は、研究と、業務と、取引上必要な多くの交際と、かれの個人的な魅力がすぐにもたらした多くの交際とに分かれていた。

生来勤勉なかれは、時間をみつけては多くの有益な知識で精神を高め、さらに高い教養を身につけることをもゆるがせにしなかった。しかし、なかでもかれが夢中になったのは、商業学であり、かれはそれに全力を注いだ。

さまざまな地方の、もろもろの自然生産物と諸技術とを相互に比較すること、これらの生産物の価値、言いかえれば、これらの生産物と、自国および諸外国の需要と富との関係、農産物の種類とさまざまな道路とによって異なる輸送費、農産物に課せられる多種多様な税等々を熟知すること、要するに、細部にわたる徹底的な研究にもとづいて有利な投機を行なうために、商業によって結合される・あらゆる国の自然生産物、産業、人口、富、財政、需要の状況や、気まぐれな流行の状態までも、その全体のなかで理解し、その絶えざる変動のなかで追求すること、以上のことは貿易商として商業を研究することである。だがそれはまだ商業学の一部分にすぎない。ところが、この多くの変動や絶えざる変化のかくれた原因や結果をあきらかにすること、常に地方の諸事情によって合成され、ときにはそれによっておおいかくされてはいるが、その動きによっていっさいの商業活動を支配するような単純な原動力をつきとめること、商業上に存在する・いっさいの価値を、互いに釣合わせ、ちょうどそれ自身の重さにゆだねられた物体が、その比重に応じて自然に落ちつくように、それらを一定の価値に定めるところの、自然そのものにもとづく、独自のかつ根本的な諸法則を認識すること、商業を政治経済学のあらゆる分野と結びつけている・これらの複雑な諸関係をよく理解すること、商業と農業の相互的な依存関係、諸国家の富・人口および軍事力におよぼす両者の影響、それらのものと、法律・習慣および政府の全施策、とくに国家財政の配分との密接な関係を認識すること、商業が海軍から受ける援助と商業が海軍に与える援助、商業が諸国家のそれぞれの利益に与える変化と、商業が政治の均衡にかける重みとを比較秤量すること、最後に、諸事件のさまざまな偶然のなかで、またヨーロッパのさまざまな国民が採用している行政の諸原理のなかで、商業における進歩あるいは衰退の真の諸原因を見分けること、以上のことが哲学者《フィロゾーフ》として、また政治家として商業を検討することである。

ヴァンサン氏のおかれていた実際の立場からすれば、かれはとうぜん以上の二つの立場のうち第一の立場から商業学に専念すべきであったが、かれの精神の広さと深さは、かれが第一の立場だけにとどまることを許さなかった。

かれは、自分の経験と考察とからもろもろの知識をえていたが、かれはさらに、この問題についてヨーロッパのさまざまな国民、ことにこの方面で最もすぐれた国民で、そのためかれがその言語になじんでいた、イギリス国民の有する最上の諸著作を読んだ。

かれが最も好んで読み、その学説を最も多く受け入れた著作は、かれがその後フランス語に訳した有名なジョサイア・チャイルド(Josias Child)の『論考』(Traités)[一]と、宰相ジャン・ド・ヴィット(Jean de Witt)の『覚書き』(Mémoire)[二]とであった。この二人の偉大な人物が、一方はイギリスで他方はオランダで、商業の立法者と目されていること、かれらの原理は国民的原理となったこと、そしてこれらの諸原理の遵守こそ、この二国民が商業において他のすべての列強に対する限りない優位を獲得したことの原因の一つと考えられていることは周知のことである。ヴァンサン氏は、広範な商業実践において、これらの単純かつ明瞭な諸原理が絶えず検証されるのをみいだしていた。かれはこれらの諸原理をすっかり身につけていたが、他日、自分がフランス中にその知識をひろめ、そのため、国民と人類のこの二大恩人の記念にイギリスとオランダがささげているのと同様の感謝を、祖国から受けるようになろうとは予想してもいなかった。ヴァンサン氏の才能と識見と、それに加えて全き誠実さとは、ヨーロッパの各地から商業のためにカディスに集まる・

たくさんの貿易商の尊敬と信頼をかれに保証し、同時にかれのおだやかな人格はかれらの友情を集めた。かれはすぐに年齢以上の尊敬を受けるようになり、その国の人びともかれの同国人も外国人も丁重にかれに尊敬の気持を示していた。(三)

(一) この翻訳は *Traité sur le commerce et les avantages qui résultent de la réduction de l'intérêt de l'argent*, par Josias Child, chevalier baronnet, *avec un petit traité contre l'usure* par le chevalier Thomas Culpeper, traduits de l'anglais. Amsterdam et Berlin, 1754. という題名で刊行された。原著の初版は一六八八年である。

(二) *Mémoires de Jean de Witt, grand pensionnaire de Hollande*, traduits de l'original en français par M. de…, La Haye, 1709.

(三) 『さまざまな地方の、もろもろの自然生産物と諸技術とを相互に比較すること……』以下のさきの文章は、ほとんど完全に『メルキュール「・ド・フランス」』に収録された。

かれはカディスに滞在中、スペインの宮廷へも、この王国のさまざまな地方へもなんども旅行した。

一七四四年にかれは、いくつかの貿易事業のことで、政府と協議しなければならなかったのでフランスに帰り、当時の海軍大臣モルパ伯(M. le comte de Maurepas)と交渉を持った。(一) そしてモルパ伯はすぐにかれのすばらしさを認めた。

(一) モルパは一七四九年四月二四日まで海軍を監督した。

ヴァンサン氏は、スペインを去ったあと、自分の知識をふやすためにも、また通信の範囲をひろげたり、かれが継続しようと思っていた商業のために有利な諸関係を結んだりするためにも、数年間をヨーロッパのさまざまな地方の旅行に費やすことにした。かれはハンブルグ(Hambourg)に旅行した。かれはオランダとイギリスを歴訪した。いたるところで、かれは観察し、商業と海軍の状態と、これらの重大な問題にかんしてさまざまな国民が採用している行政の諸原理とにかんする資料を集めた。かれは旅行中いつもモルパ氏と連絡をとり、かれが集めた知識を伝えた。いたるところでかれはすばらしい名声を博した。かれは最も有力な貿易商たち、各界の最もすぐれた功労者たち、かれの歴訪地に駐在していた諸外国の公使たちの尊敬と友情とをかちえた。ウィーンの宮廷とベルリンの宮廷はどちらもかれの気をひこうとして、非常に魅力的な申し出をさせたが、かれはいつもそれを断わった。かれは商業を続けること、そしてあとドイツとイタリアを見てスペインに帰ることしか考えていなかった。ところがその時、ある不意の出来事がかれの計画を中断し、かれを祖国へとおもむかせたのである。

かれの協同者であり友人であったジァメ・ド・ヴィルバール氏(M. Jametz de Villebarre)は一七四六年に亡くなったが、子供がなかったので、かれを包括承継者としたのである。ヴァンサン氏はこの報を受けたときイギリスにいた。かれはフランスに帰った。かれの財産状態は普通の欲望には十分なものとなった。かれは自分の祖国に定住すべきだと考え、一七四八年に商業をやめた。かれはそこで、ド・ヴィルバール氏から受けとった包括遺産の一部をなすグルネー(Gournay)という土地の名を名のった。内閣は、商業にかんするかれの知識がこの重要部門の行政にとっていかに有用であるかということを知った。宮廷は、一七一一年にメナジェール氏(M. Ménager)が通商問題にかんするわが国の利益を討議するため、ユトレヒト条約(le Utraité d'trecht)にさきだって開かれた会議に派遣されたのとほぼ同様に、一般的講和に達するためブレダ(Bréda)で開かれる会議にかれを派遣するつもりであった。会議に変更が生じて、この賢明な計画は実行されなかったが、ド・モルパ氏はド・グルネー氏の才能をぜひとも政府のために役立てたいという気持を持ちつづけていた。ド・モルパ氏は、いちおう商工監督官の地位に注目しておいて、それまでは終審裁判所のある役職につくことをかれにすすめた。このすすめにしたがって、ド・グルネー氏は一七四九年大法院参事官の職を買い入れた。そして一七五一年のはじめにたまたま商工監督官の地位があいたので、やはりド・グルネー氏の能力を十分に認めていたド・マショオ氏(M. de Machault)(一)が、その地位をかれに提供させた。ド・グルネー氏の生活が公人の生活となったのは、このときからである。かれの商工局入りは一変革期の観があった。ド・グルネー氏は、商工局を構成する行政官たちのなかのいく人かには斬新なものに思えた諸原理を、最も広範で最も多様な商業の二〇年間にわたる実際の経験のなかで、オランダとイギリスの最も有能な貿易商たちとの交友を通じて、この二国民から最も尊敬されている著述家たちの書物を読むことによって、両国民の目をみはるような繁栄の諸原因についての注意深い考察によって、作りあげていた。

(一) マショオ・ダルヌヴィル(Machault d'Arnouville)は一七四五年から一七五〇年まで〔財務〕総監であった。

ド・グルネー氏は、労働する市民はみな公衆の感謝に値すると考えていた。かれは、市民は大金を払って組合に入れてもらい、その権利を買わなければ、なにも製造できずまたなにも販売できないこと、またその権利を買ったあとでも、その者がこれこれの組合に加入して、これこれの品物をたしかに販売あるいは製造する権利を取得したかどうかを知るために、ときには訴訟をおこさなければならないことを知っておどろいた。かれは、一巻きの布を製造した労働者は国家の富の総量に実際の富をつけ加えたのであると考えていた。またかれは、たとえその布が他のものより粗悪なものであっても、多数の消費者のなかには、粗悪品の方がヨリ高価な完成品よりもよい人もいるだろうと考えていた。かれは、この一巻きの布がいくつかの規定に合わなければ三オーヌごとに切断され、それを作った気の毒な人は家族全部を乞食の生活におとすことになるかもしれないような科料に処せられなければならないとは、想像もしていなかった。また、ある労働者が一巻きの布を作ったばっかりに、怠け者が免がれる危険と出費のひどいめにあい、製造された一巻きの布は、それが非常に長文で・しばしば難解な規定に合っているかどうかを調べるための面倒な訴訟と議論を必ずひきおこし、しかもこの議論は字を読めない製造者と製造能力のない検査官との間で行なわれねばならず、それにもかかわらずこの検査官がこの気の毒な人の運命の最終審判者であるなどとは、かれは想像もしていなかった。

ド・グルネー氏はまた、相続順位がもっぱら慣習法によって定められており、多数の罪人に死刑の宣告を下すには、あらためて法規に照らさなければならないような王国だから、政府がわざわざ断固たる法律によっておのおの一巻きの布の長さや幅、それに織りこまれるべき糸の数を規定し、このような重要な細目でぎっしりつまった四折判四巻本を立法府の印章によって定めてくれたのだとは思っていなかったし、またいろいろの形式や費用をふやしたり、一〇日でおぼえられる職業のために一〇年の徒弟期間と労働義務期間を強制したり、親方の息子でない者、一定区域以外で生まれた者を排除したり、布地製造に婦人を雇用するのを禁じたり等々によって、もっぱら産業の発展をはばみ、商業をできるだけ少数の者に集中しようとする独占の精神によって強いられた無数の法規を必要だとも思っていなかった。

かれは、同一の君主に従う王国のなかで、各州、各都市が互いに敵視し合い、それぞれの区域内では、よそ者(étrangers)と呼ばれるフランス人に労働を禁じたり、隣接州の産物の自由な販売と通過を妨げたり、このように僅かな利益のために国家の一般的利益を争ったりする等々の権利を僭有する、とは思っていなかった。

かれは、政府が各産物の相場を規制したり、別の産業を盛んにするためにある種の産業を禁じたり、生活に最も必要な食糧の販売を特別な制限に従わせたり、収穫は毎年変動するが、その消費は常にほぼ一定である・ある種の農産物の倉庫を作るのを禁じたりすることにばかり専念し、価格の低落しやすい・ある種の農産物の移出を禁じ、農業労働者の生活状態を他のどの市民よりも不安定で、不幸なものにすることによって小麦の豊富を確保できると信じていることを知って非常におどろいていた。

ド・グルネー氏は、かれの反対する多数の悪弊がかつてヨーロッパのほとんどの地方で確立されていたものであり、その名残りがいまでもイギリスに残っていることを知っていた。しかしまたかれは、イギリス政府がその一部を打破したこと、それにまだ多少残っているとしても、イギリス政府はそれらを有益な組織として採用するどころか、それらを制限し、その拡大を防ぐことに努めていること、そして人民にとって最も有益な行使でさえ必ず人民の不信を招くところの権力によってしか、それらの悪弊を改革できない場合には、共和政体はときにはいくつかの悪弊の改革を妨げるものであるという理由でのみ、それらをいまでも容認していることを知っていた。要するにかれは、この一世紀来、オランダでもイギリスでも、見識ある人びとがみな、これらの悪弊を時代おくれの無知の名残りと、商業の重要性を認めず、独占者精神と個人的利益の蔓延から公共の自由を守ることのできなかった・すべての政府の無力の名残りとみていることを知っていた。

ド・グルネー氏は、二〇年間、世界で最も大規模な商業を営なみ、またそれが営なまれるのをみてきたのである。さもなければ、かれは、かれがあれほど重大に思っていた・このようなすべての法律の存在をただ書物でしか知る機会を持たなかっただろう。かれとしては、自分が経験から学び、また知人の最も見識ある貿易商たちでさえ一般に承認していることを知っている諸原理をただ敷衍するだけにすぎないのに、自分が改革者や体系論者と思われるとは、そのときは思ってもいなかったのである。

新体系と呼ばれた・これらの原理は、かれにはただ最も単純な良識の格率としか思えなかった。この体系なるものの基本はすべて、つぎの格率にあった。すなわち、人間は、自分の利益を、その利益となんの関係もない他人よりよく知っているものである。

この格率から、ド・グルネー氏は、個人の利益が全体の利益と正確に同じ場合には、各人にしたいことを自由にさせることが最善の策である、と結論した。ところで、商業がそれ自身にゆだねられていれば、個人の利益が全体の利益と一致しないということはありえない。商業が全体の利益に関与しうるのは、あるいは同じことだが、国家が商業に関心を持ちうるのは、ただつぎの二つの見地からだけである。すなわち、国家は、それを構成する個々人の保護者として、なんびとも他人が防げないようなひどい損害を与えることのないようにと関心を持ち、また外敵の侵入に対して自衛し、国内の諸改革に巨額を投じなければならない政治統一体の組織者として、国家の富の総量と土地および産業の年々の生産物が可能なかぎり最大であるようにと関心を持つのである。国家はさらに、いずれの観点からしても、民衆を饑飢の恐怖に落として、公共の平和と市民および行政官の安全をおびやかすおそれのある急激な動揺が農産物の価値に生じないようにと関心を持つのである。さて以上の問題全部にかんしていえば、すべての個人の利益が、いっさいの束縛から解放されれば、必然的にこれらの全体の利益という目的をすべてはたすことはあきらかである。

第一の目的は個人が互いに妨げ合うことのないようにという点にあるが、この点にかんしていえば、買手と売手が買ったり売ったりすることの天与の自由を政府が常に保護することでもちろん十分である。なぜなら買手はいつでも自由に買ったり買わなかったりすることができるので、買手はとうぜん売手たちのなかから、自分に最も適した商品を最も安く提供する売手を選ぶからである。どの売手も競争者たちのなかから自分が選ばれることに最大の利益を持っているので、普通の場合、どの売手も最上の商品を最低の価格で売ることはたしかである。ゆえに商人が絶対的な特権でも持っていないかぎり、商人はだまして利益を得るものであるというのはまちがいである。

しかし、もしも政府が絶対的特権かあるいは他の方法で売手の数を制限するとすれば、とうぜん消費者は損害をこうむり、売手は販路を保証されて、消費者に粗悪品を高く買わせることになろう。

もしも外国人やいく人かの人たちがしめだされて、買手の数の方が減るとすれば、そのときは売手が損害をこうむることになろう。そしてもしも価格がかれの費用と危険とを十分に補償しないほどの損害に達するとすれば、売手はその商品を以前と同じほど豊富に生産するのをやめるだろう。するとその結果、食糧の不足が生じることになろう。

ゆえに、購買と販売の一般的自由こそは、一方では売手に生産を奨励しうる価格を保証し、また一方では消費者に最低価格で最上品を保証する唯一の手段である。もちろん特殊な場合には、ずるい商人とだまされやすい消費者がいないわけではない。だが、だまされた消費者は事情を知って、ずるい商人のところへは出かけなくなるだろう。ずるい商人は信用をなくし、それでかれの不正行為は罰せられるだろう。それにこういうことは、決してたびたびおこるものではない。ひとは一般に、明白なそして身近かな利益について常に啓発されるだろうからである。

政府は責任をもって、このような不正行為が決して生じないようにすべきであると望むことは、子供がころぶかもしれないので、政府が責任をもってすべての子供に頭巾に与えることを望むようなものである。この種の考えられるかぎりのいっさいの不正行為を法規によってうまく予防したいと思うことは、産業のいっさいの進歩を夢のような完成のために犠牲にすることである。職人たちの独創力を現在のせまい範囲内に限り、かれらにいっさいの新しい試みを禁じることは、かれらが毎日考案する新しい布地の製造で諸外国と競争する希望をあきらめることである。なぜなら新しい布地が規定に合わなければ、労働者はまず政府の認可をえてから、ということはすなわちしばしば諸外国の製造所が新製品に対する消費者の最初の急激な人気でひと儲けして、もうすでにそれを別の布地にとり代えてしまってから、やっとそれを模造することしかできないからである。それは、いつもこれらの諸規定の実施が、不正行為あるいは不正行為の黙認によって利益をうることのできる人びと、つまりかれらの犯す不正行為は、いわば公権力の印章によってあるいは公権力が消費者に吹きこむ信頼感によってかくされるだけに、いっそう多くの利益をうることのできる人びとにまかされるということを、忘れてしまうことである。それはまた、これらの諸規定、これらの検査官たち、これらの検印・巡察事務所には常に多大の費用がかかること、この費用は常に商品から徴収されるので、そのため国内消費者には過重な負担をかけ、外国の消費者を遠ざけること、少数の有閑者がだまされないように買いものをするのに自分で調べたり考えたりする面倒を省くために、ある明白な不正によって、負担の重い税が商業全体に、したがって国民にかけられるということ、そしてそれは、消費者をみなだまされやすい人間と仮定し、商人や製造業者をみな詐欺師と仮定することによって、かれらが実際にそうであると認定し、国民のなかの勤勉な階級をみな中傷することになる、ということを忘れてしまうことである。

政府の第二の目的は、可能なかぎり最大の富を国民に与えることにあるが、この点にかんしていえば、国家は土地と住民の産業との年々の生産物以外に実際の富を持たないのであるから、一アルパンごとの土地と、各個人の産業との生産物が可能なかぎり最高の段階に達するとき、国家の富が可能なかぎり最大であることはあきらかではないか？　またそれぞれの土地の所有者が、その土地から可能なかぎり最大の収入をひきだすことに誰よりも多くの関心を持っていることはあきらかではないか？　各人が自分の腕でできるだけ多くの貨幣を稼ごうという同じ関心を持っていることはあきらかではないか？

ところで、各土地所有者あるいは各住民に最大の収入をもたらす土地もしくは産業の用法が、常に国家にとって最も有利な用法であることはいうまでもない。なぜなら国家が年々その必要に応じて使いうる総額は、常に国内で年々生産される収入総額の整除部分であり、この収入総額は、それぞれの土地の純収入と各個人の産業の純生産物とからなるからである。だからもし、政府が前述のように個人の利益を信頼せず、その代わりに各人がなすべきことをさしでがましく命令するとすれば、各人に課せられる制約のために、各人がその利得から失なう分だけ、毎年国内で産出される純収入総額が減ることはあきらかである。

国家が他の農産物以上にその生産に専念しなければならない農産

物があるとか、また国家は他のマニュファクチュア以上にある種のマニュファクチュアを設立すべきであるとか、したがってある種の生産を禁止して他の種の生産を命じたり、他の種の産業を妨げるおそれのある場合にはある種の産業を禁止したりすべきであるとか考えること、食料品の価格を自然に定まる価格以下にむりにひきさげて、農業を犠牲にしてマニュファクチュアを維持すること、国庫の費用でいくつかのマニュファクチュアを創設すること、誰が考えても通常、その製品の販売だけではえられないような利得をこれらのマニュファクチュアの企業者たちにえさせるため、もろもろの特権・支払い猶予・同業種の他のすべてのマニュファクチュアの排除をこれらのマニュファクチュアに累積すること、以上のことはすべて商業の真の利益をはなはだしく誤解することである。それは、どの国民も全世界の商業を一手に引受け、外国には売るばかりで外国からはなにも買わないということはできないのであるから、ある商品を他の商品以上に生産しても、その商品が、全経費を差し引いて、なおその農業生産者あるいは製造業者に貨幣をもたらすだけしか利得はないということ、そしてこのように各商品の売上価値から全経費を差し引いたものが、ある種の生産物からひきだされる国家の利益を判断するための唯一の尺度であるということ、したがってその売上価値が必要経費を十分に償なわないマニュファクチュアには利益は全くないのであり、商業の自然な動きに反して、かかるマニュファクチュアを維持するのに使われる総額は、全くの損として国民に課せられる一種の租税となることに気づかないことである。

ひとはそれぞれ自分の土地や自分の腕の最も有利な使用法の唯一の判断者であることを証明する必要はない。各人は、どんなに見識ある人びとでも、それなしにはただめくら滅法に推論するだけに終わる・局地的な独自の知識を持っている。各人は、その対象がただ一つに限られているだけにいっそう確かな独自の経験を持っている。ひとはそれぞれ、くり返し試み、その成功や失敗をとおして自分で学び、冷静な投機家の理論をはるかにしのぐような、必要感でとぎすまされた、鋭い勘を身につけているものである。

もしひとが、国家は売上価値とは関係なく、必需品に対する諸外国の依存をできるだけ少なくすることで利益を持ちうると反論するとしても、一、それはただ、産業の自由と土地生産物の商業の自由とはいずれもきわめて貴重であり、土地生産物の商業の自由の方がさらに重要であることを証明するだけであろう、そして二、最大の富と最大の人口こそが問題の国家にいっそう確かな方法で自立を保証する手段を与えるのだということは常に正しいであろう。それに、この反論は全くの空論である。大国は常にあらゆるものを生産してはいるが、小国にくらべて、ひとたび不作になればすぐにそのりっぱな自立体制はくずれるであろう。

個人が労働によって容易に豊かな生計を立てられるように方策を講ずべき保護者として、また饑饉によって生じるかもしれない国内不安を未然に防ぐことに関心を持つ政治統一体として、国家が二重の資格で関与しうる第三の目的についていえば、この問題は、エルベール氏(M. Herbert)の著書[1]とケネー氏(M. Quesnay)の論文『穀物』とに非常に明瞭に詳述されている。マルモンテル氏はこの二つの著作について詳しいので、わたくしはここではそれらについて語らないことにする。

（一） Essai sur la Police des grains par Herbert (1700—1758)

以上の議論からあきらかのように、国家が商業に関心を持ちうる・あらゆる見地から考えて、それ自身にゆだねられた個人の利益は、いつもまちがいだらけで、必然的にあいまいで不確かな理論で指導されている政府の施策よりも、常にヨリ確実に公益を産みだすであろう。

ド・グルネー氏は、政府が企図すべき唯一の目標は、つぎのことであると結論した。一、無知の時代の偏見や個人的利益のために提供される政府の便益や不当な完成への野望のために失なわれた・かの貴重なる自由を商業のすべての部門に返すこと、二、販売において最大の競争をひきおこすために、すべての国家構成員の労働を容易にすること、そうすれば必然的に製造業における最上の完成と買手にとっての最も有利な価格とが生じるであろう。三、同時に、売手のためにその商品の販路を全部開放して、できるだけ多数の競争者を買手に与えること、これこそ労働にその報酬を保証し、もっぱらこの報酬を目的とする生産を永続させる唯一の方策である。

政府はさらに、利潤の範囲あるいは確実性を少なくして、産業の進歩をおくらせている諸障害を取り除くことを考えるべきである。ド・グルネー氏は、これらの障害の筆頭に高利をあげていた。高利は、すべての資本の所有者に労働せずに安楽な生活を提供し、奢侈と怠惰を助長し、多くの市民の富と勤勉とを商業からひきだし、それらを国家にとって不生産的なものとしているからである。高利は、現行利率の一、二パーセント以上の利益をあげない・あらゆる商業部門から国民をしめだし、その結果、これらすべての商業部門の独占的特権を外国人に与え、かれらがわれわれ以上に価格をさげることによって、他のほとんどすべての地方でわれわれに対する優位を獲得しやすくしているからである。高利は、わが国の植民地の住民に外国と密輸する強い関心を与え、そのためかれらが本国に対して持つべき自然の愛着を弱めているからである。高利は、わが国をふくむ全ヨーロッパの沿岸貿易をオランダとハンザ同盟の諸都市に保証するだけであろうからである。高利は、外国からの借入れ資金の巨額な利子支払いによって、年々われわれを外国に従属させるからである。最後に、同額の資本をもってすれば、ひとは労働せずに同額の収入を得ることができる以上、高利は、開墾費が五パーセント以上の収穫をもたらさない・すべての土地を未耕地のままにさせておくからである。(二)

（二） デュポンはここで、手稿にない金利にかんする一節を挿入した。その一節はつぎのとおりである。

『しかしかれはまたつぎのようにも考えていた。すなわち金利をその価格とする資本の取引きでは、他のすべての取引きと同様、競争と相互の自由による以外には、あらゆる必要な調節を行なっても、公正にその価格を規制することはできない。したがって政府は、一方、協定によって代えうる場合には法律をだすのをさしひかえ、また一方、政府自身が借り入れたり、その債務を厳密に履行しなかったりして、債務者と資本需要者の数をふやさないようにすることによってしか、有効に作用しえないだろう、と。』

この書きたした文章からみるに、デュポンの意見によれば、グルネーはチュルゴと同じく、貨幣利子率の自由の賛成者であった、と結論してよかろう。

ド・グルネー氏ができるだけ早く、産業をそれから解放することが肝要であると考えていた・産業の進歩に対するもうひとつの障害は、国家の財政的窮乏をまかなう必要から、あらゆる種類の産業に課せられ、徴収の煩雑さのために、ときにはいっそう負担の重いものとなっている・かの多数の税である。すなわち恣意的なターユ(la taille)。各種の商品に対する多数の税。さまざまな税率のちがい。多くの州における、これら諸税の不平等。州の境界に設けられた無数の税関。巡察の増加。不正行為を予防するために必要な検査のわずらわしさ。これらの不正行為の有無を確認するためには、欲得ずくの・いやしい男たちの唯一の証言に頼らざるをえない事情。いつ終るともしれない異議申し立て。これは商業にとって致命的であるので、ほとんどの貿易商人は、その場合あきらかに最も正当である訴訟よりもむしろ不利な妥協の方を選ぶのである。最後に、この多数の地方税と、さまざまな時代に公布された多数の法律とから生じるあいまいさと不可解な秘密。そのあいまいさは、常に商業のためではなく、国家財政のために濫用されていること。過重な諸税、密輸の弊害、密輸によって生じる多くの市民の損害、等々である。

国家が収入を必要とする以上、国家財政は必要である。しかし農業と商業とが、というより商業によって活気づけられた農業が、この収入の源泉である。ゆえに国家財政は商業を妨げるべきではない。なぜなら国家財政は自分自身を妨げることになるだろうからである。したがって、この二つの利害は本質的には一致しているのである。両者が対立しているようにみえたのは、おそらく、恒常的に存在する国王と国家に対する財政の利益を、一定期間しか関係しないので資本を守るよりもむしろ収入をふやすことに興味を持つ金融《フィナ》資本家《ンシエ》の利益と混同したためであろう。さらに言えば、このあらゆる種類の税のヒドラが作りだされた・あやふやな、偶然的なやり方や、多くの領地と統治権の相つぐ統合や、もろもろの税をそのまま維持することを、歴代のどの君主もそれぞれに利用していたのであって、王国のさしせまった財政的窮乏のために、この税の混乱状態を改革し統一的な税制を確立する余猶がなかったというわけではなかったのである。要するに、国家財政はいつの時代でも商業を犠牲にしてやすやすと自己を正当化できたのである。

国家財政は、ながい間に、信用ある人びとの集団を作る。しかもかれらは国家の財政的窮乏が深刻であればあるほど信用を博し、使いこみもせず、怠けもせず、いつもただ一つの問題に専念し、都に住んで内閣と終生の関係を持つのである。これに反して、貿易商たちは、それぞれ個別的な目的に専念し、いろいろの地方に散在し、宮廷からは遠く離れて、無名のままなんの保護も受けず、一ヵ所に集まることもなく、ただそれぞれの機会に、かぼそい孤独な声をだすだけである。だがその声も多くの反対者たちの声や、反対者たちの信用や、反対者たちが自分の利益を擁護するのに簡単に用いることのできる手なれた筆によって、必ずかき消されてしまうのである。

貿易商人が、譲歩せずに異議の申し立てを行なうため、やむなく自分の業務に専念するのをやめるとすれば、かれは倒産の危険をおかすことになろう。かれが勝つとしても、かれはなお、常に、強大な一集団の思いのままになるだろう。この集団は、自分で内閣に示唆した法律の厳しさによって、貿易商を難なく苦しめる手段を持っているからである。というのは(そしてこのことは、最も大きな弊害のひとつであるが）、徴税請負人がそれを実際に執行することはできないのに、もっぱらそれを厳密に適用するという・おどかしによって個人を屈服させるのに役立つような、この種の法律が多数存在しているからである。

ド・グルネー氏は、商工局は自然にうまくゆくはずの商業を指導するためより、商業を国家財政の陰謀から守るために有益であると考えていた。かれは、むしろ国家の財政的必要のために商業があらゆる税から解放されることを願ったことだろう。かれは、ある国民が幸運にしてこのような状態になったとすれば、その国民は必ずやヨーロッパの大部分の商業を自分のものとするだろうと考えていた。すなわちかれは、すべての租税は、それがどんな種類のものであれ、結局は、常に土地所有者によって支払われる、つまりかれは、その土地生産物をそれだけ少なく販売しているわけである、したがってもしもすべての租税が不動産に割りあてられるなら、それによって土地所有者と王国は、商業の増大によって生じる価値の非常な増大を考慮に入れなくても、国家管理費つまり徴税や密輸や密輸の防止のために失なわれる人間の消費すなわち不生産的な使用のために、奪い取られているものをすべて手に入れるであろう、と考えていた。

ほかにも、われわれの慣習や偏見や、わが国の市民法のいくつかのものから生じている産業の進歩に対する多くの障害がある。しかしわたくしは、最も有害な二つの障害について語ったのであって、他の諸障害は、あまりに細かい問題をひきおこすことであろう。

さらにド・グルネー氏は、商業問題にかんする政府の配慮を、ただ自由を維持し産業の進歩をはばむもろもろの障害を除去することだけに限るつもりは全くなかった。だからかれは、有益な発明・新案の創始者に褒賞を与えたり、諸外国の技術をフランスに取り入れることに努めたり、賞金や特別賞与によって、完成を目ざす技術者の競争心をかきたてたりして、産業を奨励することが有益であることを十分に確信していた。かれは、産業が最大の自由を享受しているときでも、その自然の歩みを速めるために、しばしばこれらの方策が有益であること、そしていろいろの制約の心配が完全になくなり、ふたたび産業の進歩がおそくなるとき、とくにこれらの方策が必要であることを知っていた。しかしかれは、これらの奨励がもろもろの禁止やもろもろの独占的な利益によって決して新たな進歩の妨げとならないように、という点にだけは同意していた。かれは、政府による投資には多くの条件つきでしか賛成しなかったし、他のどんな奨励よりも、生産に応じて与えられる特別賞与や労働の完成に対して約束される賞金や、要するにもろもろの名誉や多くの人に競争の目標を示すようなものの方をよしとしていた。

以上は、商業行政にかんするド・グルネー氏の考え方の概略である。それは、かれが商工局に入って以来、そこで議論されたすべての問題に、かれがいつも適用していた原理である。かれは、新しい体系を作ることは全然考えていなかったので、ひとつひとつの問題のたびに、自分の意見を示すのに必要なことを詳しくのべるだけで満足していた。しかし人びとはやがてかれの原理の一貫性と豊かさに驚嘆した。それでかれはすぐに多くの反論をしなければならなかった。かれはこれらの論戦によろこんで応じたが、これらの論戦はただ問題をわかりやすくし、どのみちいっそう真理を認識させるばかりであった。いっさいの個人的利益や野心にとらわれていないかれは、うぬぼれから生じる・かの自説へのこだわりなど持ち合わせていなかった。かれはひたすら公益を愛し、かつ願っていたのである。だからかれは大胆に、かつ謙譲に自分の意見を示していた。自分の意見をまげることも大勢に従うこともできないかれは、自分の気持ちをかざり気なくのべていた。またかれは、一種の知的な簡潔さで誰にも理解できるように説明する秘訣をこころえていたので、理性の権威によってのみ堂々と原理を説明し、適切に選ばれたいくつかの実例への明確な適用によって原理を裏づけていた。かれが反論されるときは、かれはしんぼう強く耳を傾け、攻撃がどんなに激しくても、かれは決して平生の礼儀正しさとやさしさを失なわず、しかも自分に対する反論の巧妙さを見抜くために必要な冷静さと機転とをすこしも失なわなかった。

　かれのかざり気のない雄弁は、公益の立場を支持するという心底からの確信のために高潔な人士の演説にみられる・あの興味ある熱情で活気づけられていたが、決して議論の堅実さを失なわなかった。かれの雄弁は、ときどきいや味のない、そしていつも道理にかなっているだけにいっそう快い冗談で味つけされていた。

　かれは全く身勝手なところのない人だったので、かれの熱意は快いものであった。だが公益に対する愛はド・グルネー氏にあってはひとつの情熱であったので、それは非常に激しいものであった。

　かれはあまり自説にこだわらなかったが確信にみちていた。どんな場合でも予断を持たない・かれの精神は、いつでも新しい知識を受け入れる準備ができていた。かれは重大な問題についてはときに意見を変えた。そして真実があきらかにされれば、かれの精神ほどに公正な精神ならとうぜん受けるにちがいない・不意の感銘を、かれのふるい意見が少しでも妨げたとは思えなかった。

　かれは幸運にも、そのころからすでに商業行政の頂点にあったトゥリュデーヌ氏(M. Trudaine)[一]のなかに、自分を支えているのと同じ真理と公益とに対する愛を発見することができた。そのときかれはまだ、諸問題の討議や会話のなかで、ときどきかれの原理を詳しくのべていただけだったので、トゥリュデーヌ氏はかれに学説の本体のようなものを発表することをすすめた。かれが一七五二年にジョサイア・チャイルドとトマス・カルペパー(Thomas Culpeper)の商業および金利にかんする論考を翻訳したのは、まさにこのためである。かれは原文に多数の重要な注釈をつけ、その注釈のなかで原著の諸原理を深く掘りさげて吟味し、それらを最も重要な商業諸問題に適用して理解しやすくした。これらの注釈は原著と同じほど重要な一著作をなすものであり、ド・グルネー氏はこれらの注釈をいっしょに印刷させるつもりであった。しかしながらかれは一七五四年に原文〔の翻訳〕だけを印刷に付した。いまはもう存在していないが、そのときはいろいろの理由が注釈の印刷を妨げたのである。

（一）Daniel Trudaine (1703—1769)、土木事業および小売商担当の財政監督官。

　ド・グルネー氏の名声は確立し、かれの熱意は通じた。これらの重要な諸問題について、この数年来わきおこっている・かのよろこばしい精神の昂揚は、まさしく、知りうるかぎりの人びとの才能を商業および政治経済学研究の方へ向けようと努めていたかれの熱意と、獲得した知識を全部すぐに伝えていたかれの機敏さとに帰せられるべきである。この昂揚は、ド・グルネー氏が商工監督官になってから二、三年後に急におこり、その時以来すでに精力的な研究と深遠な見解にみちた多数の著作をわれわれにもたらしている。そしてそれは、実際にわが国民がどんなに有益な研究に対しても無関心であったため、甘んじて受けるほかなかったところの浅薄という非難が、いまやわが国民にはあたらないことを証明したのである。

ド・グルネー氏は同時に、かれに対するあらゆる反論のただなかで、かれが攻撃していた悪弊の一部を根絶し、権威を弱め、とくに旧原理の適用を制限することに成功した満足感を味わっていた。人びとは、旧原理の厳しさをゆるめなければ、もうかれに反対してそれを支持することができなくなっていたのである。かれの原理を全面的に採用することがどれほどむずかしくても、かれの知識・経験・人格に対するすべての貿易商人たちの尊敬、疑う余地のないかれの見解の純粋さは、自然に内閣の信頼と、まだかれの原理を攻撃していた人びとの尊敬とを、かれにもたらしていた。

かれは熱心にも、商業と製造所の状態を自分自身で見るために、また各商業部門の進歩と衰退の諸原因やもろもろの悪弊や需要やあらゆる種類の資源を研究するために、王国全土の視察計画をたてた。かれは、一七五三年にこの計画の実行に着手し、七月に出発した。七月から一二月まで、かれはブルゴーニュ地方(la Bourgogne)、リヨン地方(le Lyonnais)、ドフィネ地方(Dauphiné)、プロヴァンス地方(la Provence)、高・低ラングドック地方(la haut et le bas Languedoc)を巡歴し、ふたたびリヨンをとおって帰った。

一七五四年には、背中にできた瘤のために旅行できなかった。かれはこの瘤を火でちらす手術を二度うけたが、一七五五年のはじめに腐蝕剤による三度目の手術をうけなければならなかった。一七五五年に、かれは旅行のつづきをはじめ、ラ・ロシェル(La Rochelle)、ボルドオ(Bordeaux)、モントオバン(Montauban)、ギュイェーヌ地方(le Guyenne)の残りとバヨンヌ(Bayonne)を訪れた。一七五六年には、かれはオルレアン(Orléans)からナント(Nantes)まで、ロワール河(la Loire)の流れに沿って行き、同時にメーヌ地方(le Maine)とアンジュ地方(l'Anjou)を巡り歩いた。そのあとかれは、ナントからサン・マロまでブルターニュ海岸に沿って歩き、一七五六年の州議会(Etats)の開催期間中はレンヌ(Rennes)にいた。かれの健康状態はかれがそれ以後別のいろいろの旅行をすることを許さなかった。(一)

(一) チュルゴは一七五五年と一七五六年にグルネーの旅行に随行して、ノートをとった。デュポンはこれらのノートを探したが、みつからなかった。デュポンは、グルネーが政府に提出する報告書の作成のために、チュルゴがこれらのノートをグルネーに渡したものと推測している。

ド・グルネー氏は、自分の原理を堅持すべき新たな根拠と、かれが攻撃していた・もろもろの制限に反対するための新たな武器とを絶えずみいだしていた。かれは、貧しい、孤立無援の製造業者たちの苦情を集めていた。かれらは字を書くこともできず、自分の利益をもっともらしい口実で飾ることもできず、政府に代表者を持たないので、いつも政府に相談を強いていた利害関係者たちが政府に進言する妄想の犠牲となっていた。ド・グルネー氏は、貧者をますます富者の意のままにすることのみを目的とする諸規定を、有益なものとして要求させている・かくれた利益をあばきだすことに懸命であった。ド・グルネー氏の旅行の成果は、これらの無数の悪弊の改革であった。すなわちそれは諸地方の実際の状態についての、いっそう正確な、したがっていっそう政府の施策を指導しうる認識。苦情や要求のいっそう正確な判断。民衆やひら職人に与えられた苦情や要求の申し出の便宜。最後に、ド・グルネー氏が、その説得力のある雄弁と、その見解を表明するさいの明晰さと、またかれの愛国的な熱情のすばらしい伝播力とによって、拡めることのできた全商業部門にわたる新しい競争心である。

かれは、行政官や各地の名士たちに、かれらの都市あるいは地域の繁栄を目ざす・一種の野望をおこさせようと努力していた。かれは文筆家たちに会い、かれらが論ずべき諸問題を提案し、かれらの研究を商業・農業およびいっさいの経済問題の方へ向けるように要請した。

州議会の権限と、エギョン公(M. le duc d'Aiguillon)(一)の援助のもとで、農業・商業・工業の完成のために、ブルターニュで設立された協会の存在は、一七五六年、かれがレンヌに滞在中に、ブルターニュ州議会に示した示唆と熱意とにその一部を負うものである。この協会は(二)、フランスで作られた・この種のものでは最初の協会である。地方自治体行政との密接な関係を持つ・その計画は、ナントの貿易商、ド・モントドゥワン氏(M. de Montaudouin)(三)によってたてられたものであった。

(一) D'Aiguillon(1720—1780)、ラ・シャロテ(La Chalotais)との紛争で知られているブルターニュ知事、一七七一年の外務大臣。

(二) La Société d'agriculture de Bretagne、このことについてはアベーユ(Abeille)とモントドゥワンによって『意見書集』(Corps d'observations)が出版された。

(三) Montaudouin de La Touche、かれは船にヴォルテールという名をつけた。

ド・グルネー氏は、かれのはなしを聞く人の理解の程度に自分を合わせるすべをこころえていた。そして無知から生じる非常識な反論に対しても、かれがパリで、全く別の原理から生じる反論に答える場合と同じ冷静さと同じ明晰とをもって答えていた。

かれは、かれが視察した諸地方の全行政担当者に対して十分な敬意を払い、かれの使命がかれらの権威を僅かでも弱めるのではないかということを決してかれらに考えさせなかった。いつも自分の利害をかえりみず、いつもこともなげに事態の望ましい解決のために献身するかれは、いつもできるかぎりかれらを介して、またかれらとともに行動していた。かれはただ、かれらの熱意を助けているだけのようであった。そしてかれは、かれ自身の意見で、しばしば内閣に対してかれらの面目を施させていた。このような指導のしかたであったので、かれは、いつもかれらに自分の原理を納得させるのに成功したというわけではなかったが、少なくともいつもかれらの友情を受けるにふさわしかった。

ド・グルネー氏の生涯のうち、かれの商工監督官在任期間中には、ほかにどんな目立った事件もない。かれは、休みなくその職務に専念しながらも、有益な意見を提案したり、公衆に知識を拡めたりする・いかなる機会も見のがさずに、商業や政治経済学の、ほとんどあらゆる重要問題について多数の覚書きや詳しい説明をつけた書簡を書いた。かれは、自分が以前に書いた覚書きを参照させるようなことをせず、ほとんどいつも機会あるごとに新たな覚書きを発表し、またすでに自分が書いた意見を思いだす苦痛もそれをくり返す面倒もいとわず、いわば惜しみなく、この種の仕事に没頭していた。かれがこのように仕事をしたのは、かれが自分の書いたものにほとんど価値を認めていなかったからであり、またいっさいの文筆上の評判を全然気にしていなかったからである。明快で豊かな原理を完全に身につけていたかれは、その原理を非常にわかりやすくそれぞれの問題について適用した。かれは、もっぱらあるひとつの有益な着想を納得させるのに懸命で、自分がその発案者であるということは少しも考えていなかった。かれは自分の書きものなどに執着せず、これらの問題について研究あるいは執筆しようとする人なら誰にでも自分の書きものを無条件にゆずってしまい、たいていはその写しさえも残さなかった。しかしながら、これらの諸断片は、急いで書かれ、しかもその著者からは重きをおかれなかったのであるが、その構成の点だけを考えても貴重である。すなわち天性の雄弁。原理の解説にみられる明快な簡潔さ。どんな局面のもとでも原理を展開し、どんな精神にも原理を適応させ、常に適確な適用によって原理をわかりやすくし、適切さそのものによって原理をしばしば痛烈なものとする特異な技術。いつも変らぬ上品さ、そしてもろもろの異論を検討するさいのみごとな論理である。そして最後に、決して意識的に用いたのではなく、かれがそのよいところだけを持っていた愛国と人類愛の語調は、かれの書きものにあたかも会話のような特徴を与えていた。

ド・グルネー氏は、自分の意見を書きものや口頭で提議することに満足していなかった。かれは、自分が有益であると考える意見をとおすためには、野心家が自分だけの利益の追求のために用いるのと同じ積極性、同じ熱意、同じ忍耐づよさを用いていた。事が善にかかわることなら、しりごみすることのできないかれだから、きっと平気でしつっこいほど懇請したにちがいない。わが西インド諸島のどの土地所有者も、戦争中のわが国の植民地における、中立国船舶による貿易の一般的自由を、かれほど熱心には懇請しなかった。かれは宮廷からなんの恩恵もうけずに亡くなったほど、みずからに求めるところのない人であっただけに、かれの懇請はいっそう激しく切実なものであった。

しかるに、かれがひたすら公益に専念していた間に、かれの財産も健康もすっかりだめになっていた(二)。かれは、スペインに残しておいた不動産に損害をこうむったのであった。そこでこうした事態のため、かれは一七五八年、商工監督官の地位をやめることにした。かれがどんなに有用な人物であるかということを知っていた高官たちは、かれのために、かれが失っただけのものを償なうような宮廷の賜金を申請することをかれに申し入れた。かれは、国家が自分の奉仕に対してとうぜん代償を支払うべきだと信ずるほど自分を高く評価していないし、また自分は常々このような賜金を、とくに国家の現状では有害な影響をおよぼすものと考えていた、だから自分としては、自分の利益のためにみずから原理に例外を認めていると非難されるようなことはしたくない、と答えた。かれは、退官後もなお有益な諸問題や商業の利益のために専念するつもりであると、つけ加えた。かれは、このために、かれに与えられた名誉職の資格でつづけて商工監督局に席を持っていたいと頼んだ。

(一) 一七六〇年二月一日のモントドゥワンのチュルゴあての書簡(A・L所蔵)によれば、このことは誤って伝えられたようである。「去年の八月号の『メルキュール〔・ド・フランス〕』誌の、巻末の『物故者』の欄に掲載された短かい讃辞のなかで、かれの一七五八年の退官についてのべられている理由は全く正確ではないし、またかれの財産はスペインでの損害では少しも打撃を受けなかったと、ある人がわたくしに断言しました。」

右の書簡によれば、チュルゴは一七六〇年に、かれの友人〔グルネー〕の『讃辞』の書きかえと補完の草案を作っていたようである。かれは、このために、モントドゥワンや他のいく人かの人に問い合わせていたのである。

これより少し前に、かれはやはり大法院参事官の職を売って、名誉職の称号をえていた。ド・グルネー氏の退官後も、かれの人望は少しも損なわれなかった。かれの熱意は少しも衰えなかった。そしてかれの知識はいつもと同じように有益であつた。ド・シルウェット氏(M. de Silhouette)は、ド・グルネー氏を尊敬していたし、どちらも相手をほめていたので、かれは財務総監に就任するとすぐ、その才能と熱意とによってかれの計画を適切に補佐しうる人〔グルネー〕を是非とも退官生活からつれだそうと決心した。かれはまず、商工監督官たちが財務総監と毎週会合する会議、つまりド・グルネー氏が出席しなくなっていた会議にかれが出席するように懇請した。かれはまた、ド・グルネー氏を徴税検査官の職の一つにあてることも考えていた。ド・グルネー氏がもしもこの職についていたら、かれは商業と国家財政の相互の訴えを正確に判断し、この二つの国家的利害をできるだけ調停する方策を探すことができただろう。しかしかれは、このド・シルウェット氏の尊敬のしるしをいかすことができなかった。この提案がなされたとき、かれはすでに死にいたる病魔におかされていたのである。

ずい分前から、かれの健康は弱っていた。しかし、かれはグルネーで謝肉祭をすごしたので、腰の痛みはあったが病気は回復した。はじめかれはこの痛みを坐骨神経痛だと思った。痛みはちょっとの間に徐々に増し、二ヵ月後には、病気の原因と思われる腫ものがひとつできた。いろいろな薬で腫ものを散らそうとしたが、だめだった。しだいに衰弱がひどくなり、やせ細っていった。湯治をすすめたが、かれには旅行にたえる力がなかった。一方、消耗熱がかれをやつれさせていった。最後の努力をするため、溶剤の水銀を用いることにした。だがそれを貼りつけるとすぐに、ド・グルネー氏は高熱をだして人事不省となった。この状態が三日間つづいた。その後かれは意識を回復し、遺言をして、教会の最終秘蹟をうけた。かれはその夜、亡くなったのである。

かれは、・・・・年に(一)クロチルド・ヴェルデュック(Clotilde Verduc)と結婚し、仲むつまじく暮したが子供はなかった。

(一) 一七四八年、かれが貿易をやめたときである。

ド・グルネー氏は経済学的知識の方へ人びとの精神を向けるのに誰よりも貢献したということ以外、国民がかれに恩義を感じていないとしても、かれは、とうぜん国民の感謝をうけるべきであろう。たとえかれの原理がまだなんらかの反対をうけることがあるとしても、この名誉はあきらかにかれのものであろう。そしてかれが論争のきっかけを与えた諸問題の討議では、常に真理が勝利したことだろう。後世の人は、かれとかれの反対者の間にたって審判するだろう。しかしひとはこの審判を待って、かれが、チャイルドとジャン・ド・ヴィットの原理をフランスに拡めた最初の人であるという名誉を、かれの記念のために確信をもって要求するだろう。そしてもしもこの原理がいつかわが国の商業行政の根本となるなら、もしもこの原理がオランダやイギリスにとってそうであったように、フランスにとって永久に豊富と繁栄の源泉となるなら、われわれの子孫は、そのことをド・グルネー氏に感謝しなければならないことを知るだろう。

いく人かの人がこの原理に反対したため、それがきっかけとなって、多くの人がド・グルネー氏を熱狂者や体系論者(un homme à systèmes)と指摘するようになった。この体系論者という名称は、偏見をもっているすべての人、あるいは若干の悪弊を維持することに利益を有する・すべての人が、なんらかの秩序の改正を提議するすべての人を非難する一種のことばの武器となった。

最近の哲学者《フィロゾーフ》たちは、理性とともに勇気をもって、体系の精神(l'esprit de *système*)〔頑迷〕に抗して立ちあがった。そしてかれらは、この語を、しゃにむにいっさいの事象を説明しようとする勝手なすりかえ、という意味に解していた。そしてこのすりかえは、なんにも説明しないがゆえに、実際には、なにもかも同じように説明しているのである。それは、個別的事実を大胆に一般原則に変え、一部分をちらっとみただけで、あえて巨大な全体を判断する間接的類推法である。それは、推定ではわからない・すべてのことを、推定によってわかっている・わずかなことにこじつける盲目的推定である。それはまた、ある観念またはある原理で迷わされて、いたるところでその原理を考えたり、太陽をみつめていて疲れた眼のように、眼を向ける・すべての対象の上に太陽の像をめぐらしたり、すべてを知り、すべてを説明し、すべてを作り変えたいと思ったり、自然の限りない多様性を無視して、自然を自分の恣意的で偏狭な方法に従わせようとしたり、自然をつかまえるために無限を限定しようとしたりする盲目的推定である。

社交界の人びとが体系を非難しているとしても、それは哲学的な意味ではない。かれらは、なにひとつ自分の物にせずにすべての映像を反映するガラスのように、つぎつぎとあらゆる意見を受け入れ、決して納得したわけでもないのになんでもほんとうらしいと思い、原理と諸結果の密接な関係を知らず、またそうとは知らずにたえず矛盾していることに慣れているので、内心ひそかに真理を確信し、その真理から正確な論理の厳しさで諸帰結を演繹する人間に会うと、ただおどろくよりほかないのである。かれらはその人のはなしに耳を傾けてみた。だがかれらは、明日は正反対のはなしに耳を傾けてみるだろう。そしてその人のなかに同じような柔軟さがみられないことにおどろくだろう。かれらは、ためらいなくかれを熱狂者とか体系論者とか呼ぶのである。このように、かれらのことばでは、ひとつの体系というのは、熟慮の末に採用され、もろもろの証拠に支えられていて、その諸結論において一貫している・ひとつの意見を意味するのである。

しかしながら、この最後の意味からすれば、とうぜん、考える人なら誰でも、ひとつの体系を持っているのであり、ひとつの体系はもうひとつの逆の体系によってしかくつがえされないのであるから、ひとつの体系が悪いわけではないことになる。(一) それはどうでもよい。体系という語の二つの意味が混同されて、社交界の人びとのいう意味での、ひとつの体系を持っている者、すなわちひとつの問題について一定の意見を持っている者は、全く別の意味にとられた体系の精神〔頑迷〕に対する哲学者《フィロゾーフ》たちの非難を受けるだろう。

(一) デュポンは、この文章をつぎのように書きかえた。『しかしながら、実際、ひとつの体系を考えている人間、つまり諸観念の体系あるいは諸観念のつながりを全く持たないような人間は、ばかか気ちがいであるにちがいない。』

体系という語を通俗的な意味にとれば、ド・グルネー氏はひとつの意見を持っていたのであるから、かれはたしかにひとつの体系を持っていた。しかしそうすると、かれの反対者たちはかれとは反対の・ひとつの意見を持っていたのであるから、かれらはみな、かれと同様、体系論者であったわけである。

しかし、体系という語を、わたくしがはじめに詳述した哲学的意味に解すれば、誰も決してかれだけを遠ざけることはなかったのである。というよりかれはむしろ、かれの原理に対するこの非難を拒否する権利を持っていただろう。なぜならかれの学説全体は、ぼう大すぎてよくわからない上に、支配することも予測することもできず、変動してやまない多くの情況につぎつぎと左右される多数の経済活動を、一定の法規や絶えまない検査によって指導することは絶対に不可能であるということにもとづいているのだからである。したがってかれは、政府がすべての人を紐でひっぱるように導こうと思わないこと、政府がすべての人を歩くにまかせること、そして政府が、その構成の面でも、しばしばその適用の面でも常に恣意的である諸法規を外的かつ人為的に強制することより、利益の自然な活動力をあてにすることを願っていた。もしも勝手気ままであることと、自分の考えを事物にあわせるのではなく自分の考えに事物をあわせるやり方とが体系の精神〔頑迷〕の特徴であるのなら、ド・グルネー氏はたしかに体系論者ではなかった。

ましてかれは、自分の考えに頑固にこだわったりする体系論者ではなかった。かれが自分の考えをのべるときのおだやかさは、かれがうぬぼれから自分の考えにこだわっていたのではなく、市民として自分の考えを固守していたにすぎないことを十分に証明している。新しい真理に道をふさぐ・この種の虚栄心から、かれほど完全に自由であった人はまれである、と言ってもよいだろう。かれは、まるでなにも知らなかった人のように、努めて学ぼうとしていたし、まるでなにも反対意見を持たなかった人のように、熱心に真理を検討していたのである。

さらに、このド・グルネー氏の体系といわれるものは独特のものを持っていること、その体系の一般原理はほとんど全世界で採用されていること、またどの時代、どの国民の商業の要求も、自由と保護という二つのことば、とくに自由ということばのなかにふくまれていたことを言っておく必要がある。ル・ジャンドル氏(M. Le Gendre)がコルベール氏(M. Colbert)に言った『われわれのなすにまかせよ』(laissez-nous faire)ということばはよく知られている。ド・グルネー氏が、かれを体系論者あつかいにする人びととしばしばちがっていた点は、かれらが自分たちの利益のために認める例外を、かれは公正な精神とまっすぐな心情との厳しさをもって拒否したという点にある。

　世間には、たとえば、排他的特権を非難しながら、しかし排他的特権を必要とする若干の商品もあると信じている多くの人がいる。そしてかかる例外は、通常、個人的利益あるいはかれらと密接な関係にあるいく人かの個人の利益にもとづいている。このように大多数の人は自然に、商業の自由という快よい原理に導かれている。しかしひとりひとりは、あるいは利害関係から、あるいは慣習的に、あるいは誘惑のために、その原理に多少の小さな修正や例外を設けるのである。

　ド・グルネー氏は、かれが個々の例外をひとつひとつ拒否する場合には、大多数の人の支持をえていたが、一度に全部の例外を拒否する場合には、各人の要望はまちまちであるにもかかわらず、それぞれに例外を希望する各人を全部、反対にまわしていた。そしてその結果、この原理に対しては偽りの全員一致によって反対ということになり、かれ自身に対しては体系論者という名称の、ほとんど全員による非難が生じたのである。

　この非難は、ねたみや自分の意見へのこだわりから、かれの反対者となった人びとの合言葉のように解されていたし、またこの全員一致というくだらない亡霊を、公益に対してはかれほど熱心ではない人、あるいは自分自身の利益に対してはかれ以上に熱心な人なら誰しもおそれをなしたにちがいない恐るべき団体のようにみせるための口実に使われていた。

　しかしこのような反対は、かれの勇気をかきたてるばかりであった。かれは、自分の原理の普遍性をあまりあからさまに説かず、その原理からひきだされた・あまり関係のない結論を是認せず、いくつかの僅かな修正に賛成していれば、このような体系論者という非常に恐れられた名称を受けることはなかっただろうし、ひとが大いに拡めようとしていた・自分に対する悪感情もまぬがれただろう、ということを十分に承知していた。しかしかれは、原理が全国的に展開されることを有益に思っていたし、国民が自分で学ぶことを望んでいた。しかも国民は真理の最も平明な解説によってしか教育されえなかったのである。かれは、このような手加減は自分のためにしか得策ではあるまいと考えていた。そしてかれは自分のことは全く考えに入れていなかったのである。

　多くの人がかれを非難するように、かれは悪弊の改革にはどんな手加減もすべきではないと考えていたわけではなかった。かれは、どんな変革でもいかに多くの準備を必要とするかということ、またあまりに急激な変動がいかに危険であるかということを知っていた。しかしかれは、手加減は実行のさいにすべきで、純理論的考察のさいにはすべきではないと考えていた。かれは、新しい建物の基礎が置かれるまでは古い建物をこわしたくないと思っていたが、めくら滅法に実行したり、こわしたり、そのままにしたり、建てなおしたりしないように、着工する前には全体の図面を持ちたいと思っていた。

最後に、ド・グルネー氏のとくに個人的な名誉は、かれが多くの反対をうけたにもかかわらず、疑いの影さえ決してかれの名声の輝きをくもらせなかったほど広く認められていた・かれの徳の名誉である。この徳はかれの全生涯を通じて変わらなかった。この徳が、公正と慈愛の深い感情に支えられて、社会的には、おだやかで、謙虚で、寛容な、そして人格的には非の打ちどころのない、厳格なひとりの人間を作ったのである。しかし厳格な、といってもそれは自分に対してだけであって、家庭ではいつも変りなく上機嫌で、身のまわりの者を誰でもよろこばせるように気を使い、職務以外のことならなんでもいつも快よくききいれてくれる一人の人間をである。公生活では、かれが、いっさいの利害、いっさいの野心、そしてほとんどいっさいの名誉心にとらわれずに、もっぱら公益を目的とする・かれの計画の実現を積極的に根気よく、かつ巧妙に懇請するのがみられた。かれは、ひたすら祖国の繁栄と栄誉と人類の幸福とに没頭する市民であった。この人類こそ、かれの体系と呼ばれるものにかれを最も強く結びつける動機の一つであった。かれが攻撃していた原理のなかで、かれが最も激しく非難していたのは、貧しい勤勉な階級を犠牲にして社会の富裕な有閑階級を常に優遇することであった。その純粋な徳のゆえに推奨さるべき人びと、最も尊敬すべき人びと、真に最も有益な人びとこそが、最も名誉にあずかっていない人びとであることは、悲しむべきことである。後世の人はせいぜい輝かしい公的な活動しか評価しないだろう。そしておそらくはその活動の有用性よりはその輝かしさの方に心を動かすであろう。しかし、後世の人の評価がこの点では常に公正であるとしても、これらの活動を産みだし、またそれのみが後世の人に有徳の士の気概を伝えるところのもろもろの動機、つまり精神はついに知られないであろう。ちょうど顔の色つやや顔立ちの微妙な点が画家の色彩のなかでは消えてしまうように、これらの活動の微妙な特徴は、歴史家の物語りのなかでは消えてしまうのである。あとに残るのは生命のない輪郭と気概のない活動だけである。あるときは悪意が、またあるときはへつらいが、かれらを好みのままに解釈し、その結果、たいてい、後世の人の評価を、最も純粋な徳と徳の仮面をかぶりおおせた・ずるい悪人との間にただよわせることができるだけである。

しかしながら、かれらが生きている間は、われわれがその評価をまちがえることはない。広く認められている徳を悪意が傷つけようとしても、ふさわしからぬ者にへつらいが名誉を与えようとしても、いましばらくは、大衆の声がそれを打消すであろう。しかしやがてその時期はすぎる。そうすれば、こうしてその徳を認められた少数の人のために、後世の人の見識ある尊敬の念を確保し、香気を放つ・この徳の香りをかれらのそばにとどめておく唯一の手段は、われわれの世代の証言を促し、諸事実について、われわれがまだおぼえている記憶を証拠にすることだけである。ド・グルネー氏の徳の純粋さに、それにふさわしい公衆の敬意をささげても、なんびとも反対はしないだろうとわれわれは確信しているのである。（一）

（一）　マルモンテルは、かれが『メルキュール〔・ド・フランス〕』誌に発表した抜萃を、つぎの引用句で結んだ。Justiæ cultor, rigidi servator honesti, in commune bonus. *Lucain, Pharsale*, II.（かれは正義の実行者であり、峻厳な遵法者であり、万人に奉仕する者であった。ルカーノス、ファルサリア、第二篇。）

二人のシナ人(一)あて、シナにかんする質問

（A・L所蔵の原文には写し用という指示がついている。——『デュポン版著作集』、第五巻、一四〇ページ、かなり正確に再現されている。）

富。——土地の分配。——耕作。

一　シナには多くの富裕者がいるか？　すなわち同じことだが、シナでは財産はいちじるしく不平等であるか？

二　多くの人が、非常に大量の土地、家屋、領地を所有しているか。

三　多くの企業者が、大資本(gros fonds)をもち、おおぜいの労働者を使って、非常に大量の商品を製造しているか？

四　多くの貿易商人が、ばくだいな資本をもって商業企業を営んでいるか？

備考　——たしかに、多くの製造業および商業の諸企業はばくだいな前払い資本(fonds d'avance)なしには運営できない。たとえば、船舶の艤装や積荷のためにはばくだいな資本が必要である。しかしこれらの資本が全部、必ずしも同一人物のものである必要はない。数人が共同で出資し、各人の出資額に応じて利潤を分配するように組合を作ることができる。だから大きな財産がなくても、すなわち財産上の過度な不平等がなくても、一国内に多くの工業や商業が存在することは可能である。

五　多くの人が、貸付け貨幣の利子で生活しているか？

備考　——大きな社会では、全く自由に収入を処分しうる(disponible)人びとだけが遂行することのできる多数の職務がある。すなわちその人びととは、自分の生活のため、あるいは自分の財産の保持のためにたえず勤勉に労働する必要なく、またかれらが社会の勤労的職分(fonctions laborieuses)から除外されても、富を永続的に再生産させる労働と支出との循環を中断も混乱もさせない人びとである。その職務とは大臣、地方行政官、裁判所職員、地位の上下はあるが多数の士官および官吏のそれである。——自分の土地を耕作しなければならない土地所有者、耕作企業者、製造業者、商人は、ある点では富裕者と考えられるが、かれらはあきらかに自分たちの生活を支えている労働を放棄せずには、また国民の収入を減少させ

(一)　イエズス会修道士たちがフランスに連れ帰って教育した高(Ko)と揚(Yang)という有能なシナの青年たち。かれらは、シナの文芸や諸科学を紹介する通信をたえず送るように、いろいろの恩恵を受け、また国王からは年金を授けられて広東(Canton)に帰った。チュルゴはかれらにいろいろの書物や器具をあたえた。かれはそれらのなかに、みずからかれらのためにしたためた『質問』と、『富の形成と分配にかんする諸考察』とを加えた。
　揚は非常に若くして死んだ。高はベルタン(Bertin)と通信し、ベルタンは大臣としての職権でこの仕事を管理した。高は一九世紀のはじめまで生存していた。

ずには、軍務や行政の職務に専念しえないであろう。——自分の財産をそこなわずに、また生産的労働の秩序も乱さずに、あらゆる種類の職務に、学問研究に、軍務、司法、行政の官職に専念できるのは、労働せずに収入を受ける土地所有者と、貨幣利子を受けとる貨幣貸付け人だけである。これらの職務はすべて、富裕でないまでも、少くとも労働せずに相当な生活を営みうる人々、また必要にせまられて労働に従事するわけではないので、名誉心、徳義心、公益心のような・いちだんと高貴な動機に従いうる人々を前提とする。

たしかに軍人や司法官、あらゆる種類の官吏は、かれらの等級に応じて俸給を受け、その俸給によって生活できるのである。しかしすでに富裕であり、したがって利益のためにではなく名誉のために働く人びとは国家の負担をヨリ少くするばかりでなく、俸給だけしかえられないために、在任中に財産を蓄える手段を見つけておかなければ、死後、家族に貧困だけを残すことになりそうだという見とおしを持っている人びとにくらべて、職権を濫用して不当な徴税をしようとしたり、買収に動かされたりすることもまた少いであろう。

フランスでは、いろいろの地位が売買される。しかしこれらの地位の大部分は、ごく僅かの収入しかもたらさない。役職が売買されるのは、たしかにひどい悪習である。だがこの悪習は、富裕な人がたんに名誉と尊敬とをえたいというだけの動機で、自分の時間と労働ばかりでなく、自分の財産をも国務のために捧げようという気持になれるものであることを証明している。さらに、一般的にいえば、官吏は俸給しかえられないのに、その役職につくには、シナでは、長期間の研究によって準備し、多数の試験を受け、さまざまな旅行をしたものでなければならないのだから、生活の心配がなく、自分で働いて賃金をえなくてもその研究期間中生活できるものでなければならない。だから、この長期にわたる教育の費用をだせる富裕な両親の子弟であることが最小限必要である。(一)

富裕な農業者、大貿易商は、たしかにかれらの子弟のために、この費用を十分だせるだけの稼ぎがあるし、かれらの子弟は、いったん地位につけば自分の俸給で生活をたてるだろうから、公職につくには、必ずしも、労働せずに巨額の収入を享受する土地所有者あるいは貨幣貸付け人である必要はあるまい。

(一) これらのフランスの行政官についての考察と、第二三問の財産等級の配分は注目すべきである。

六　シナでは、一般に高い地位はどのような人たちによって占められているか？　それは、労働せずにえられる収入で生活する家族の子弟であるか、あるいは父親が息子にりっぱな教育を与えることのできるほど富裕な農業者、製造業者、商人の息子であるか？

七　それがしごくとうぜんのことのように、そしてフランスにおいてたとえば行政官の子供はたいてい行政の職につくように、代々、もっぱら文筆の職(la profession des lettres)にたずさわり、さまざまな役職を世襲することのみを職分とする家族はいないか？

八　そういうことがあるものとして、これらの家族が労働せずにある程度裕福な生活を営んでいるとすれば、大部分のものはその財産を地所で所有しているのか、それとも利子つき貸付け貨幣で所有しているのかを尋ねたい。

九　大部分の土地は、土地所有者自身によって耕作されているか、それとも一定の収入を土地所有者に返えす小作人(colon)によって耕作されているか？

一〇　シナの若干の地方では、土地の耕作に奴隷が使用されているか？

一一　シナでは、労働者に耕地を貸与し、労働者はその土地の所有者に、たとえば半分あるいは三分の一というように、収穫の一定部分を返えすのが普通であるか？

一二　この場合、土地所有者はいくらかの前払いを行なうか？　かれは耕作者に農耕用の家畜を提供するか？

一三　シナでは、耕作者に土地を賃貸し、耕作者は前払いと家畜とを自分で負担し、毎年、一定額の貨幣あるいは一定量の穀物をその土地所有者に返えす慣習があるか？

一四　シナでは、穀物あるいは貨幣による年貢を条件にして永久に土地を手放す土地所有者の例が多数みられるか？

一五　もしもこれらのさまざまな慣習がシナで行なわれているとすれば、フランスとおなじように、陝西(Chen-si)、四川(Setcho-uen)(一)、雲南(Yun-nan)の諸省のような、あまりに肥沃でなく中央からも遠く離れていて商業上の地の利の良くない地方では、収穫の半分ないし三分の一で土地を貸与するのが普通であるが、これに反して北直隷(Pe-tche-li)、江蘇(Kiang-nan)(二)、広東(Kouang-toung)、福建(Fo-Kian)等の諸省のような、肥沃でしかも消費と商業にいっそう便利な地方では借地農(fermier)の方が普通である、ということが観察されないか？

(一)　Szu-tchouan

(二)　Kiang-sou

一六　シナの南部地方では土地の耕作に水牛が用いられるが、北部地方では一般に耕作にはヨーロッパの牛に似た牛が用いられるのではないか？　また耕作に馬は用いられないか？　この場合、馬を使う慣習があるのは借地農の慣習が行なわれている地方だけであるということが認められないか？

一七　シナでは普通、地所が売買されるか。

一八　年収入を考慮に入れた土地の平均価格はいくらか、すなわち土地購入のドゥニエ(denier)は普通、どれくらいか？　その収入の価値の一五倍か二〇倍、それとも三〇倍、あるいは四〇倍が支払われるのか？

一九　貸付け貨幣の普通利子はいくらか？　利率二〇分の一、すなわち五パーセントか、それともそれ以上かそれ以下か、つまり三ないし四パーセントか、あるいは六、一〇、一五パーセントか？

二〇　シナでは、普通、一人だけで耕作している土地の最大面積はどれくらいか？　シナでは、フランスとおなじく、一〇〇、二〇〇、三〇〇アルパンあるいはそれ以上の賃貸小作地(ferme)がみられるか、それとも所有地や地所はもっと細分されているか？

二一　南部地方で栽培されているのは、ほとんど米だけである。北部地方では小麦、それにおそらくその他の穀物も栽培されているのだろう。小麦栽培用の分益小作地(métairie)または賃貸小作地の方が、米栽培用のそれらより広くはないか？　すなわち同じことだが、耕作者一人だけでは、米よりもむしろ小麦の土地を多く耕作できるのではないか？

二二　北部地方では小麦が栽培されているけれども、シナ人は北京でさえ、ほとんど米しか常食せずパンをすこしも食べない、ということである。それではいったい、小麦をどうするのか？　というのはひとがそれを栽培するのはもっぱら売るためであろうし、それを買うのはもっぱら食べるためではないのだろうか。

二三　シナできわめて富裕であるとみなされる人びとの財産はほぼどれくらいであるか？

備考　――フランスでは財産のさまざまな等級がつぎのように区別される。

第一等級は定収一〇〇、〇〇〇リーヴル以上の財産、すなわちその収入が銀で一六、〇〇〇ないし一七、〇〇〇オンス以上の財産からなる。

第二等級とみなされるのは、収入が一〇〇、〇〇〇以下、六〇、〇〇〇リーヴル以上の、すなわち銀で〔一六、〇〇〇ないし一七、〇〇〇以下〕、一〇、〇〇〇オンス以上の財産である。

三六、〇〇〇から六〇、〇〇〇リーヴルまでの、すなわち銀で六、〇〇〇から一〇、〇〇〇オンスまでの財産が第三等級をなす。

二四、〇〇〇から三六、〇〇〇リーヴルまでの、すなわち銀で四、〇〇〇から六、〇〇〇オンスまでの財産が第四等級。

一五、〇〇〇から二四、〇〇〇リーヴルまでの、すなわち銀で二、五〇〇から四、〇〇〇オンスまでの財産が第五等級。

銀で二、〇〇〇から二、五〇〇オンスまでの財産が第六等級で、地方ではまだここまでは富裕者とみなされるが、パリでは、非常に裕福なという程度にしかみなされない。

これ以下の、収入が銀で一、〇〇〇から二、〇〇〇オンスまでの第七等級では、(一)ひとは相当豊かには暮せるが、富裕者とは呼ばれない。

それでは、シナでは第一等級の財産は一五、〇〇〇ないし一六、〇〇〇タール〔銀両・シナの貨幣単位〕の収入か、(二)あるいはたんに一〇、〇〇〇か、六、〇〇〇か、四、〇〇〇か、もしくはさらに二、〇〇〇タールか、それ以下か尋ねたい。

(一)　つまり六、〇〇〇から一二、〇〇〇までの収入。
(二)　純銀一タールはオランダの三フロリン一八シリング、すなわちフランスの約八リーヴル。

二四　北京の裁判所長官、閣老(ko-lao)、総督(tsong-tou)、科員(fou-youen)のような主要な官吏の俸給は何タールと評価されるか？

二五　これらの官吏は、その地位によって富裕であるとともに、個人としてもその世襲財産によって富裕であるとみるのが普通であるか？

二六　普通、一人で一年にどれくらいの米を消費するか？

二七　北京では普通、米の価格はいくらか？　米は重量で売られるのか、それとも容量で売られるのか？

備考　――一タールの評価がわかっているのだから、米の重量がタール〔平両・シナの衡量単位・通常$1\frac{1}{2}$オンス〕で示されると好都合であろう。こうすれば、一〇〇タール重量の米は、平年度でいくらするといえるだろう。

平年度を求めるには、最近一〇年間の各年度の同一量の米の価格をとり、この価格を全部合計して、総数の一〇分の一をとればよい。

二八　シナでは普通、一人の労働者の一日の賃金の価格はいくらか？　あるいは一タールで一人を何日間労働させることができるか？　この価格は北京と地方、とくに貧しい地方とではちがうはずであるが、そのちがいはどうか？

二九　わたくしは、ポワーヴル氏（一）の覚書きと故アベ・ド・ヴェルタモン氏(M. l'abbé de Verthamont)の覚書きとによって、土地収穫の一〇分の一税がシナ皇帝の主要な収入をなしていることを知った。しかしポワーヴル氏は、この一〇分の一税の割当て額がすべての土地に対して同一でないこと、つまり良い土地では一〇分の一で徴収されるが、悪い土地では三〇分の一で徴収されることを指摘している。この割当て額がそれぞれの土地に定められたのは、きっとずいぶん以前のことであろう。

わたしはつぎのことを尋ねたい、すなわち、各地片と、それが負担すべき一〇分の一税割当て額の注記とが、いっしょに記載されている一覧表または公簿が、各地区ごとにあるかどうか、すなわちヨーロッパで司祭が徴収する一〇分の一税の割当て額が慣習によって決められているように、古来からの慣習こそ、皇帝の官吏たちが従う唯一の規則であるかどうか？

（一）Poivre(1719—1786)『一哲学者《フィロゾーフ》の旅』(Voyages d'un Philosophe)の著者。

三〇　米の売買はいつでも、どこでも自由であるか？　米倉を建てることは許されているか？　商人や農業者は自分の米倉を開いたり、米を市場に運搬したりすることを決して強制されないか？　官吏は米の価格を決して規制しないか？　饑饉のときには、ある町から他の町へ自由に米を運ぶことが許されているか？

諸技術

製紙法　——三一　紙一枚を作るために、パルプを延ばすのに用いられる型(forme(ou moule))をぜひひとつほしい。

これらの型の紙すき装置は、ヨーロッパのように真鍮製の針金ではなく、シナ人が籐からとり出す細い繊維で作られているということであるが、この方がはるかに紙をむらなくするにちがいない。

普通の大きさの型ひとつだけでよいのである。

三二　籐を真鍮の針金とおなじようにまっ直ぐで、細い繊維状に分離するには、どのように処理すればよいのか？　籐が乾燥していると、うまくいかないように思うのだが、おそらく切りたての新鮮な籐をつかえばうまくいくことだろう。大麻や亜麻の皮をはがすために、ヨーロッパではたいていそれらを水につけるのだが、籐から繊維を分離するためにも、たぶん籐を水にひたして柔らかくするのだろう、この点についての説明がほしい。

三三　繊維状に加工され、分離されて、要するに型を作るのにすぐ使えるようにできている籐の束を若干、型といっしょに送っていただきたい。

三四　ポワーヴル氏の言によれば最上質の紙は生《き》綿《わた》で作られるのだそうだが、この最上質のものから、竹の皮で作られる普通の紙にいたるまで、さまざまな種類の紙を作るのに用いるパルプを数リーヴルぜひほしい。

このパルプは、杵で砕かれ加工された後、水槽にいれられたままのものを取りだすべきであろう。そしてこれを送るために乾燥させる必要があろう。

それぞれの包に正確に名札をつけていただきたい。

どの種類も、それで紙を試作するのに十分な量をぜひほしい。

竹についていえば、まださまざまな加工を受けていない、自然のままの竹の皮を少々いっしょに加えていただきたい。

三五　これらのさまざまなパルプで作られた紙の各種の見本もひとつずつ、いっしょに加えていただきたい。

三六　一枚の紙を作るために、パルプが型の上に並べられると、ひとは、この型を大きな布の上に裏返し、紙をその布の上にねかして、その布が紙の湿気を吸いとるようにする。ヨーロッパでは、このために、フランシェ (flanchets) と呼ばれる・かなり大きなラシャが用いられる。――シナではラシャはめったにないそうだが、それでは紙を型からはずしてねかすにはどんな布が用いられるのか？　それは絹布か綿布か、またはなにか別の材料の布であるか？　最上質の紙を作るのに用いられる布の新しいものをぜひ一枚ほしい。

三七　シナ紙に膠水《どうさ》を塗るのに、米のノリが用いられるということである。このノリはどのようにして作られるか、また紙に膠水を塗る方法はヨーロッパで行なわれている方法と似ているかどうか、知りたいものである。ヨーロッパの方法は、高および揚の両氏が一冊持っている『製紙術』(l'Art du papetier) にのべられている。

よく保存できるように、十分に乾いた最上質のノリを数リーヴル送っていただきたい。

三八　長さ一二フィートに幅八フィートの紙を作るには、どのような方法がとられるか、またどうすれば、こんな大きな紙型をまん中で折り曲げずに取扱い、水槽につけ、それをひき上げ、パルプをむらなく並べるためにそれをゆさぶることができるか、布の上に紙をねかすために、それをかなり手早く裏返すにはどうすればよいか、どうすればこんなに大きな紙を破らずにひき上げることができるか、どうすれば、いっそう軟らかくなった紙をシワにせずに拡げることができるか、等について両氏が分りやすく説明できれば、たいへんありがたい。

三九　幅六フィートに四フィートの最上質の紙を一〇〇ないし二〇〇枚送っていただきたい。これが銅版画に使えるかどうかためしてみようと思う。そのさい必要なのは綿から作った紙であって、竹から作った紙ではない。

三〇〇ないし四〇〇枚も送ることができれば、それにこしたことはないが、紙が箱のなかで少しも折れずに、その大きさのままで拡げられているように工夫する必要があろう。

印刷術　――四〇　印刷の前に紙を湿すか？

四一　印刷用に用いられるインクは、筆記用に用いられるインクとよく似ているか、というより、それはヨーロッパで印刷用に用いられるインクのように、油で溶かされるのではないか？

四二　印刷したいと思う版の活字にインクをつけるには、ヨーロッパの印刷所でしているように、刷毛《はけ》または毛を詰めた皮製のたんぽが用いられるか？

すぐに印刷できるように版刻された版一枚と、何回かのためし刷りをするに十分な量のインクと、シナで普通に用いられる刷毛《はけ》またはたんぽをひとついただけるならたいへんうれしい。

最後に、ヨーロッパでしているように、版と紙とを圧搾機にかけて印刷するのか、それともインクで黒く塗られた版に紙をあて、その裏面を刷毛《はけ》またはローラーで軽くこするだけで十分なのか、ぜひ知りたいことである。

織物　――四三　シナではラシャが作られているか？　北京では冬のあいだしばしば結氷するのだから、シナで羊毛を利用すれば非常に便利であろうと思われる。しかしながら、羊毛は、たとえばビロードや綿入れ麻織物等のようなヨリ厚手の綿織物や絹織物で代用できる。シナで作られる羊毛製あるいは山羊毛製の最上質の織物の見本をいくつかぜひほしい。

四四　またシナで羊毛が最も尊重される地方の羊からとれる最上質の羊毛を少々いただけるならたいへんうれしい。この羊毛の脂を抜いてはいけない。というのは、あるいは虫が食うかもしれないからである。

いっそう確実に、この害を予防するには、この羊毛やいろいろの織物をワニス塗りの箱に入れて送るのがよかろう。

四五　シナでは亜麻あるいは大麻が栽培されているか？　シナで作られる最上質の亜麻布の見本をいただけるならたいへんうれしい。

博物

四六　シナの各地で、家を建てたり屋根をおおったり、石灰や漆喰を作ったりするのに用いられる最も普通な岩石は何であるか、ぜひ知りたい。

高および揚の両氏が北京に居住するつもりでいるのか、それともシナのさまざまな地方を遍歴するつもりでいるのかは知らない。もし後者であるなら、かれらは、パリで博物学を修めたのだから、かれらが旅行するにつれて、各地で見るであろう最も普通な岩石を、その地名や省名の指示とともに記録できることと思う。

かれらの記録とデュ・アルドゥ神父(le père Du Halde)の地図とを比較対照すれば、シナのさまざまな地方の地質についてかなり正確な概念がえられるだろう。というのは、少しでも博物学に通じているものなら、主要な岩石はこれこれであるとわかっている地方では、どんな主要原料が発見されるか、ということがほぼわかるからである。――だから、ブルターニュ地方に花崗岩と石盤岩とが目立って多いのを見れば、パリ近郊の豊富な貝殻層にある白灰石をそこで探してもむだであることがすぐにわかるのである。――パリ近郊でこういう種類の岩石が見られる場合には、そこでは花崗岩も石盤岩も石炭も、金・銀・鉛・錫等の鉱脈も発見できないことがわかる。――他のいろいろな岩石の性質を見れば、ある地方には火山が多いとか、あるいはかつて火山が多かったとか、ということが確認されるのである。

しかし注意すべきことは、その地方の最初の山岳形成のときの岩石を採集すべきであって、河川によっておし流され、山腹や渓谷に堆積された岩石を採集すべきではない、ということである。そこで高および揚の両氏は、ほぼつぎの要領で、かれらの旅行日記に記録

をつけるがよかろう。すなわち

『陝西省(Province de Chen-si)――西安府(Si-ngan-fou)、この附近の岩石は花崗岩あるいはその他これこれのものからなる。東方、これこれの距離に鉛鉱あり。』

両氏は、これらの記録を毎年ヨーロッパに送りさえすればよい。

さらにもっと確実な方法は、たぶん両氏にとってはあまりにも煩わしいことになるだろうが、両氏の旅行のたびに最も普通な岩石の標本をひとつずつ集め、その岩石のシナ名、採集地の省名および都市名を記入する両氏の覚書きへの参照の名札あるいは参照番号を、その標本にはり付けることである。――各種ともクルミぐらいの大きさの石片でよかろう。――両氏は、親切にもこれらの収集された石片を一箱にまとめ、それぞれに名札をつけてヨーロッパに送ってくれることだろう。箱をむやみに大きくしないためには、各町ごとに標本ひとつずつをとるのではなく、地質のちがう地方で、別の種類の岩石が見られる場合だけ標本をとるようにし、両氏の日記には、これこれの町では、西安府と同種の岩石である、と記入するにとどめるべきであろう。

両氏が、これらの岩石のなかに、いくつかの貝殻やその他の海産物あるいは陸産物の化石となって残っているものを発見した場合には、その発見地の記録といっしょに、それを箱に入れるようにすればおもしろかろう。また両氏が見つけるかもしれない各種の標本をひとつずつ送ってくれるのもよかろう。この場合も全く同様に、たとえば『……鉱山、……街附近、……省』というように名札をつけること。

高および揚の両氏が全然旅行しないつもりでいるのなら、この項目にかんして両氏がわれわれの興味を満たすことは困難であると予想される。したがって両氏に対する質問は、両氏が自分たちの居住地にかんして答えられるもの、あるいは両氏が旅行する友人に前記のもろもろの教示をあたえ、その友人を通じて手に入れることのできるものに限られる。要は、発見地の正確な名札のついた標本を持つことであろう。

四七　景徳鎮(King-te-tching)で作られる陶器の各種の原料の上質な見本を重さ数リーヴルずつ、ぜひほしいものである。これらの原料というのは、(わたくしの誤りでなければ)アントルコル神父(le père Entrecolles)の『耶蘇会士書簡集』(Lettres édifiantes)第一二巻にのべられている白陶土(pe-tun-tse)、高嶺磁土(kao-lin)、石膏(che-kao)、螢石(hoa-ch)である。だが、ほしいのは、地中から掘りだされたままで、なんの加工も加えられていないなまの原料であって、砕石、水洗い、精製の後、景徳鎮に運ばれるばかりになっている原料ではない。これらの原料にはそれぞれ入念に名札をつける必要があろう。

四八　これらの岩石はすべて、相当慎重に箱づめされ、ぶつかり合ってすり減ったり、触れ合ったり、名札がはがれたりしないように並べられるべきであろう。これがためには、布や紙の切りくずのように、柔らかくて軽い材料をいっしょに入れてすき間を埋める必要がある。

四九　茶の種子をいただけるなら、たいへんうれしい。

これが発芽したり腐敗したりすることのないように、よく乾いた綿または苔に包み、めばりした小箱に入れて送るべきであろう。この小箱は岩石の箱といっしょに置いてよかろう。

茶に多数の種類があるのなら、さまざまな種類を別々に包んで名札をつけたものをぜひほしい。

歴史上のいくつかの問題にかんする質問

五〇　わたくしは『耶蘇会士書簡集』のなかの一冊で、紀元前にシナに渡来したといわれるユダヤ人がフ・クヮン(Hou-quang)省*に建てたユダヤ教会堂のことを読んだことがあるが、それは確証されただろうか？　かれらは旧約聖書の全篇を持っていなかったとさえいわれていた。この意見になんらかの根拠があるとしても、かれらのヘブライ語の聖書の正確な図入り写本を一部手に入れることができれば、非常におもしろいであろう。文字の形をうまく写しとれる・だれか上手な写字生に写本を作らせることができるなら、シナですぐにそれを印刷しても、おそらくたいして費用はかかるまいし、またそうするだけの値うちはあるだろう。これらの写しをわれわれはヨーロッパで喜んで見るだろう。

五一　征服されずに今なおシナのどこかの山岳地帯にいる苗族(les Miao-tsées)は、シナ人となんらかの交渉を持っているか？　シナ人で苗族の地方に行って、かれらの言語を解する者がいるか？　この言語は、シナ語のように、一音節だけの語のいろいろな組合わせから成っているか、それともヨーロッパ諸国およびほとんどあらゆる国民の言語のように、さまざまな長さの語から成っているか？　この民族の顔の特徴や顔色は、この民族を取巻いている諸地方のシナ人のそれと似ているか？　これまで、この民族がシナ帝国に征服されなかったことについて何かそのわけを知っているか？

五二　韃靼《ダッタン》・満州人およびその他シナ皇帝に征服された諸民族は、シナの風習にいっそうよく似た風習を持ち、都市に定着し、狩猟よりむしろ農耕や諸技術に従事するようになっているか？　最近の二人の皇帝は、韃靼の起源からずっと遠くなったので、その生活様式や思考方法において、かれらの祖先より、ますますシナ人化していないか？

＊　フ・クヮン省がどの地域を指すか訳者には不明であるが、史実によれば、ユダヤ人教会が紀元前に建てられたのは開封であった、と言われる。

富の形成と分配にかんする諸考察(一)

(一七六六年十一月)

(1『市民日誌』(Ephémérides du Citoyen)、一七六九年、第十一、十二巻および一七七〇年、第一巻、『X氏による富の形成と分配にかんする諸考察』という題名で、この著作のはじめの部分にはデュポンによる多数の改変がある。

2 チュルゴによって訂正された別刷。一六三ページ、一二折版、一七七〇年、発行地、著者名なし。巻末に一七六六年十一月の日付けがあり正誤表がついている(ただし全部の本にではない)。

3 八折版、一七八八年、チュルゴの名前とつぎの銘句がついている。Ostendent terris hunc tantum fata, Enéide, VI.(a)(運命はかれを世の中に現わすであろう。アエネーイス、第六篇)原文は別刷のそれと一致している。

4『デュポン版著作集』、第一巻、原文は『市民日誌』のそれと一致している。

5 G・シェルの指示にもとづきロビノによって刊行された『チュルゴ、行政および経済学諸著作』(フランス経済学小文庫、一八九〇年)(Turgot, Administration et Œuvres économiques, par Robineau, Petite bibliothèque économique française, 1890)中の原文は別刷に一致している。)

(a) この銘句はヴォルテールによってチュルゴの肖像の下に書かれた。

(二)『市民日誌』では、チュルゴの『諸考察』に先きだって以下の序言がつけられた。

われわれは、非常にながい間つぎの労作の著者に、われわれの定期刊行物を豊かにしてくれるように懇願してきた。しかし著者はいっこうに同意しようとしなかった。すなわち「著者はその諸考察の叙述を最終的にしあげたわけではなかったからであり、またこれらの諸考察は三年前に非常に急いでしかも特別な目的からしたためられたもので、かれとしては十分に直接的と思える方法で問題に立ち入ってはいないからであり、そのためかれは時どきもとにもどらなければならなかったし、ヨリ詳しく諸問題を提起すれば容易に避けられたと思われる・もろもろの反論をそのためにひきおこしているように思えるからである」。われわれがかれにこのことを話したとき、いつもかれの労作を非常にきびしく批判したのはほかならぬかれ自身である。そして実際にかれがその労作をさらに完成させることはすこぶる可能であっただろうということを、われわれは信じて疑わない。しかしながら、かれ自身が満足できるほどの時間を保証するにしても、かれの重要な、しかもよんどころない職務のために、かれには暇がなさすぎるし、それにかれの諸考察は、現在のままでも、そこで論じられている重要な問題についての非常に興味深い、非常に豊富な、そして非常にりっぱな労作をなしていると思えるので、われわれとしては、それをぜひわれわれの『雑誌』(Recueil)に掲載させていただきたいと懇願し、ついにかれは、いつもわれわれの言い分に対して拒否していた・この犠牲を友情のために認めることになったのである。

第一節 ――土地が平等に分割され、すなわち各人は自分の生存に必要なものしか持たないと仮定すれば、商業はありえない。

もし土地が一国の全住民の間で、各人は厳密に自分の生存に必要な量だけ土地を所有し、それ以上は全然所有しないように分配されるとすれば、すべての者は平等であるので、だれも他人のために働くことを望まないであろうということはあきらかである。まただれも他人の労働を支払うのに必要なものを持たないであろう。なぜなら、各人は自分の生活資料を生産するのに必要な土地を持っているだけであるので、かれは自分で収穫するものを全部消費するであろうし、他人の労働と交換できるものを全然持たないであろうからである。

第二節　――以上の仮定はかつて存在しなかったし、また存続することもできなかったであろう。多種多様な土地と多数の欲求とが土地の諸生産物と他の諸生産物との交換をもたらす。

この仮定はかつて存在しなかった。なぜなら土地は分割される以前に耕作されたからであり、耕作こそは分割の、そして各人にその所有を保証する法律の唯一の動因であったからである。ところで、最初に耕作した人びとはおそらくかれらの力の許す限り、したがってかれらの生存に必要な以上の土地を耕作しただろう。

かりにこの状態が存在しえたとしても、永続することはできなかっただろう。すなわち各人は自分の畑から自分の生活資料しかひきださず、他人の労働を支払うのに必要なものを持たないので、自分自身の労働で、住居・衣服等、各人の他のもろもろの欲求を満たすことしかできなかっただろう。しかしどの土地もすべてのものを産出するというわけではないから、そのようなことはほとんど不可能であろう。

穀物にだけは適しているが綿も大麻も産出しないような土地の所有者は、衣服を着るにも布を持たないであろう。ある者は、綿には適しているが穀物を産出しないような土地を持つであろう。またある者は暖をとるにも薪を持たず、またある者は食べるにも穀物を持たないであろう。やがて経験が各人に自分の土地はどんな種類の生産物に最も適しているかを教え、各人は、隣人との交換によって自分に欠けているものを入手するために、最も適したものだけを耕作することにするだろう。一方隣人の方でも同様の考察を行ない、かれの畑に最も適した生産物を耕作し、他のすべての生産物の耕作を放棄するだろう。

第三節　――土地の諸生産物が人間のもろもろの欲求に適するようになるには、ながくかつ困難ないろいろな加工が必要である。

土地が人間のさまざまな欲求を満たすために産出する産物のうち、その大部分は自然のままの状態では役に立たない。それらはさまざまな変化を受け、技術によって加工されなければならない。すなわち小麦を小麦粉やパンに変えたり、皮をなめしたり処理したり、羊毛や綿をつむいだり、繭から絹をとりだしたり、大麻や亜麻を水につけ、皮をむき、これをつむぎ*、つぎにそれからさまざまな織物を作り、そのあとそれで衣服・はき物等を作るためにこれを裁断し縫製したりしなければならない。自分の土地にこれら種々のものを産出させ、これらのものを自分のいろいろの欲求のために使用する者自身が、自分でこれらすべての中間加工を行なわなければならないとすれば、かれが完全に失敗するだろうということは確かである。これらの加工はほとんど全部、入念と注意と、それに継続的な労働と大量の原料とによってはじめてえられる・ながい経験とを必要とするのである。皮の加工を例にとってみよう。数ヵ月、ときには数年間続く・このような作業のために必要ないっさいの細部のことをいかなる農業労働者(le laboureur)が果たしうるであろうか？　かれがそれを果たしうるとすれば、たった一枚の皮についてそうしうるのであろうか？　なんという時間と場所と材料の損失であろうか。これだけあれば大量の皮を同時にあるいは継続的になめすのに使えただろうに！　しかしかれがたった一枚の皮をなめすのに成功するとしても、かれには一足の靴しか必要ではない。かれは残りで何を作るのだろうか？　かれは一足の靴を得るために一匹の牛を殺すのだろうか？　かれは一足の木靴を作るために一本の木を切るのだろうか？　各人の他のすべての欲求についても同様のことが言えよう。すなわち、もしも各人が自分の畑と自分の労働だけに限られていれば、各人は、すべての点できわめて設備が悪いために多くの時間と労力とを使い果し、しかも自分の土地の耕作をきわめて悪くしてしまうであろう。

＊　『デュポン版』には filer がない。

第四節　――加工の必要は労働と諸生産物との交換をもたらす。

いろいろな地味の土地の耕作者間に農産物と農産物との交換を確立した同一の動因によって、同じく耕作者と社会のもう一つの部門すなわち土地の諸生産物を生産する仕事よりもこれらのものを加工して成品にする仕事を選ぶ者との間にもとうぜん農産物と労働との交換が生じた。

この仕組みによって、だれもが利益をえた。なぜなら各人はただ一種類の労働に専念するだけでよく、それによってはるかによい結果をえたからである。農業労働者は自分の畑からできるだけ大量の生産物をひきだし、かれの余剰物の交換によって自分の労働で作るよりはずっとたやすく、他のすべての必要物を手に入れた。靴製造人は農業労働者のために靴を作り、それによって農業労働者の収穫の一部を自分のものとした。それぞれの労働者は他のすべての分野の労働者たちの欲求のために労働し、かれらはかれらでみなそれぞれの労働者のために労働したのである。

第五節　――生産する農業労働者の、加工する工匠に対する優位。農業労働者は労働循環の最初の原動力である。農業労働者こそは、すべての工匠の賃金を土地から産出せしめるのである。

しかしながら農業労働者は、すべての者にその最も重要な消費物(すなわちかれらの食料品と、それにほとんどすべての成品の材料)を大量に提供している点で、ヨリ大きな独立した利益を持っていることに注意すべきである。農業労働者の労働は、社会のさまざまな成員間でふり分けられる諸労働の秩序のなかで、かつてかれが孤立状態のときに自分のあらゆる欲求のためにふり当てざるをえなかった・さまざまな労働のうち、食糧を供給する労働が持っていたのと同じ首位、同じ優越を保っているのである。この場合、それは名誉とか品位とかの優越ではない。それは物理的必然の優越である。一般的にいえば、農業労働者は他種の労働者たちの労働なしにすますことができる。ところがいかなる労働者も、農業労働者がまずかれを食べさせなければ労働することはできないのである。したがって、必要物の相互交換によって人間を相互に必要ならしめ、社会の紐帯を形成する・この循環において、最初の活動を与えるのは農業労働者の労働である。かれの労働が自分の必要以上に土地から産出させるものこそ、社会の他のすべての成員たちが自分の労働と交換に受けとる賃金の唯一の基本である。かれらはかれらで農業労働者の生産物を買うために、この交換の価格を用いて、かれらが受けとったものを正確に農業労働者に返すだけである。これは、これら二種の労働間における、まさに本質的な相違である。そしてこの相違から派生する無数の結論に立ち入る前に、それが自明の理であることをはっきり理解するためにこの相違を力説しておくことが必要である。

第六節 ――労働者の賃金は労働者間の競争によってその生活必要費に限定される。労働者はただその生活費を稼ぐだけである。

腕と技能とを持っているにすぎない単純労働者は、他人に首尾よく自分の労力を売る以外にはなにも持たない。かれは自分の労力を高く売ったり安く売ったりするが、この価格の高低はかれひとりの自由になるものではない。すなわちそれは、かれとかれの労働に対して支払う者との一致から生じるのである。かれの労働に対して支払う者はできるだけ安く支払おうとする。かれは多数の労働者のなかから自由に選択できるので最も安価に働く者を選ぶ。したがって労働者は相互に争って価格を下げざるをえなくなる。労働者の賃金が生活資料を獲得するのに必要なだけの額に限定されるということは、労働のすべての分野においておこるはずであり、また実際におこっているのである。

第七節 ――農業労働者は、その労働が労働の賃金をこえて生産する唯一のものである。ゆえにかれはあらゆる富の唯一の源泉である。

農業労働者の立場は他と非常に異なっている。土地は農業労働者以外のすべての人間やいっさいの慣習とは全く関係なく、直接的にかれに労働の価格を支払うのである。自然はむりにかれを絶対必要額で満足させようと値切ったりはしない。自然が与えるものは、かれの欲求にも、かれの日給の価格の協定による評価にも比例しない。それは土地の肥沃さの物理的結果であり、またかれが、その土地を肥沃にするために用いた諸手段のむずかしさの、というより、その適切さの物理的結果である。農業労働者の労働はかれの必要以上に生産するのであるから、かれは、自然がかれにその労力の賃金以上に無償で与える・この余剰をもって、社会の他の成員たちの労働を買うことができるのである。他の成員たちは農業労働者に労働を売って、かれらの生活費を稼ぐだけであるが、農業労働者は自分の生活資料のほかに、かれが全然他から買わなかったのに他へ売るところの独立的で自由に処分しうる富を収穫するのである。ゆえにかれは、それが流通することによって社会のいっさいの労働を活気づける・あらゆる富の唯一の源泉である。なぜならかれは、その労働が労働の賃金以上に生産する唯一のものだからである。

第八節　――社会は第一につぎの二階級に分かれる。一方は生産階級すなわち耕作者の階級であり、他方は被雇用階級すなわち工匠の階級である。

さてそこで社会全体は、事物の本性にもとづく必然性によって二つの階級に分割される。この二階級はともに勤労階級である。だが一方は労働によって絶えず再生する富を生産する、というよりむしろ土地からひきだす。そしてこの富が社会全体に生活資料とあらゆる必要物の材料とを供給するのである。また一方は生産された材料を人の使用に適するように加工し変形する仕事に従事し、その労働を前者に売って、それと交換に自分の生活資料を受けとるのである。前者は生産階級(la classe productrice)、後者は被雇用階級(la classe stipendiée)と名づけられてよかろう。

第九節　――初期の時代には、土地所有者は耕作者と区別されなかったにちがいない。

これまでわれわれは農業労働者と土地所有者とをまだ少しも区別しなかった。またその当初においてそれは実際上区別されていなかったのである。どの土地もすべての者の共有でなくなり土地所有権が確立されたのは、まさしく最初に畑を耕し、その収穫を確保するために畑を囲った人びとの労働によってである。社会が確立され、公権力、あるいは個人の力よりも優力となった法律があらゆる他人の侵害に対して各人にその財産の安全な所有を保証しうるようになるまでは、人びとはそれを獲得したときと同じように、それを耕作しつづけることによってしか畑の所有権を保持することができなかったのである。あらゆる労力を払っても全収穫が自分のものにならないということを他人は納得しないであろうから、自分の畑を他人に耕作させるのは確かなことではなかっただろう。それに、このような初期の時代には、働く者はみな、ほしいだけ土地をみいだせたので、他人のために働こうという気はおこらなかったであろう。土地所有者はみな自分の畑を耕すか、それともそれを完全に放棄しなければならなかったのである。

第一〇節　――社会の進歩。すべての土地が所有者を持つ。

しかし*土地はしだいに住民でいっぱいになり、開墾されていった。最良の土地はながい間には全部占有されてしまった。最後に来た人びとにはもはや最初の人びとによってみすてられた不毛の土地しか残らなかった。しかし結局はすべての土地はその所有者をみいだし、所有権を持てなかった人びとは、はじめに被雇用階級の仕事で、かれらの腕の労働を土地所有耕作者の余剰農産物と交換するよりほかに仕方がなかったのである。

* 『デュポン版』には、Mais はない。

第一一節　――土地所有者は賃金耕作者に耕作労働を転嫁できるようになる。

しかしながら、土地はこれを耕作する土地所有者にかれの生活資料だけでなく、また交換によってかれの他の諸必要物を獲得するに必要なものだけでなく、多大の余剰を返すのであるから、かれはこの余剰をもってひとに賃金を支払い自分の土地を耕作させることができた。それに賃金で生活する者にとっては、この仕事で賃金を稼ぐのも他のどんな仕事で賃金を稼ぐのも同じことである。*ゆえに土地所有は耕作労働から分離されねばならなかったし、**やがてそうなったのである。

* 『デュポン版』は、autant valait.『シェル版』その他は autant vaut.
** 『デュポン版』は、dut ではなく put.

第一二節　――土地所有権の分割における不平等。これを避けられないものにする諸原因。

すでにのべたように、最初の土地所有者たちは、まずその家族とともにかれらの力で耕作しうるかぎりの土地を占有した。ヨリ体力があり、ヨリ勤勉で、ヨリ多く将来を気づかう者は、これと反対の性格の者よりも多くの土地をえた。家族がヨリおおぜいである者は欲求も腕もヨリ多いので、さらにいっそうその所有を拡大した。これがすでにして第一の不平等であったのである。

すべての土地がひとしく肥沃であるわけではない。二人の人間が同一面積の土地と同一の労働をもってしても非常に異なる生産物を土地からひきだすこともありうるのである。すなわちこれが不平等の第二の原因である。

土地所有権は、それが父から子へ移るときに、その家族数の大小にしたがって、多かれ少なかれ小部分に分割される。世代がすすむにつれて、これらの相続財産はあるいはさらに細分され、あるいは分家の断絶のためにあらためて統合される。すなわちこれが不平等の第三の原因である。

一方の英知、活動性とくに節約と、もう一方の怠惰、無為および浪費との対照は不平等の第四原理であり、これがすべてのうちで最も有力な原理であった。

不良な耕作を行ない、豊作の年にはくだらないことに余剰全部を消費する・怠慢で将来の見とおしも持たない土地所有者は、ごく小さな災害をうけるだけで、ヨリ賢明な隣人に救助を求め借金して生活せざるをえなくなるのである。もしもかれが、また新たな災害のために、あるいは自分の怠慢の連続のために、返済不能となり新たに借金せざるをえなくなるとすれば、かれはついには同価値の土地を受けとる債権者に自分の地所の一部ないしは全部さえも引渡すか、それとも土地を別の人に譲渡して他の価値と交換し、それによって債権者に支払うかするよりほかに仕方があるまい。

第一三節 ――不平等の結果。耕作者は土地所有者から区別される。

これこそ売買される商業上の土地財産である。浪費家の、あるいは不運な土地所有者の部分は、変じてヨリ幸運な、あるいはヨリ賢明な土地所有者の増加部分となる。そして無限に変動するこの所有の不平等のなかでは、たいていの土地所有者は必ず、自分で耕作できる以上の土地を所有するはずである。それに、富裕な人が自分の富を安心して享受したいと考えたり、自分の時間を全部、苦しい労働に使わずにむしろ自分のために働く者に自分の余剰の一部を与えようとしたりするのはしごくとうぜんのことである。

第一四節 ――耕作者と土地所有者との間における諸生産物の分配。純生産物すなわち収入。

この新しい仕組み*によって、土地の生産物は二つの部分に分かれる。すなわち一方は農業労働者の生活資料と利潤とをふくむ。これはかれの労働の報酬であり、またかれが土地所有者の畑の耕作をひきうける条件である。残りは土地が耕作者にその前払いと労働の賃金以上に無償で与える・かの独立的かつ自由に処分しうる部分である。そしてこれが土地所有者の分け前すなわち収入(revenu)である。かれはこれによって労働せずに生活することができるし、またこれを自分の望みの場所へ持って行くのである。

* 『デュポン版』には nouvel がない。

第一五節 ――社会は新たに耕作者、工匠および土地所有者の三階級に分かれる。すなわち生産階級、被雇用階級および自由に処分しうる階級である。

さてこんどは社会は三階級に分割される。すなわち生産階級という名称をそのまま用いうる農業労働者階級、土地の生産物によって雇用される工匠その他の階級、および土地所有者の階級である。この土地所有者の階級は、生活資料の必要のための個人的な労働に少しもしばられないので、あるいは個人的な奉仕によって、あるいは国家または社会がそれらの諸機能を果すのに人びとを雇用することができるようにこの階級の収入の一部を支払うことによって、軍務や司法行政のような社会の一般的必要のために従事しうる唯一の階級である。こういう理由で、この階級に最もふさわしい名称は自由に処分しうる階級(la classe disponible)という名称である。

第一六節　――二つの勤労階級すなわち富を自由に処分しえない二つの階級間の類似。

耕作者と工匠の二階級は多くの点で互いに類似しているが、とりわけこれらの二階級を構成する者がいかなる収入をも所有しておらず、ともに土地の生産物からかれらに支払われる賃金によって生活するという点で類似している。どちらもかれらはその労働と前払いの価格とを稼ぐにすぎないという点でさらに共通の類似性を持っており、この価格はどちらの階級にもほとんど同一である。土地所有者は、かれが靴をできるだけ安く買うために靴屋と掛け合う場合と同一の手法で、自分の土地の耕作者たちを値切って生産物のできるだけわずかの部分をかれらに渡そうとする。要するに、耕作者も工匠も、どちらも、かれらの労働の報酬を得るにすぎないのである。

第一七節　――これら二つの勤労階級間の本質的相異。

しかし、この二種の労働の間にはつぎの相異がある。すなわち耕作者の労働*は自分自身の賃金を生産し、そのほかに工匠その他の被雇用階級全体に対する賃金の支払いに用いられる収入を生産するのである。これに対して工匠はたんにかれらの賃金、すなわちかれらの労働と交換に土地生産物のうちのかれらの分け前を受けとるにすぎず、いかなる収入をも生産しないのである。土地所有者は耕作者の労働によるもの以外にはなにも所有しない。土地所有者は耕作者から自分の生活資料と他の被雇用者たちの労働に対して支払うのに必要なものとを受けとるのである。土地所有者は物理的秩序の必然性によって耕作者を必要とする。なぜならこの物理的秩序のために土地は労働なしにはなにも産出しないからである。しかるに耕作者が土地所有者を必要とするのは、たんに人間の慣習と市民的法律[一]とが最初の耕作者とその相続者たちに対して、かれらが耕作をやめるときでも、かれらが占有していた土地の所有権を保証したから**にすぎないのである。しかしこれらの法律は、とうぜん耕作者に支払われるべき報酬以上に土地が産出する生産物の部分を有閑者に保証しえただけである。土地所有者はすべてを失うおそれがあるので、どうしてもこの報酬を譲与せざるをえないのである。

ゆえに耕作者は、その労働の報酬だけに限られるとしても、この自然的・物理的優位を保つ。そしてこの優位はかれを社会の全機構の始動力となし、かれの生活資料と土地所有者の富と他のいっさいの労働の賃金とをもっぱらかれの労働に依存せしめるのである。

これに反して、工匠は、土地所有者からにしろ耕作者からにしろ、かれの賃金を受けとり、その労働と交換にこの賃金の等価物をかれらに与えるだけで、それ以上はなにも与えないのである。

このように耕作者と工匠はどちらもただかれらの労働の報酬を稼ぐだけであるが、耕作者は、その報酬以上に土地所有者の収入をも生じさせ、工匠は自分にも他人にもいかなる収入をも生じさせないのである。

（一）『市民日誌』では、デュポンはこの節をつぎのように変えた。かれは、humaines と civiles という語を削除し、この文章のピリオドのあとにつぎの文章をつけ加えた。すなわち、

「しかもこの保証は、それによってかれらが土地を耕作可能にし、いわば地味そのものと合体されたところの土地前払いの価格のためであった。」

かれは、この訂正を『デュポン版チュルゴ著作集』にも残した。

＊『デュポン版』には travail du がない。すなわち「耕作者は」となる。

＊＊『デュポン版』では qui ont dû garantir である。すなわち「保証しなければならなかった」となる。

第一八節　——この相異がかれらを生産階級と不生産階級とに分けることを許す。

だから富を、自由に処分しえない二階級を、耕作者の階級である生産階級と、社会の他のすべての被雇用者たちをふくむ不生産階級 (la classe stérile) とに分けることができる。

第一九節　——土地所有者はいかにしてかれらの土地から収入をひきだしうるか。

自分自身で耕作しない土地所有者は、土地を耕作させるためにさまざまな方法をとるか、もしくは土地を耕作する者とさまざまな取決めを結ぶことができる。

第二〇節　——第一の方法。賃金労働者による耕作。

第一に、土地所有者はその畑を耕作するために日雇いあるいは年契約で労働者に賃金を支払い、生産物の全部を自分で保有することができるが、これは土地所有者が種子や収穫後までの労働者の賃金を前払いすることを前提とする。

しかしこの第一の方法は土地所有者の側で多くの労働と不断の勤勉とを要するという不便がある。すなわち作業中、労働者たちを指導し、かれらの時間の使い方と、生産物をすこしもごまかさないようにかれらの忠実さとを監視できるのはひとり土地所有者だけであるからである。

実際に土地所有者は、いっそう有能で、かれがその忠実さを熟知している人を、労働者を指導し生産物を計算する・管理人ないし監督者として雇用することもできる。しかし土地所有者はいずれにしてもごまかされる危険をまぬかれないだろう。

それに、この方法は、人口が多くしかも農業以外の労働分野における雇用の不足のために、労働者が非常な低賃金で満足させられるのでないかぎり、はなはだしく費用のかかるものである。

第二一節　――第二の方法。奴隷による耕作。（一）

社会が発生して間もない時代には、土地はまだ全部は占有されておらず、労働したいと思う者は新しい土地を開墾し自分自身のためにこれを耕作する方がよいので、他人の土地を耕作したいと希望する者をみいだすのは、ほとんど不可能であった。どこでも新しい植民地における状況はたいていこうである。

そこで、乱暴な人間は暴力で他の人びとを強制して自分たちのために働かせようと考えた。かれらは奴隷を持った。奴隷は、自分を奴隷の状態におとしいれて人間のいっさいの権利を侵害した者に対して要求すべき・いかなる正当な権利も持たない。しかしながら、自然の物理的法則は、それでもなおかれらが生ぜしめる生産物のうちのかれらの分け前を保証しているのである。というのは、主人はかれらの労働を有利に使うためにかれらを養わねばならないからである。だがこの種の賃金は最小限度の必要物とかれらの生活資料とに限られる。

この奴隷制度という、いまわしい慣習はかつては世界的であったし、いまでも地上の大部分に拡がっている。古代諸民族が行なう戦争の主要目的は、征服者が自分のために労働させたり、他の諸民族に売ったりする奴隷を略奪することであった。この強奪、この取引きはいまでもギニア海岸でさかんに行なわれ、かれらを恐怖のどん底におとしている。しかもヨーロッパ人はそこにアメリカ植民地の耕作用の黒人を買いに行き、この強奪を助長しているのである。

強欲な主人がかれらの奴隷に強いる過度な労働のために多くの奴隷が死亡する。そこで耕作に必要な人数を常に維持するためには、取引きは毎年非常に多くの奴隷を供給しなければならない。しかもこの取引きの最初の基本を作るのはいつでも戦争であるから、人びとが非常な小国に分かれてたえず相争い、それぞれの部落がその近隣の部落と戦争をするかぎりでのみ、この取引きが存続しうることはあきらかである。

イギリス、フランス、スペインが、どんなに激烈な戦争をしても、被害を受けるのは各国の国境だけで、しかも少数の地域だけであろう。その他の地方はすべて平静であり、双方で捕えうる少数の捕虜は三国のうちのどの国の耕作にも非常に不十分な手段であろう。

（一）『市民日誌』では、デュポンは奴隷にかんする原文を全く改変した。かれはこれを一節ではなく三節にした。かれがチュルゴの原文と変えた文章は以下のとおりである。普通活字はチュルゴの文章、傍線はデュポンの訂正を示す。

第二一節　――他の方法。この方法はきわめて悪質であるが、不幸にも野蛮の時代に非常に一般的であったし、いまでも人類の恥として、啓発も開化もされていない多くの地方に存在している。

無智と狂暴の時代には、貧弱な武器を持った、臆病な、したがっていっそう互いに恐怖と憎悪を感じやすい人間の間で争いの機会が多かった。というのは、たいていの場合経験的にみて、ひとが相争うのは、もっぱら弱さのためであり、また必至とみられる不幸を待つよりは、運を天にまかせて勝負を決しようとする多少とも根拠のある心配のためにほかならないからである。――はじめのうちは、いまでもアメリカの若干の未開種族が行なっているように、被征服者は情け容しゃなく虐殺されていた。

文化が導入されて、この風習は完全に改められたわけではないが、いく分柔げられた。というより、ある方法によって堕落は表面的には残忍性がヨリ少くなったが、いっそう現実的に危険な、しかも事実上いっそう世界的なものとなった。強者は弱者を殺す代わりに、かれらを所有し、奴隷として自分のために働かせる方が利益があるだろうと考えた。

このいまわしい慣習が確立されるやいなや、戦争はさらにいっそうひんぱんになった。この時期以前には戦争はただ偶然におこるだけであったが、この時期以後は戦争はたしかに奴隷を強奪する目的で行なわれ、征服者はかれらを自分のために働かせたり、他の諸民族に売ったりした。以上が、古代諸民族の行なう戦争の主要目的であった。そしてこの強奪、この取引きはいまでもギニア海岸でさかんに行なわれ、かれらを恐怖のどん底におとしている。しかもヨーロッパ人はそこにアメリカ植民地の耕作用の黒人を買いに行き、この強奪を助長しているのである。

第二二節　――自然は、耕作者や、奴隷にさえ、かれらの労働の生産物の分け前を保証する。

奴隷は、自分を奴隷の状態におとしいれて秩序および道徳のいっさいの法則と、人間のいっさいの権利を侵害した者に対して*要求すべき・いかなる正当な権利も持たない。

しかしながら、自然の物理的法則は、それでもなおかれらが生ぜしめる生産物のうちのかれらの分け前を保証している。というのは、主人はかれらの労働を有利に使うためにかれらを養わねばならないからである。だがこの種の賃金は最小限度の必要物とかれらの生活資料とに限られる。

* 『デュポン版』には utilement がある。すなわち「有効に要求すべき」となる。

第二三節　――奴隷によって行なわれる耕作は、主人にとっても人類にとっても、いかに利潤少なく、かつ高価であるか。

英知と周到な配慮をもってすれば、たしかによい成果がえられるだろうが、奴隷は自分の強制労働を、この英知と配慮によって行なう・いかなる動機も持たない。したがってこれらの労働はごくわずかしか産出しないことになる。

強欲な主人は、この奴隷耕作の必然的結果としての生産の不足を補うために、さらにいっそう堪えがたい、いっそう連続的な、いっそう過酷な労働を強制することしか知らないのである。これらの過度な労働のために多くの奴隷が死亡する。そこで耕作に必要な人数を常に維持するためには、取引きは毎年非常に多くの奴隷を供給しなければならず、主人はそれを買いたさざるをえない。このように、かれらは奴隷には少しも賃金を与えないのに、劣悪な労働者を手に入れるためには、巨額の資本を支払うのである。しかもこの取引きの最初の基本を作るのはいつでも戦争であるから、この取引きが、人間のおびただしい破壊によってのみ存続しうること、また人びとが非常な小国に分かれてたえず相争い、それぞれの部落がその近隣の部落とたえず戦争をするかぎりでのみ、存続しうることはあきらかである。イギリス、フランス、スペインが、どんなに激烈な戦争をしても、被害を受けるのは各国の国境だけで、しかも少数の地域だけであろう。その他の地方はすべて平静であり、双方で捕えうる少数の捕虜は三国のうちのどの国の耕作にも非常に不十分な手段であろう。

デュポンは『チュルゴ著作集』(デュポン版)においては、さらにつぎのように原文を変更した。すなわち、

第二一節　――第二の方法。奴隷による耕作。

社会が発生して間もない時代には、土地はまだ全部は占有されておらず、労働したいと思う者は新しい土地を開墾し自分自身のためにこれを耕作する方がよいので、他人の土地を耕作したいと希望する者をみいだすのは、ほとんど不可能であった。――だから土地所有者が耕作者でなくなることができるのは、社会の起源においてではない。それは、われわれがさきに(第一一節以下)あきらかにしたように、社会と耕作との進歩が被雇用階級を生ぜしめ、これをはっきり区別したときにはじめて可能である。

しかし、無智と狂暴の初期の時代には、貧弱な武器を持った、臆病な、そして欲求を感じながらも十分保証された食糧も持たず、したがって互いに恐怖と憎悪を非常に感じやすい人間の間で争いの機会が多かった。というのは、経験的にみて、たいていの場合ひとが相争うのは、もっぱら弱さのためであり、不安のためであり、また必至とみられる掠奪や不幸を待つよりは、運を天にまかせて勝負を決しようとする多少とも根拠のある心配のためにほかならないからである。――いまでもアメリカの若干の未開種族が行なっているように、ながい間被征服者は情け容しゃなく虐殺された。

文化が導入されて、この風習は完全に改められたわけではないが、いく分柔げられた。そしてある方法によって堕落は表面的には残忍性がヨリ少なくなったが、いっそう世界的なものとなり、したがって人類全体にとっていっそう現実的に危険なものとなった。――強者は弱者を殺す代わりに、かれらを所有し、奴隷として自分のために働かせる方が利益があるだろうと考えた。

このいまわしい慣習が確立されるやいなや、戦争はさらにいっそうひんぱんになった。この時期以前には戦争はただ偶然におこるだけであったが、この時期以後は戦争はたしかに奴隷を作る目的で企てられ、征服者はかれらを自分のために働かせたり、他の諸民族に売ったりした。以上が古代諸民族の行なう戦争の主要目

的であった。そして……

〔あとは『市民日誌』の原文に同じ〕。〔以上はシェルの注〕

第二二節* ――奴隷による耕作は大きな社会では存続しえない。

このように、人びとが相集まって大きな社会を形成すると、奴隷の補充はかなり少なくなり、耕作によって生じる〔奴隷の〕消耗に応じきれなくなる。そしてひとは家畜の労働によって人間の労働を補うけれども、もう奴隷によっては土地は耕作されえない時代がやって来る。奴隷の使用は家内奉仕のためにだけ残され、それも結局は廃止される。なぜなら緒国民は、文明化するにつれて、戦争による捕虜の交換協定を諸国間で結ぶからである。この協定は、各人がそれぞれ奴隷の境遇におちいる危険をさけることに非常な関心を持っているだけに、たやすく締結されるのである。

* 『市民日誌』および『デュポン版』では第二一節が三節に分かれたため、以下第五四節まで二節ずつおくれることになる。

第二三節 ――農奴制が、いわゆる奴隷制につづいておこる。

まずはじめに土地の耕作に結びつけられた初期の奴隷の子孫はおのずから生活状態を変える。諸国民の国内平和の結果、もはや奴隷貿易によっては、あまりに大きな奴隷の消耗を満たすことができないので、主人たちはかれらをいっそう大事に扱わざるをえなくなる。その家で生まれ、幼時からその状態になれている奴隷はあまり反抗せず、主人も奴隷を服従させるためにあまり苛酷な方法を用いないでよい。しだいに、かれらの耕作する土地がかれらの祖国となる。かれらは主人と同じことばしか知らない。かれらは同じ国民の一部となり、親密さが生じ、その結果主人の方の信頼と慈愛とが生まれる。

第二四節 ――臣従制が農奴制につづき、奴隷は土地所有者となる。第三の方法。すなわち定額地代の支払いを条件とする土地の譲渡。

奴隷によって耕作される地所の管理はやっかいな注意とめんどうな現地居住とを必要とする。主人は奴隷を耕作に関心を持たせ、収穫の一部分を自分に返すという条件で一定面積の土地を各人に譲渡することによって、いっそう自由な、いっそう容易な、またいっそう確実な土地の収益権を確保する。ある者は、ある期間この契約を結び、農奴に取消し可能な・仮りの占有権だけを与えた。またある者は、生産物あるいは貨幣による支払いの年地代を保有し、占有者には若干の義務を課してその土地を永久に譲渡した。規定の条件のもとにこれらの土地を受けとった農奴は、土地保有農(tenanciers)または臣従(vassaux)という名称のもとに土地所有者となり、自由となった。そしてもとの土地所有者は、領主(seigneurs)という名称のもとに、地代の支払いやその他もろもろの契約義務の履行を要求する権利だけを保有した。以上のことはヨーロッパの大部分の地で行なわれたことである。

第二五節 ——第四の方法。分益小作。(colonage partiaire)

地代を負担するという条件で自由になったこれらの土地は、相続と売却とによってさらに所有者を変え分割され統合されることになる。そしてこのような臣従が、かわってこんどは自分自身で耕作しうる以上に土地を持つことができる。たいてい、これらの土地に課せられる地代はそれほどばく大なものではなく、その土地をよく耕作すれば耕作者はその前払い、経費および生活資料以上に、さらに収入を形成する余剰生産物を取得しうるのである。すなわちそのときから、臣従土地所有者もまた労働せずにこの収入を享受し、自分の土地を他の人に耕作させたいと考えるにちがいない。他方ほとんどの領主は、その所有地のなかで、最も管理しにくい部分だけを譲渡し、かれらがヨリ少ない経費で耕作させうる部分を保有する。奴隷による耕作はもはや行なわれえないので、そこで第一に考えられる方法で、自由労働者に自分のものでない土地を耕作させるようにする・最も簡単な方法は収穫の一部をかれらに譲与することであった。こうすれば、かれらは一定額の賃金を支給される労働者よりもよく耕作するであろう。最も普通の配分は〔収穫を〕二等分にして一方を小作人の、他方を土地所有者の分とすることであった。これがmétayer(médietarius)、すなわち分益小作農という名称のおこったゆえんである。フランスの大部分の地方で行なわれる・この種の取決めでは、土地所有者が耕作の全前払いを行なう。すなわち小作人が分益小作地に入ったときから最初の収穫がすむまで、土地所有者は自分の費用で耕作用の家畜、スキ、その他の農具、種子および小作人とその家族の食糧を供給するのである。

第二六節 ——第五の方法。借地小作すなわち土地の賃貸。

賢明で富裕な耕作者が、耕作のために労働も費用も惜しまず、耕作を積極的によく管理すれば、いったいどの程度まで土地の生産力を高めうるものだろうかと考え、もしも土地所有者が、耕作者は毎年一定の収入を土地所有者に支払い、かつ耕作の全前払いを負担することを条件として、耕作者に一定の年限、収穫の総量を譲与することに同意するなら、耕作者の利得はさらに大きくなるだろう、と判断したのはとうぜんである。耕作者はこれによって、自分の出費と労働とから生じる生産物の増加が全部自分のものとなることを確信した。土地所有者は土地所有者で、これによって、前払いを行なったり生産物を計算したりする面倒をまぬかれるので、いっそう平穏な収入をえたし、しかも毎年自分の小作地から同一の価格を受けとるので、いっそう平均した収入をえたし、それに、決して自分の前払いを失う危険を冒すことなく、借地農たちが小作地に備えつけた家畜その他の物品は地代支払いを保証する担保となるので、いっそう確実な収入をえたのである。その上、賃貸借契約はわずか数年間にすぎないので、もしも借地農があまりに安い地代を支払ったなら、土地所有者は賃貸借契約のきれるときに、これを増額することができたであろう。

第二七節　——この最後の方法はあらゆる方法のうちで最も有利である。しかしこれはすでに富裕な地方であることを前提とする。

土地を賃貸する・この方法は、土地所有者にとっても耕作者にとっても、あらゆる方法のうちで最も有利である。この方法は、耕作の前払いを負担しうる富裕な耕作者がいるところならどこでも行なわれる。そして富裕な耕作者は土地にいっそう多くの耕作労働と肥料とを投入しうるので、その結果、生産物と土地収入とにおいて著しい増大が生じるのである。

ピカルディ(Picardie)、ノルマンディ(Normandie)、パリ近郊およびフランスの北部諸州の大部分では、土地は借地農《フェルミエ》によって耕作されている。南部(Midi)諸州では、土地は分益小作農《メテイエ》によって耕作されている。したがってフランスの北部諸州は南部諸州より比較にならないほど富裕で、よく耕作されているのである。

第二八節　——さまざまな土地利用方法の要約。

いまわたくしは、土地所有者が耕作労働からまぬかれて他人の手で自分の土地を有利に使いえた五種のさまざまな方法をあげたところである。——第一、一定額の賃金を支払われる労働者による方法。——第二、奴隷による方法。——第三、地代の支払いを条件として土地を譲渡する方法。——第四、耕作者に一定部分、通常は収穫の半分を譲与し、土地所有者は耕作の前払いをひき受ける方法。——第五、耕作の前払いを全部自分で負担し、土地所有者には契約期間中、常に一定の収入を支払うことを約束する借地農に土地を貸付ける方法。

これら五種の方法のうち、第一の方法は、あまりに費用がかかりすぎるので利用されることはきわめてまれである。第二の方法は、いまなお無知で未開の地方でしか行なわれていない。第三の方法は、自分の所有権の利用法というよりむしろ土地に対する債権を条件とする所有権の譲渡である。したがって適切にいえば、もとの土地所有者は、もはや新土地所有者の債権者でしかない。

最後の二つの耕作方法は、最も一般的に行なわれている。すなわち貧しい地方では分益小作農による耕作であり、最も富裕な地方では借地農による耕作である。

第二九節　——一般の資本と貨幣収入について。

労働もせず、土地も所有せずに富裕でありうる別の方法がある。わたくしはそれについてはまだ言及しなかった。その方法の起源およびわたくしがいま概説したばかりの、社会における富の分配の体系の残余の問題との関係を説明する必要がある。この方法は貨幣収入と呼ばれるもの、*すなわち貸付け貨幣**からひきだされる利子で生活することにある。

* 『デュポン版』では ce qu'on appelle le revenu de son argent ではなく son capital となっている。すなわち「この方法は自分の資本、すなわち」となる。

** したがって de l'intérêt qu'on retire de l'argent prêté (『市民日誌』では……de l'argent, prêté) ではなく、『デュポン版』では de l'intérêt qu'on entire en le prêtant となっている。すなわち「その資本を貸付けることによってえられる利子」となる。なおこのあとに、デュポンはつぎの文章をつけ加えている。すなわち「――金および銀の使用は小額の節約を容易にするので、このことにはおおいに助けとなる。」

第三〇節 ――商業における金および銀の使用について。

銀および金は他のものとおなじく二つの商品であるが、それらは真の生活必要物としてはなんら役に立つものではないので、他の多くのものにくらべてその貴重さは少ない。これら二つの金属がどのようにしてあらゆる種類の富の代表的担保となったか、またそれらは商業市場においてどんな影響力を持っているか、およびそれらがどのようにして財産を構成するに至るかということを説明するために、少々さかのぼり、もとにもどる必要がある。

第三一節 ――商業の発生。取引き可能なもの(des choses commerçables)の評価の原理。

相互の欲求はひとが所有している物と所有していない物との交換を導入した。人はある農産物と他の農産物とを交換し、もろもろの農産物と労働とを交換した。――これらの交換のさいには、双方がそれぞれの交換物の質と量とについて同意しなければならなかった。――この取決めにおいて、各人ができるだけ多くを受けとり、できるだけ少なく与えたいと思うのはとうぜんである。――そして双方とも、ひとしくかれらが交換において与えねばならない物の所有者であるから、それぞれの側で、与える財貨に対する愛着と取得したいと思う財貨に対する欲望とを比較し、その結果それぞれの交換物の量を決めなければならぬ。――もしかれらが一致しなければ、双方ですこしずつ譲歩し、ヨリ多く提供し、ヨリ少しで満足するように互いに接近し合う必要があろう。――一方が小麦を必要とし、他方がブドウ酒を必要としており、かれらが一ブワッソの小麦と六パントのブドウ酒とを交換することで同意すると仮定しよう。すなわち、どちらにとっても、一ブワッソの小麦と六パントのブドウ酒とは正確に等価とみなされ、この個別的な交換においては、小麦一ブワッソの価格はブドウ酒六パントであり、ブドウ酒六パントの価格は小麦一ブワッソであることはいうまでもない。だが別の人たちの間での別の交換においては、この価格は、かれらの一方が他方の財貨に対して持つ欲求の切実さの程度にしたがって異なるであろう。そして一方では一ブワッソの小麦が八パントのブドウ酒と交換されるのに対して、他方では一ブワッソ〔の小麦〕がただの四パント〔のブドウ酒〕としか交換されないこともありうるだろう。ところで、これら三つの価格のうちのどの価格も、他の価格より小麦一ブワッソの真実価格とみなされえないことはあきらかである。なぜなら、契約者ひとりひとりにとっては、かれの受けとったブドウ酒がかれの与えた小麦と等価であるからである。要するに、交換をひとつひとつ離されたものとして別々に考えるかぎりでは、各交換物の価値は契約者の双方で釣合った欲求あるいは欲望以外の尺度を持たないのであり、したがってそれは、かれらの意志の一致によってのみ決定されるのである。

第三二節　――商品交換における通用価値はどのようにして成立するか。

しかしながら、一人の小麦所有者に対して多数のブドウ酒提供者がいる場合がある。もし一人が一ブワッソ〔の小麦〕に対して四パント〔のブドウ酒〕しか与えようとしなかったとしても、小麦所有者はほかに同じ一ブワッソに対して六ないし八パントを提供する者があることを知ると、かれの小麦を前者には与えないだろう。もしも前者が小麦をえたいと望むならば、かれは、自分以上に多く提供する人の水準まで価格を高めざるをえないだろう。ブドウ酒の売手の方でも小麦の売手間の競争によって利益を得る。各人は自分が必要とする財貨に対してなされるさまざまな提供を比較して後はじめて自分の財貨を与えることを決意し、最も高い提供を選ぶ。小麦とブドウ酒の価値はもはやただ二個人間だけの相互の欲求と能力とにかんして掛け合わされるのではなく、小麦の売手全体の欲求と能力とブドウ酒の売手全体の欲求と能力との均衡によって決定される。なぜなら一ブワッソの小麦に対してよろこんで八パントのブドウ酒を与えるかもしれない人でも、ある小麦の所有者が八パント〔のブドウ酒〕に対して二ブワッソの小麦を与えることに同意することを知れば、一ブワッソに対してはただ四パントしか与えないだろうからである。さまざまな供給とさまざまな需要の間の平均価格は、すべての買手と売手とがかれらの交換のさいに従う通用価格となるだろう。そして六パントのブドウ酒は、それがその場合の平均価格であれば、一方の供給の減少か他方の需要の減少によってこの評価が変わるまでは、だれにとっても一ブワッソの小麦の等価物である、ととうぜん言えるだろう。

第三三節　――商業はどの商品にも他のそれぞれの商品に対する通用価値を与える。したがってすべての商品は他のすべての商品の一定量と等価物であり、その一定量を代表する担保とみなされうることになる。

小麦はブドウ酒と交換されるだけでなく、小麦の所有者が必要とするかもしれない他のあらゆる対象物つまり木材、皮革、羊毛、綿等とも交換される。このことはブドウ酒についても個別的にどの財貨についても同様である。もしも、一ブワッソの小麦が六パントのブドウ酒と等価であり羊一頭が三ブワッソの小麦と等価であるとすれば、この羊は同時に一八パントのブドウ酒とも等価であろう。小麦を持っていてブドウ酒を必要とする者は、なんの不都合もなくかれの小麦と羊一頭とを交換できるので、そのあとでこの羊とかれが必要とするブドウ酒とを交換できるだろう。

第三四節　――各商品は他のすべての商品の価値を比較するための尺度すなわち共通の基準の役目を果たしうる。

したがって商業が非常に活潑で、生産と消費がいずれもさかんで、あらゆる種類の財貨の供給と需要とがともに多数である地方では、各種財貨は他の各種財貨に対する通用価格を持つことになろう。すなわちある財貨の一定量は他のどの財貨の一定量とも等価となるであろう。

こうしてブドウ酒一八パントに相当する小麦の同一量は、同時に羊一頭、なめし皮一枚、鉄の一定量にも相当し、これらの物はすべて商業においては同等の価値を持つであろう。

ある物の価値を個別的に言い表わして、これを知らせるには、それと等価とみなされる他の既知の財貨の量を言い表わせばよいことはいうまでもない。したがって一定の大きさの皮一枚の価値を知らせるには、それは三ブワッソの小麦に相当するとも、または一八パントのブドウ酒に相当するとも一様に言うことができる。同様に一定量のブドウ酒の価値を、商業においてそれに相当する羊の頭数あるいは小麦のブワッソの数で言い表わすこともできるのである。

商業の対象となりうる財貨ならどんな種類の財貨でも、いわば相互に尺度となり、どの財貨もそれによって他のすべての財貨の価値を示す共通の基準または比較の尺度の役目を果たしうることがこれによってあきらかである。また同様に、どの商品も、その商品所有者の手中にあっては、他のすべての商品を取得するための一手段つまり一種の普遍的担保となるのである。

第三五節　――どの商品もひとしく便利な価値尺度を示すわけではない。価値尺度として使用するについては、とうぜん、質的に大きな相違をきたすおそれなく、おもに数または量によって価値を有するような商品が選ばれた。

だが、すべての商品は本質的に他のすべての商品を代表し、それらの価値を言い表わすための共通の尺度として役立ち、また交換によって他のすべての商品を取得するための普遍的担保として役立ちうるという・かの特性を持っているとはいえ、すべての商品がひとしく容易に以上二つの使用目的に用いられうるわけではない。

ある商品がその品質によって価値を変動しやすいものであればあるほど、他の商品の価値を測定するための尺度として用いることはますます困難である。

たとえば、アンジュー産のブドウ酒一八パントが羊一頭と等価であるとしても、喜望峰産のブドウ酒一八パントは羊一八頭と等価であろう。だから、あるひとは羊一頭の価値を知らせるのに、それは一八パントのブドウ酒に相当すると言って、どちらにもとれるような言い方をするだろう。だがこの言い方では、もっと多くの説明がつけ加えられないかぎり、少しも正確な観念を与えず、非常に不便であろう。

だから比較の尺度としては、いっそう普通に使用されていて、そのためいっそうよく知られた価値を持ち、相互にいっそう類似したもので、したがって品質よりもむしろ数または量によってその価値があるような財貨が比較の尺度としてとうぜん選ばれたのである。

第三六節 ――価値と数または量との間には正確な一致がないため、ひとはこれをある平均的評価で補う。これが一種の観念的貨幣となるのである。

一種類の羊しかいない国では、羊毛の価値あるいは羊の価値が容易にもろもろの価値の共通の尺度として用いられうる。そこでひとは、ブドウ酒一樽あるいは布地一反は一定数の羊毛あるいは羊に相等すると言うわけである。実際には、いろいろの羊の間にはなんらかのちがいがあるのだが、羊の売却が問題である場合には、ひとはこのちがいを注意深く評価し、たとえば羊一頭に対して仔羊二頭と計算するのである。全然別箇の商品の評価が問題である場合には、ひとは平均年数と平均能力の羊の平均価値を単位として用いる。

こうして、羊による価値の表現が一つの慣用語となり、この羊一頭という語は、商業用語としては、これを聞く人びとの心にただ一頭の羊という観念だけでなく、ごく普通の財貨ひとつひとつの一定量という観念をもたらし、もっぱらその価値と等価とみなされる一定の価値を意味するのである。そしてこの表現は、ついには実際の一頭の羊よりもむしろ擬制的かつ抽象的価値に用いられるようになるので、その結果たまたま羊たちが死ぬようなことがおこって、羊一頭を手に入れるには、以前より二倍の小麦あるいはブドウ酒を提供しなければならなくなると、ひとは他のすべての価値に対して使い慣れている・この表現を変えるよりも、むしろ羊一頭は羊二頭に相当すると言うであろう。

第三七節 ――価値の観念的表現となる・これら平均的評価の実例

どの国の商業においても、これら諸商品による擬制的評価の多数の実例が認められる。それは、いわば、その価値を表現するための一つの慣用語にすぎないのである。

したがって上流家庭に出入りするパリの焼肉屋や魚屋は普通かれらの取引きを箇数で行なう。季節によって多少の差はあるが、肥った若いめんどりは一コ、ひなどりは半コというふうに計算され、その他のものも同様である。――アメリカ植民地に売られる黒人の取引きの場合、黒人の船荷一コは黒人の頭数によるインド式箇数で売られる。たとえば婦人や子供は、子供三人ないしは婦人一人と子供一人で黒人一人分という計算で評価される。この評価は奴隷の体力その他の諸能力に応じて増減されるのであるから、ある奴隷は黒人二人分と計算されることもあるわけである。

アラビア商人と砂金の取引きをするマンディンゴ族(Mandingos)の黒人は、マキュート(macutes)と呼ばれる構成単位からなる擬制的尺度によってあらゆる財貨を測定し、それによってかれらは、商人に何マキュートの金を与えるというように言うのである。かれらはまた、かれらが受けとる商品をマキュートで評価し、この評価にもとづいて商人と掛け合うのである。

このように、オランダではひとは銀行フロリン(florins de banque)で計算するが、それはただ擬制的貨幣にすぎないので、取引きの場合には、フロリンと呼ばれる貨幣より、高く評価されたり、少なく評価されたりするのである。

第三八節　――どの商品もすべて、商業のあらゆる対象を代表する担保である。しかしその商品を運搬したり、変質せずに保存したりするのがどの程度容易であるかによって、その商品を担保として使用する上で便利さの程度が異なる。

商品の質の変化とその質に比例する価格の変化は、その商品が共通の尺度として用いられるのに他の諸商品にくらべてどの程度適当であるかを決めるが、この変化はまた、その商品が同様の価値の他のすべての商品を代表する担保となるのに多かれ少かれ妨げともなるのである。

とはいっても、この最後の性質についていえば、さまざまな種類の商品の間には非常に大きな差異もあるわけである。

たとえば、ある人が自分で一反の布を持っているとすれば、その方が同様の価値の一樽のブドウ酒を持っているよりは、いっそう確実に、しかもいつでも一定量の小麦を取得し得ることはあきらかである。というのはブドウ酒は、所有者から一瞬にしてその全価値を奪ってしまうような無数の災害をうけやすいからである。

第三九節　――どの商品も、あらゆる価値を測定し代表するという貨幣の本質的二つの特性を持っており、この意味で、すべての商品は貨幣である。

あらゆる価値の共通の尺度として用いられるということと、あらゆる同一価値の商品を代表する担保であるということの・この二つの特性は、貨幣と呼ばれるものの本質と効用とを構成するいっさいのものを含んでいる。そこで、わたくしがいま立ち入って詳論したばかりのことから、すべての商品は若干の点で貨幣であり、それぞれ固有の性質によって多少の差はあるが、この二つの本質的特性を帯びているということになる。――すべての商品はもともと、それが一般に使用されており、その性質が似かよったものであり、容易に均等な価値に分割される程度によって多少とも共通の尺度として使用されるのに適しているのである。——すべての商品はもともと、その量ないしは質の上での目減りや変質をうけにくい程度によって多少とももろもろの交換の普遍的担保となるのに適しているのである。

第四〇節 ——逆に、貨幣はすべて本質的に商品である。

ある価値を持つ物、つまり商業において他のもろもろの価値と交換される物のみが、もろもろの価値の共通の尺度として用いられうるのである。そしてある価値を普遍的に代表する担保は、他の等しい価値がなければ存在しないのである。——したがって、純粋に協定による貨幣はありえないのである。

第四一節 ——さまざまな材料が通常の貨幣として使用されえたし、また使用された。

多くの国民が、かれらの用語上および商業上においてもろもろの価値の共通の尺度として多かれ少なかれ貴重なさまざまの材料を用いた。こんにちなおコリ(Cauris)と呼ばれる一種の小さな貝殻を使っている若干の未開民族がある。* わたくしは、コレージュの学生たちの間であんずのタネが一種の貨幣のように交換され、かれらがそれをさまざまな遊びをするのに使っているのをみたことを思いだす。——家畜の頭で評価することについてはすでにのべた。その痕跡はローマ帝国を滅した古代ゲルマン民族の法律のなかにみられる。初期のローマ人、あるいは少なくともその祖先であるラテン人もこの方法を利用した。銅で鋳造された初期の貨幣は羊一頭の価値を代表し、この動物の刻印を持っており、このため pecus から pecunia という語が生じたのだといわれる。この推測は多分にあたっているように思われる。

* 『デュポン版』ではこのあと qui servent à faire des bracelets et des colliers pour la parure de leurs femmes. という文章がつけ加えられている。すなわち「これは未開民族の女性の装飾用の腕輪や首飾りを作るのに役立つのである。」となる。

第四二節 ——もろもろの金属、なかでも金と銀が他のどんな物質よりも貨幣に適している。そしてその理由。

われわれはここで商業に貴金属を導入することになった。あらゆる金属は発見されるにつれて、その実際的効用に応じてもろもろの交換にとり入れられた。すなわち金属は、その光沢のために装身具用として求められたし、その可延性と堅牢性のために粘土性のものより長持ちして、軽い器を作るのに好適であった。しかしこれらの物質は、商業上に現われるとほとんどすぐ普遍的貨幣となってしまった。どんな金属の一片でも、それが一様に純粋でありさえすれば、同じ金属の他の一片と同じ性質を持っていることはたしかである。

ところで、さまざまな化学作用によれば、ある金属をそれが混じりこんでいる他の諸金属からたやすく分析できるので、いつでもこれらの金属を純粋度に、あるいは望みどおりのいわゆる品位に還元することができる。したがって金属の価値はただその重量によって相違しうるだけである。ゆえに各商品の価値をそれと交換に与えられる金属の重量で言い表わせば、あらゆる価値の最も明瞭な、最も便利な、最も正確に近い表現がえられるであろう。そしてそれ以来、他のどんな表現よりもこの表現を優先して使用しないわけにはいかないのである。金属は、それが測定しうる・あらゆる価値の普遍的担保となるのに、他の商品に劣らず適している。金属は思いのままどのようにも分割されうるので、商業においては小さな価値でも大きな価値でも一定量の金属で正確に支払われえないような対象はひとつもない。金属は、どんな種類の分割にも適しているという・この利点のほかに変質しないという利点を持っている。しかも銀あるいは金のような希少金属はごくわずかの重量と体積できわめて大きな価値を持つのである。

ゆえに、これら二つの金属は、すべての商品のうちで最も簡便にその質を検査し、その量を分割し、それを変質させずに永久に保存し最少の費用でどんな場所へも運搬できるのである。そこで、余分の財貨を持っていて、しかも当座は他の日常の財貨を必要としない人はみな、急いでそれを貨幣と交換するであろう。貨幣を用いれば、他のどんなものを用いるよりも、いっそう確実に必要な財貨を必要の時に手に入れることができるからである。

第四三節　——金と銀は、事物本然の理によって、いっさいの慣習と法律とから独立して貨幣および普遍的貨幣と定められる。

以上のようにして、金と銀は貨幣および普遍的貨幣と定められた。しかもそれは人間のいかなる恣意的協定によるものでもなく、いかなる法律の干渉によるものでもなく、事物本然の理によるものである。金と銀は、多くの人が考えたように、価値の記号ではない。金と銀は、それ自身一つの価値を持っている。金と銀が他のもろもろの価値の尺度および担保でありうるとすれば、金と銀のこの特性は商業上で一つの価値を持つ他のすべての対象とも共通のものである。

金と銀が他のものと異なるのは、これらのものが同時に他の商品よりも分割しやすく、変質しにくく、また運搬しやすいために、価値を測定したり、代表したりするのにそれらを使用するのがヨリ便利であるからということにすぎない。

第四四節　——他のもろもろの金属はただ補助的にしか、これらの用途に用いられない。

どんな金属でも貨幣として使用されうるはずである。しかし、ごく普通の金属では日常の商業交換に使用されるのに、体積ばかり大きすぎて価値が小さすぎる。通常、使用されたのは銅、銀、および金だけである。

しかも銅でさえ、鉱山や商業がまだ十分に金や銀を供給することのできなかった若干の国民以外には、ごく小さな価値の交換にしか使われなかったのである。

第四五節　――金と銀を貨幣として使用することは物質としてのその価値を増大することになった。

各人が自分の余分の財貨を他のどんな財貨よりも金または銀と交換しようと熱心に努力したのに、商業上においてこれら二つの金属の価値がたいして増大しなかったということはありえない。金と銀は、担保や共通の尺度として用いられるのに、いっそう便利なものとなるばかりであった。

第四六節　――他の商品と比較した場合、および金・銀相互間で比較した場合の金および銀の価値の変動。

この価値は変化する可能性があり、また実際にたえず変化している。したがって、ある財貨の一定量に釣合っていた同一量の金属がそれに対応しなくなり、そのため同一の財貨を代表するために必要な貨幣量が大小さまざまに変化するようになる。ヨリ多くの貨幣を必要とすればその財貨はヨリ高いと言われ、ヨリ少なく必要とすればその財貨はヨリ安いと言われる。しかし貨幣については、全く同じことが前者の場合はヨリ安いと言われ、後者の場合にはヨリ高いと言われよう。

他のすべての財貨と比較すれば、銀と金はたんにその価格を変動するだけでなく、銀と金相互の間でも、その豊富さの程度に比例して比価を変動する。周知のように、こんにちヨーロッパでは金一オンスに対して銀一四ないし一五オンスが与えられるが、往時には金一オンスに対しては銀一〇ないし一一オンスしか与えられなかった。

こんにちなお、シナでは、金一オンスを得るのにおよそ銀一二オンスを与えるだけである。したがってシナに銀を持って行き、これを金と交換してヨーロッパに持ち帰れば非常に大きな利益があるわけである。ながい間にこの取引きは金をヨーロッパでいっそう多くし、シナではいっそう希少なものにするはずであり、最後には、これら二つの金属の価値がどこでも同じ比率におちつかされるはずであることはあきらかである。

多くのさまざまな原因が、いっしょになって、あるいは財貨相互間で、またあるいは貨幣との比較において、もろもろの財貨の価値を瞬間ごとに決定し、しかもたえず変動させる。これと同一の諸原因が、あるいは個々の財貨ひとつひとつの価値との比較において、またあるいは実際に取引きされている他の諸価値の総量との比較において貨幣の価値を決定し、かつ変動させる。非常に広範かつ困難な細部の問題に立ち入らなければ、これらさまざまな原因を識別し、それらの諸結果について詳論することは不可能であろう。したがってわたくしはこの議論に立ち入ることを差しひかえたい。

第四七節　――貨幣による支払いの慣習が、売手と買手との間に区別を生ぜしめた。

人びとがすべてを貨幣で評価し、その余剰をみな貨幣と交換してしまい、さしあたって自分に有用あるいは快適な物とだけ貨幣を交換する習慣になれるにつれて、人びとは商業上のもろもろの交換を新しい観点から考察するようになった。

人びとはそこで売手と買手の二者に分かれた。――売手とは貨幣に対して財貨を与える者であり、買手とは財貨を得るために貨幣を与える者であった。

第四八節　――貨幣の使用は社会のさまざまな成員の間で種々の労働が分離するのを非常に容易にした。

貨幣がすべてを代行すればするほど、各人はいっそう自分で選んだ種類の耕作や工業にのみ従事して、自分の他の欲求を満たすためのあらゆる心配から解放されることができ、自分の収穫あるいは労働を売って、もっぱらできるだけ多くの貨幣を手に入れ、この貨幣によってきわめて確実に他のものをなんでも手に入れることばかりを考えることができた。すなわちこうして貨幣の使用は社会の進歩を著しく早めたのである。

第四九節　――資本を形成するために蓄積された年々の生産物の保蔵について。

いっさいの欲求を十分に満たしてなお余りある年収入を、土地所有権によって保証される人間が存在するようになると、とうぜんすぐに、将来を案じてにしろ、単純な用心深さからにしろ、あるいはおこりうる不慮の災害に備えるために、またあるいはかれらの富裕を増進するために、毎年、収穫の一部を保蔵する人間が現われたのである。かれらの収得した財貨が保存しにくい場合には、かれらはそれと交換にいっそう長持ちのきく性質のもので、時間がたってもその価値が失なわれず、あるいは失なわれてもその価値の喪失を有利に償う利潤がえられるように使用できるものを手に入れようと努力しなければならなかった。

第五〇節　――もろもろの動産の富。貨幣の蓄積。

消費されない年々の生産物の蓄積から生じるこの種の所有物は動産の富という名称でよく知られている。家具、家屋*、食器類、貯蔵商品、各職業の道具類、家畜はこの種の富に属する。ひとが、貨幣を知る以前には、これらの富をできるだけ多く手に入れようと懸命に努力したことはいうまでもない。しかし、貨幣が知られるやいなや、つまり貨幣があらゆる商品のなかで最も変質しにくいものであり、苦労せずに最もたやすく保蔵できるものであることが、認められるやいなや、富を蓄積したいと望む者はみな、主として貨幣を求めたにちがいないということもまたあきらかである。こうしてその余剰を蓄積する者はたんに土地所有者だけではなかった。工業の利潤は土地収入のように自然のおくりものではないし、工業者はただかれの賃金支払者によって与えられる価格を自分の労働からひきだすだけにすぎないのだが、またこの賃金支払者はその賃金をできるだけ節約するし、工業者は競争の結果かれが望むよりも少ない価格で満足せざるをえないのだが、しかし、この競争はたしかに、いっそう実直で、いっそう積極的で、とくに他の者よりも個人的消費についていっそう節約する人が常に自分と家族の生活必要額以上にいくらか多く稼ぎ、この余剰を貯えてそれで小額の貯えを作ることができないほど、どんな種類の労働においても決して数多くはなかったし、またそれほど活潑でもなかった**。

* 『デュポン版』には、この maisons という文字はない。

** 『デュポン版』にはつぎのノートがついている。「金および銀の資本形成のための主要な利点は、どんな小額の節約をも容易にし、ある一定期間たてばそれが耐久使用の家具や衣服の購入に、あるいは有益な労働の支払いにあてられうるようにするため、それを資本化することであった。――これらの金属が商業に導入される以前には、人間はもっぱら自分の家畜をふやすことによって、あるいは自分で使用したり他に売却したりしうる耐久使用物を作るために自分の生計に必ずしも必要でない労働を使用することによって資本を形成しうるにすぎなかった。」

第五一節 ――動産の富はすべての営利的労働にとって一つの不可決な先決条件である。

どの職業においても、労働者あるいは労働者を働かせる企業者があらかじめ蓄積された動産の富のある一定の貯えを持つことがまさに必要である。さまざまな職業の分業と、土地所有者がその土地を利用しうる・さまざまな方法とについて語ったとき、最初についでに指摘したにすぎなかった多くの事柄を思いだすために、われわれはここでふたたびもとにもどらなければならない。なぜといってそのときは、思索の糸を中断せずには、それらのことを十分に説明することができなかったからである。

第五二節 ――耕作のための前払いの必要。

耕作、工業、商業のあらゆる種類の労働は前払いを必要とする。手で土地を耕作するにしても収穫の前に播種をしなければならない。また収穫後まで生活しなければならない。耕作が完成し活潑になればなるほど、前払いはますます大きくなる。家畜、農具類が必要となり、家畜をいれておき収穫物をしまうための建物が必要である。耕地面積に釣り合った人数だけ賃金を支払い、収穫までかれらを養わなければならない。大きな前払いによってはじめて豊富な生産物がえられ、土地は多くの収入をもたらすものである。どんな職業でも、あらかじめ労働者がいろいろの道具を持ち、自分の労働の対象である材料を十分に持つことが必要である。それに労働者はかれの製品が売られるのを待ちながら生活しなければならない。

第五三節　――最初の前払いはまだ耕作されていない土地によって提供された。

あらゆる富の最初の、そして唯一の源泉は常に土地である。耕作によって、すべての収入を生産するのは土地である。いっさいの耕作に先立つ前払いの最初の基本を与えたのも土地である。最初の耕作者は土地が自然に産出した植物から穀粒をとり、それを播いた。かれは収穫を待つ間、狩猟、漁撈、野生の果実で暮らした。かれの道具というのは、森でもぎとった木の枝を、別の石をつかってといだ鋭利な石で、削って作ったものであった。かれは森をさまよう動物を自分で追いかけて捕えたり、あるいはかれのワナに落したりした。かれはその動物を服従させ飼いならした。かれは動物をまず自分の食用にし、後に自分の労働の補助に使った。この最初の基本はすこしずつ増大した。なかでも家畜は、こういう初期の時代には、あらゆる動産の富のなかで最も求められたものであったし、また最も蓄積しやすいものであった。すなわち家畜は死ぬがまた再生される。したがって家畜の富はいわば不滅である。すなわちこの基本そのものはもっぱら生殖によってふえ、あるいは乳製品としてまたあるいは羊毛、皮革その他の物質として年々の生産物を与える。これらのものは森でえた材木とともに工業製品の最初の基本となった。

第五四節　――家畜は土地の耕作以前にも動産の富であった。

土地の大部分がまだ耕作されてなく、だれの所有でもなかった時代には、ひとは土地所有者でなくとも家畜を持つことができた。人間が、耕作という・いっそう骨の折れる労働に専念するようになる以前には、だいたいどこでも家畜の群れを集めてその産物で生活しはじめたということはまさしくありうることである。

土地を耕作した最古の国民こそ、その国内で飼育されやすい種類の動物を発見し、それで狩猟や漁撈で生活する民族のさまよえる生活から遊牧民族のいっそう平和な生活に導かれた国民であると思われる。

遊牧の生活は同じ場所にいっそうながく留まらすことになる。この生活はいっそう多くの余暇を与え、土壌の差異を研究したり、家畜の飼糧になる植物を生産するうちに自然の運行を観察したりするいっそう多くの機会を与える。アジアの諸民族が最初に土地を耕作したのに、アメリカの諸族が非常にながい間未開の状態のままであるのはおそらくこの理由によるのであろう。

第五五節　――動産の富および耕作前払いの別の種類すなわち奴隷。(一)

奴隷は、はじめは暴力で、のちには商業や交換によって獲得された別種の動産の富であった。

この動産の富を多く所有する者は、これをたんに土地の耕作ばかりにではなく、さらに工業のさまざまな労働にも使用した。これら二種類の富はたやすくほとんど無制限に蓄積され、土地とは無関係にさえ利用されえたので、そのためひとは土地そのものを評価し、この価値を動産の富の価値と比較することができた。

(一) デュポン・ド・ヌムールは、『市民日誌』と同じく『チュルゴ著作集』において、第五五節の表題と「奴隷は」から「別種の動産の富であった」までの最初の文章全部を削除し、第五五節の残りを第五六節に結びつけて、それを「もろもろの動産の富は土地そのものと交換されうる・ある価値を持つ」という第五六節の表題のもとに一つにした。

第五六節* ――もろもろの動産の富は土地そのものと交換されうる・ある価値を持つ。

大量の土地を持っているが家畜も奴隷**も持たない者が自分の土地の一部をある人に譲渡し、それと交換に自分の残りの土地を耕作するための家畜と奴隷とを与えられるとすれば、かれはたしかに有利な取引きを行なったと言えよう。おもにこうして、地所そのものが商業のなかに入り、他のすべての財貨と比較されうる一つの価値を持ったのである。もしも一アルパンの土地からの純生産物、小麦四ブワッソが羊六頭と等価であるとすれば、これだけの小麦を産出する・このアルパンそれ自体は、実際にはもっと大きな、しかし常に他のすべての商品の価格と同様に容易に決められる・ある一定の価値を付与されえたであろう。すなわち、その価値は、はじめのうちは二人の契約者間の話し合いによって、のちに土地を家畜と交換したいと思う人びとと土地を得るために家畜を提供したいと思う人びととの競合で決まる通用価格によって決定されるのである。債権者によって起訴された債務者が自分の土地を債権者に譲渡しなければならない場合、土地はまさにこの通用価格によって評価されるのである。

* 以下第七二節まで『デュポン版』では一節ずつおくれる。

** 『市民日誌』、『デュポン版』ともに esclaves の代わりに instruments となっている。すなわち「家畜も用具も」となる。

第五七節 ――動産の富の総額ないしは動産の富が交換される価値と、収入との比例による土地の評価。すなわちこの比例が地価のドゥニェと呼ばれるものである。

羊六頭と等価の収入を産する土地がある価値で売られうる場合、それがこの価値と等しい羊の頭数によって常に表現されうるものとすれば、この数が六という数と一定の比例を持ち、そのある一定倍数をふくむことはあきらかである。ゆえに、ある土地の価格はその収入のある一定倍数にすぎないであろう。もしこの価格が羊一二〇頭であれば二〇倍であり、一八〇頭であれば三〇倍である。土地の通用価格は、このように、土地の価値と収入の価値との比例によって決められ、土地の価格がふくむ収入の倍数は地価のドゥニェ (le denier du prix des terres) と呼ばれるのである。土地は二〇ドゥニェ、三〇ドゥニェ、四〇ドゥニェ等というふうに売られる。ひとはその場合、土地を得るために、その収入の二〇倍、三〇倍あるいは四〇倍を支払うわけである。この価格すなわちこのドゥニェが、供給と需要との間のさまざまな比例に応じて変動する他のすべての商品の価格と同じように、土地を売りたい人と買いたい人がどれだけ多いか少ないかによって変動するはずであることはさらにいうまでもない。

第五八節　――すべての貨幣資本あるいはなんらかの価値の総額はすべて、この総額の一定部分と等しい収入を産出する土地の等価物である。資本の第一の用法。地所の購入。

さて、われわれは貨幣導入後の時代にもどろう。貨幣は蓄積されやすいので、やがて動産の富のうちで最も求められるものとなり、節約という簡単な方法でたえずその量をふやす手段となった。あるいは土地の収入によって、またあるいは労働や工業の報酬によって毎年、支出に要する以上の価値を受けとる者は、だれでもその余剰を貯え、蓄積することができる。すなわちこれらの蓄積された価値が資本(capital)と呼ばれるものである。不確かな将来、生活必要物にもこと欠くようになるのではないかと心配して、その安心のためにひたすら貨幣を蓄積する小心な守銭奴は、自分の貨幣を大量に保蔵する。もしもかれがおそれた危険が実際となったり、貧窮のために毎年自分の貯えで生活せざるをえなくなったり、浪費家の相続人がその貯えをすこしずつ消費するようなことになったりすれば、その貯えはやがて使い果たされ、資本はすっかりその所有者の手から失われるであろう。しかしかれは資本をいっそう有利に利用することができる。一定の収入をもつ地所はその収入にある倍数を乗じたものに等しい価値総額の等価物にほかならないのであるから、あるなんらかの価値総額は、この総額の一定部分と等しい収入を産出する地所の等価物であるということになる。すなわちこの価値総額、すなわちこの資本が一塊の金属からなっていようと全く別のものからなっていようと、それは全くどうでもよいことである。なぜならあらゆる種類の価値が貨幣を代表するように、貨幣はあらゆる種類の価値を代表するからである。ゆえに資本の所有者はまず第一に土地の購入に資本を使用することができる。だがかれはまだほかにも方法を持っているのである。

第五九節　――製造および工業の諸企業の前払いとしての貨幣の別の用法。

わたくしはすでに、すべての労働には、耕作労働であろうと工業労働であろうと、前払いが必要であることを指摘した。またわたくしは、人間や家畜の食糧として土地が自然に産出した果実や牧草によって、また人間がそれで最初に道具を作った樹木によって、土地がいかに耕作の最初の前払いや、めいめいが自分で使用するために作りうる最初の手工品さえも提供したかということを示した。たとえば、ひとがそれによって最初の家を建てたところの石や粘土や木材を提供したのは土地である。それに職業が分化する以前に、土地を耕作する人自身が自分の労働で他のもろもろの必要品を整えていたときには土地以外の前払いは必要でなかった。しかし社会の大部分の人が生きるために自分の腕しか持たなくなった時、このように賃金で生活する者は労働の材料を手に入れるためにも賃金の支払いを待つあいだ生活するためにも、まずなんらかの前払いを持つことがどうしても必要になったのである。

第六〇節 ――工業企業に資本を前払いとして使用すること、その回収およびこの企業がもたらすはずの利潤についての詳論。

初期の時代には、労働させる者が自分で材料を提供し、日に日に労働者の賃金を支払っていた。耕作者ないし土地所有者は、自分で刈り集めた大麻を自分で紡ぎ女にあたえ、かの女の労働期間中、かの女を養っていた。つぎにかれは織工に糸をあたえ、毎日かれに契約の賃金をあたえていた。だがこれらのわずかな日々の前払いでは、ただ粗雑な手仕事にしか十分でなかった。大多数の職業は、社会の最も貧困な人びとが従事する職業でさえ、同一の材料が多数のさまざまな人の手を経て、非常にながい間、非常に困難で、かつ非常に多様な加工を受けることを必要とする。――わたくしはすでに靴製造のための獣皮の加工についてのべた。だれでも皮なめし工の仕事場をみたことのある人なら、獣皮、石炭、なめし用樹皮粉末、道具類等を仕入れ、皮なめしの設備として必要な建物を建てさせ、この革が売られるまでの数ヵ月間生活することは一人でも数人でも貧乏人には絶対に不可能であることがわかる。この職業にしてもその他の多くの職業にしても、労働者は、はじめのうちは仕損じるかもしれない材料にいきなり手をだすよりは、その前に仕事を習得しておくことが必要ではないだろうか？　というわけでさらに新しい前払いがどうしても必要である。いったいだれが仕事の材料、加工に必要な原料および道具類を集めるのだろうか？　だれが運河や市場やあらゆる種類の建物を作らせるのだろうか？　自分ひとりではたった一枚の革も加工できず、また革を、一枚だけ売ったとしてもその利潤ではただ一人の生活も支えることのできない・このおおぜいの労働者を革が売れるまで生活させるのはだれか？　だれが弟子や徒弟の教育費をだすだろうか？　労働者が、その年齢に応じたやさしい作業から最高の力量と技量とを要する作業へと徐々に進んで熟達するまで、かれらに生活必要物を与えるのはだれか？　それは資本すなわち蓄積された動産の富の所有者の一人であろう。すなわちかれはその資本の一部を建築や材料の購入の前払いに用い、また一部を材料の加工に従事した労働者たちの毎日の賃金に用いるであろう。かれとしては、革の売却によって、かれの全前払いだけでなく、かれの貨幣が土地の獲得に使用された場合、それがかれにもたらしたであろう利益とさらにはかれの労働、注意、危険および技能にさえとうぜん支払われるべき報酬とを補償して余りある利潤がかれに返ってくるのを期待するであろう。というのは利潤が全く同じであるのなら、かれはきっと、なんの苦労もなく、同一の資本で獲得しえたであろう土地の収入によって生活することの方を選んだであろうからである。製品の売却によってこの資本がかれのもとに帰ってくるにつれて、かれは、この継続的な循環によって、その工場を補給し維持するための新たな購入にこの資本を使用する。すなわちかれはその利潤によって生活する。しかもかれは、資本を増大するため、そしてさらにそれを前払い総量に加えてかれの企業に投入し、それによって利潤をさらにふやすために、節約できるものを保蔵するのである。

第六一節 ――工業被雇用階級は企業者、資本家と単なる労働者とに細分される。

したがって、社会の多種多様な欲求に応じてさまざまな工業製品を大量に供給する仕事に従事する階級は、いわば全体がつぎの二種類に細分される。すなわち〔第一の種類は〕マニュファクチュア企業者、工場主(maîtres fabricants)、および大資本を利用して前払いの手段で労働者を働かせる・すべての大資本の所有者のそれである。また第二の種類は単なる職工からなり、かれらは自分の腕以外に財産を持たず、かれらの日々の労働を前払いするだけで、利潤として賃金を得るにすぎないのである。

第六二節 ――農業企業の前払いとしての資本の別の用法。農業企業における資本の使用、その回収および資本の不可欠な利潤。

はじめに製造企業における資本の使用について語ることによって、わたくしは巨額の前払いの必要とその効果、およびその循環の過程についてヨリ著しい一つの実例を示すことを目的としていたのである。自然の順序からいえば、わたくしはとうぜん、同じく巨額の前払いの手段によってはじめて活動し、発展し、利潤をもたらすようになる耕作企業から語りはじめるべきであったが、この自然の順序を少し転倒しておいたのである。大資本の所有者たち、かれらは農業企業で大資本を有利に使うため、土地を賃借し耕作の前払いを全部自分で負担して土地所有者に多額の借地料を支払うのである。かれらの立場は製造業者のそれと同一であるはずである。すなわち製造企業者のように、かれらは、企業の最初の前払いを行ない、家畜、馬、農具を調達し、最初の種子を購入しなければならない。かれらは、製造企業者のように、荷車ひき、刈入れ人夫、打穀人、召し使いつまり自分の腕しか持たず、労働を前払いするだけで、しかも賃金を稼ぐにすぎないあらゆる種類の労働者を維持し養わねばならない。かれらは、製造企業者のように、かれらの資本の回収、すなわちいっさいの原前払いと年前払いの回収のほかに、一、かれらがなんら労働しなくてもその資本で獲得しうるであろう収入と同額の利潤、二、賃金とかれらの労働、危険および技能の価格、三、かれらの企業で使用される動産の消耗つまり家畜の死亡、道具の損傷等を年々補塡するに必要なもの*を、収得しなければならない**。

これらはすべて、土地の生産物の価格から先取りされるべきである。余剰は、耕作者が自分の企業を設立するために土地所有者から与えられた畑の使用許可料を土地所有者に支払うのに役立つのである。これが小作料の価格、土地所有者の収入、すなわち純生産物である。というのは土地が産出するものはすべて、前払いおよびこの前払いを行なう人のあらゆる種類の利潤の回収までは、収入とはみなされえず、たんに耕作経費の回収としかみなされないからである。そのわけは、もしも耕作者がこれらの利潤をひきださないとすれば、かれは自分の富と労働とを他人の畑の耕作に費すのをあきらかに避けるだろうからである。

＊　『デュポン版』では de quoi remplacer の部分が、de quoi entretenir leur capital ou le fonds de leurs avances primitives, en remplaçant となっている。すなわち「補填して、かれらの資本すなわち元前払いの基金を維持するに必要なもの」となる。

＊＊　『市民日誌』では、改行にならず「これらはすべて」とつづいている。

第六三節　――資本家耕作企業者たちの競争が小作料の相場と大規模耕作とを確立する。

富裕な耕作企業者たちの競争が、土地の肥沃さと生産物の販売価格とに応じて、つまり常に、借地農が自分の全経費と、自分の前払いからひきだすはずの利潤とについて行なう計算にもとづいて、小作料の相場を確立する。すなわちかれらはたんにその余剰を土地所有者に返すことができるだけである。

しかし借地農の間で競争が非常にはげしい場合には、土地所有者は自分に最も大きな借地料を提供する者にしかその土地を貸与しないので、かれらはこの余剰を全部、土地所有者に返すのである。

第六四節　――資本家耕作企業者の不足は耕作経営を小規模耕作に限定する。

逆に大資本を農業企業に投下する富裕者がいない場合、つまり土地生産物の低価格のためか、あるいは他のすべての原因のために、収穫が資金の回収のほかに、少なくとも、他のどんな方法で貨幣を使用してもえられるであろう額と等しい額の利潤を企業者に十分に保証しない場合には、土地を借りたいと希望する借地農はみいだされない。

土地所有者はやむなく、いかなる前払いも投じえず、十分に耕作することもできない小作人あるいは分益小作人にその土地を耕作させるのである。

土地所有者は[*]自分自身でわずかの前払いを行なうが、この前払いはごくわずかの収入しか産出しない。もしも土地が、貧困であるか債務を負っているか[**]、あるいは怠惰な土地所有者、未亡人、未成年者のものであれば、その土地は未耕地のまま残る。

以上は、すでに指摘したように、ノルマンディ(Normandie)やイル・ド・フランス(Ile-de-France)のような富裕な借地農によって土地が耕作されている諸州と、リムーザン(Limousin)、アングムワ(Angoumois)、ブルボネ(Bourbonnais)その他多数の州のような貧しい分益小作農によってしか土地が耕作されていない諸州との間における相違の真の原理である。

＊　『デュポン版』では alors が入る。「そこで」となる。

＊＊　『デュポン版』では ou obéré がない。

第六五節　――耕作者の階級は企業者すなわち借地農と単なる賃金労働者、すなわち作男あるいは日雇い労務者とに細分される。

したがって耕作者の階級は、製造業者のそれと同じように、つぎの二種類の人間に分けられる。すなわちいっさいの前払いを行なう企業者すなわち借地農のそれと、単なる賃金労働者のそれである。大農業企業を形成し維持し、いわば一定不変の賃貸価格を土地に付与し、常に等額の、しかもできるだけ大きな収入を土地所有者に保証するものは、まさに資本のみであるということがいっそうあきらかである。

第六六節　――商業企業の前払いとしての、資本の第四の用法。生産物の生産者とその消費者との間における、いわゆる商人の介在の必要。

耕作企業者にしてもマニュファクチュア企業者にしても、企業者は土地の産物あるいは製造加工品の売却によってはじめてその前払いと利潤とを回収するのである。

販売価格を定めるのは常に消費者の欲求と資力である。しかし消費者がいつも収穫あるいは製品完成のときに、製造加工品あるいは生産物を必要とするとはかぎらない。

一方、企業者は、その資金をふたたび企業に投入するために、それがただちに、しかも規則的に手もとに回収されることを必要とする。耕作と播種はただちに収穫につづいて行なわれねばならない。マニュファクチュアの労働者をいつも仕事につかせておき、最初の仕事が終ると同時に新しい仕事にとりかかり、原料が消費されるにつれて、これを補給しなければならない。操業を開始した企業の作業を中断すれば必ず障害が生じるだろうし、いつでもすきなときに作業を再開するというわけにもいかないだろう。

ゆえに企業者は、収穫物あるいは製品の売却によって、その資金をきわめてすみやかに回収することに最大の利益を持つのである。一方、消費者は、いつでもどこでも望みのままに、必要な物をみいだすことを利益とする。収穫のときに一年分の食糧を買わなければならないということは、消費者にとってはたいへんな不便であろう。

日常の消費物のうちの多くは、長期間の、費用のかかる労働を必要とする、つまり小人数あるいは狭い一地方の消費では、ただ一つのマニュファクチュアの製品の販売にも十分でないほど、きわめて大量の材料を用いてはじめて企業としての利潤をあげられるような労働を必要とするものである。

だからこの種の製品の企業は必然的にその数が少なく、相互に相当の距離をへだてており、したがってほとんどの消費者の住居から非常に遠く離れている。消費者の住居から非常に遠く、相互にも離れている場所でしか収穫あるいは製造されない若干の物を、極貧者は別として、消費することもできない人はいない。ある人が自分の消費物を収穫あるいは製造している人の手から直接購入する以外には、それを得ることができないとすれば、かれは多くのものをなしですますか、あるいはその生涯を旅行に費いやすであろう。

生産者と消費者とが持つ・この二重の利益、つまり前者は売る機会を後者は買う機会をみいだし、しかも買手を待ったり売手を探したりして貴重な時間を失わないですむという・この二重の利益は、とうぜん両者の間に第三者が介在することを考えさせたのである。これが商人という職業の目的である。商人は生産者の手から財貨を買ってこれを貯蔵し、消費者は必要物を買い整えるためそこに来る。

この方法によって、企業者は販売と資金の回収を保証され、不安なく、かつたえまなく新しい生産に従事する。そして消費者は手近かに、しかもいつでも必要な物をみいだすのである。

第六七節　——商人のさまざまな種類。すべての商人に共通していることは、かれらが転売のために購入するということと、かれらの取引きが前払いにもとづいて行なわれ、その前払いは新たに企業に投入されるために利潤をともなって回収されなければならないということである。

市場で野菜を並べる転売商人から、その売買の範囲がインドやアメリカにまでおよんでいるナントやカディスの船舶所有者にいたるまで、商人の職業、すなわちいわゆる商業は無数の部門といわば無数の段階とに分れている。ある商人は一種あるいは数種の貨物を仕入れて、これをただ、買いに来るすべての人に自分の店で売るだけであるが、他の商人は、若干の貨物をそれが欠乏している場所に売りに行き、それと交換に、そこに産するもので、かれが出発した場所に欠乏している財貨を持ち帰るのである。ある者は、つぎからつぎへと自分で交換を行ない、他の者は、取引先きの世話になったり報酬を支払って運送業者の助力をかりたりして、ある州から別の州へ、ある王国から別の王国へ、ヨーロッパからアジアへ、アジアからヨーロッパへと貨物を送ったり、取りよせたりする。ある者はその商品を各消費者に小売りし、他の者はその商品を消費者に小売転売する別の商人に一度に卸売りするだけである。しかしすべての商人に共通していることは、かれらが転売するために購入するということであり、かれらの最初の購入は、時間の経過をへてはじめて回収される一種の前払いであるということである。その前払いは、耕作や製造の企業者の前払いのように、新たな購入に再投入されるために一定期間内に全部回収されるばかりでなく、さらに、一、なんら労働をしなくてもその資本によって獲得しうるであろう収入と等額の利潤、二、賃金と、かれらの労働、危険、技能の価格とをもたらさなければならない。この回収とこれらの不可欠な利潤との保証がなければ、いかなる商人も商業を企図しないであろうし、だれもそれを継続しえないであろう。すなわち商人はまさにこの観点から、かれがある期間内に売りたいと思う物の数量と価格とを計算して、かれの購入を決めるのである。小売商人は、経験によって、つまり慎重に行なわれたわずかな試みの成功によって、供給可能な範囲内の消費者の欲求の量がほぼどのくらいであるかを知る。貿易商人は、かれの取引き範囲内のさまざまな地域においてもろもろの商品が豊富であるか希少であるか、またその価格はどうであるかということを通信によって知り、その結果に応じて自分の投機を決める。かれは、商品の価格が安い場所から、その商品がヨリ高く売れる場所へ商品を送る。この場合、輸送費が、かれの手もとに回収されるはずの前払いの計算のなかに入っていることはもちろんである。*

商業は必要であるし、またその範囲に釣合った前払いがなくてはいかなる商業を企図することも不可能であるのだから、ここにもまた動産の富の用途がある。すなわちこれは、保蔵され蓄積された大量の価値、多額の貨幣、要するに資本の所有者が、それを有利に使用するために、自分の生活資料を得るために、そしてできれば、その富をふやすために使用しうる新しい用法である。

* 『デュポン版』では、ここにつぎの注がついている。すなわち、「チュルゴ氏は、このパラグラフと前のパラグラフで、商人および貿易商人の商業が確立された方法と、貿易商人および商人が耕作者の生産物や製造業者《マニュファクチュリエ》の製品を現金で購入するために必要な巨額の資本を前払いしないかぎりそれが不可能であったこととをきわめて適切に描写した。

しかしこれらの企業の利潤そのものが、かれらの契約を保証する・あきらかな富と、かれらの約束の信用を広める名声とをかれらに獲得させたとはいえ、かれらははじめは内金として小額を与え、残額支払いの約束、つまり約束手形を売手に渡すだけで購入しえたのである。――かれらは時には、貨幣を支払わずに、貨物を売払ったあとに消費者の貨幣で十分弁済できるだけの猶予をつけた簡単な約束で購入することもあった（後出第七九節〔『シェル版』でも同じ〕参照）。

そこで貿易商人および商人は輸送費と倉敷料、および最初の購入から最後の販売までの期間の、かれらの個人的な経費とその使用人たちの経費とを支払うため以外にはもはや資本を必要としなかった。

貿易商人がはじめのうちは、それなしではすましえなかった別種の資本が、自由に使用されるようになった。これらの資本は直接その所有者によって使用されるか、あるいは他の人に貸付けられることができた。これらの資本は貨幣利子を低下させ、耕作、製造業のいっさいの企業を助長し、商業の諸企業をおおいに拡張した。これらの資本はこれらの有利な企業に広がった。これらの資本は生産的労働と、富を保蔵あるいは蓄積し、かつ新資本を形成する労働とをふやした。

このように商業手形の導入によって、結局は、製造者および生産者こそが、商人の仲介的保証のもとに消費者というよりむしろ消費に大きくかつ長期の信用を与え、自然にすべての有益な労働に活動性を、つまり富の増大の進歩に、初期の人間には期待も着想もできなかったような急速性を与えたということになる。

この慣行は資本の他のさまざまな用法を生ぜしめた。つまり商業手形の割引きの用法は売手がかれに与えられた約束の価値をその支払期日以前に容易に現金化することができるようにし、銀行の用法は商人の信用を維持し、拡大し、延長する手段を提供し、保証の用法は信用を評価しこれに保証を与えるさいの危険を少なくする。

信用が常に若干の危険をひきおこさないわけではない。しかしひとはそれを評価し、各人は自分の財産を委任する相手の支払い能力を検討し計算する利益を持っているので、この制度から生じる一時的な事故は常に全体としては、農業、製造業および商業の新分野への資本の投入が人類にとって有益であるのに比べれば非常に小さな害となるのである。」

第六八節　――貨幣の循環についての真の概念。

いまのべたばかりのことから、土地の耕作やあらゆる種類の製造やあらゆる部門の商業が、いかに、大量の資本、すなわちまず企業者によってさまざまな労働階級のひとつひとつに前払いされ、毎年一定の利潤をともなって企業者の手もとにもどるはずの蓄積された大量の動産の富にもとづいて、営まれているかということがわかる。すなわち資本は同一企業の継続に再投入されて新たな前払いとなり、利潤は企業者の生計を多かれ少なかれ裕福なものにする。この前払いと、この資本の継続的回収こそ、貨幣の循環と呼ばれるべきものを構成するのであり、この有益でかつ生産的な循環は社会のあらゆる労働を活気づけ、政治体における運動と生活とを維持している。したがってそれはとうぜん動物体における血液の循環にたとえられてよいのである。なぜなら、もしも社会のさまざまな階級の支出の順序になんらかの混乱がおこり、企業者が自分の前払いと前払いからとうぜん期待してよい利潤とを回収できなくなるとすれば、あきらかに、企業者はその企業を縮小せざるをえず、労働の総量、土地産物の消費の総量、生産および収入の総量はそれだけ減少し、貧困が富にとって代わり、単なる労働者は仕事をみいだせなくなって、貧困のどん底に落ちるだろうからである。

第六九節　——あらゆる労働の企業、とくに製造および商業の企業は、商業への金および銀の導入以前には、きわめて限られたものでしかありえなかった。

あらゆる種類の企業、とりわけ製造の企業と、さらには商業の企業が、商業への金および銀の導入以前には、きわめて限られたものでしかありえなかったことはほとんど指摘するまでもない。なぜなら巨大な資本を蓄積することはほとんど不可能であったし、それに活潑な商業と流通とが必要とする程度まで交易を容易にしたり増加したりするために、必要なかぎりにおいて、支払いを増加したり分割したりすることはさらに困難であったからである。ただ土地の耕作だけはわずかに持続しえた。なぜなら土地の耕作に要する前払いの主要な用途は家畜であるからである。それに、当時はおそらく土地所有者以外に耕作の企業者はいなかったであろう。どんな種類の手工業も、貨幣の導入以前には最も極端な不振の状態にしかありえなかった。それらはすべて最も粗雑な製品に限られていた。つまり土地所有者が労働者を養い、かれらに材料を提供することによって、その前払いを行なったり、あるいは土地所有者が自分の家で召使いたちにそれらの製品を作らせたりしていたのである。

第七〇節　——資本は労働および技能と同じく、あらゆる企業に必要であるから、産業者(l'homme industrieux)は、必要な資金を自分に提供する資本家と、よろこんでその企業の利潤を分配する。

資本はあらゆる企業の不可欠な基礎であるのだから、また貨幣は小さな利得を節約し利潤を蓄積して富裕となるための主要な手段であるのだから、技能と労働の熱意とを持ちながら資本を少しも持っていないか、あるいは望みどおりの企業をおこすには資本が十分でない者は、資本あるいは貨幣を自分に委託しようとする・貨幣所有者に対して、前払いの回収以外にかれが収得することを期待している利潤の一部を容易に譲渡することを決心するわけである[二]。

(二) 一七七〇年三月一六日のカヤール(Caillard)あてチュルゴの書簡には、つぎのように書かれている。「もしあなたが富にかんするわたくしの手稿をお持ちなら、それをわたくしに送り返してください。『市民日誌』の一二月号の九六ページに、わたくしにはあいまいで理解できないように思われる一節があり、あとに二、三行あるのではないかという気がするのですが、それを補うことができないでいます」。一七六九年一二月の『市民日誌』の九六ページに印刷された章というのは、以上の章である。抜刷りではチュルゴによってなんの訂正もされなかった。

第七一節 ――資本の第五の用法。すなわち利子つき貸付け。貸付けの本質。

貨幣の所有者は、企業が成功しない場合に自分の資本が遭遇するかもしれない危険と、労働しないで一定の利潤を享有することの利益とを比較し、それによってどの程度の利潤すなわち貨幣利子を要求するか、それとも借手がかれらに申しでる利子の条件で貨幣を貸付けることに同意するかを決めるのである。ここにもまた、貨幣の所有者に開かれた方策がある。利子つき貸付け、すなわち貨幣の取引きである。* というのは、まちがえてはいけない、利子つき貸付けは、厳密には貨幣の使用権を売る人間を貸手、それを買う人間を借手とする一種の取引きにすぎないのであり、土地所有者とかれの借地農《フェルミエ》とがめいめい小作地の使用権を売買するのと全く同じである。

ラテン人が貸付け貨幣の利子につけた *usura pecuniæ* という名称は、このことを完全に言い表わしていたが、貨幣利子について作りあげられた誤った諸観念のために、この語のフランス語訳は、いまわしいものとなった。

* 『デュポン版』では、この句が省略されている。

第七二節 ――利子つき貸付けについての誤った諸観念。

貸付け価格とは、想像されるように、決して、借手が、その使用権を買いとる資本によって、手に入れたいと思う利潤にもとづくものではない。この価格は、すべての商品の価格のように、売手と買手の間の掛け合いによって、つまり供給と需要との均衡によって決められるのである。

ひとは、あらゆる種類の目的とあらゆる種類の動機から借金をする。あるものは自分の財産を作る企業をおこすために、またあるものは土地を買うために、あるものは賭博の負債を支払うために、あるものは不慮の事故で奪われた収入の損失を補塡するために、あるものは自分の労働で稼ぐことができるまで生活するために、借金するのである。しかし借手を生ぜしめる・これらの動機がどうであれ、それは貸手にはなんの関係もないのである。貸手にとっては、かれが受けとる利子とかれの資本の安全という・ただ二つのことしか念頭にない。商人は、かれの売る財貨が買手によってなにに使われようと意に介しないと同じく、貸手は、借手がそれをなにに使おうとも気にかけないのである。

第七三節 ――スコラ哲学者たちの誤りに対する反論。*

見識ゆたかな、というより頑固なモラリストたちは、この利子つき貸付けを正しい観点から考究しなかったばかりに、これを罪悪と考えさせようとしたのである。スコラ神学者たちは、貨幣はそれ自身ではなにも生みださないということから、貸付けられた貨幣の利子を要求することは不正であると結論した。偏見でみちみちたかれらは、かれらの教義が「なにものをも望まずに貸し与えよ」(Mutuum date nihil inde sperantes)という福音書の一節によって是認されるものと信じたのである。

利子の問題についてヨリ合理的な諸原理を採用した神学者たちは、反対派の著述家たちから最もはげしい非難を浴びた。

しかしながら、利子つき貸付けを非難するために用いられた・もろもろの口実がくだらないものであることを見抜くには、わずかの考察で十分である。貸付けは、両当事者間の自由な相互契約であり、かれらはその契約が自分たちに有利であるからこそ、そうするだけである。もし貸手が貨幣の賃料を受けとることを利益と思うなら、借手もかれが必要とする貨幣をみいだすことに同じく利益を持つことはあきらかである。なぜといって、かれは、その貨幣を借りて賃料を支払うことに決めているからである。では両当事者にとって有利であり、双方ともに満足し、たしかに他のだれにも迷惑をかけない契約が罪悪と考えられるというのは、いったいどんな原理によるものだろうか? 貸手は借手の貨幣の必要を悪用して、貨幣の利子を要求するのだと言うのは、ちょうどパン屋は買手のパンの必要を悪用して、かれの販売するパンに対して貨幣を要求するのだというのと同じほどばかげたことである。この後者の場合、貨幣が買手の受けとるパンと等価であるなら、借手がこんにち受けとっている貨幣も、おなじくかれが一定期間内に返却することを約束する資本および利子と等価である。というのは、要するに、その期間、必要な貨幣を持つことは借手にとって利益であるが、貸手にとってその貨幣を奪われることは不利益であるからである。この不利益は評価されうるものであり、また実際に評価されている。利子は、すなわちその価格である。貸手が借手の支払不能によって自分の資本を失う危険に遭遇する場合には、この価格はヨリ高くなければならない。ゆえに、この取引きは双方、完全に平等であり、したがって正当である。貨幣は、これを物質として、つまり一つの金属塊として考察すれば、なにものをも生みださない。しかし耕作、製造、商業の諸企業の前払いとして使用されれば、貨幣は一定の利潤をもたらす。ひとは、貨幣をもって土地を獲得し、収入を手に入れることができる。したがって貨幣を貸付ける者は、たんにこの貨幣の不生産的な占有権を譲渡するだけではなく、かれが手に入れることができたであろう利潤または収入を奪われるのである。したがってこの喪失を補償する利子は不当とはみなされえないであろう。スコラ哲学者たちはこのような考察に従わざるをえなくなり、資本が譲渡されるのであるという条件で、つまり貸手が一定期間、その貨幣の返済を求めることをあきらめ、借手がその利子さえ払っていれば、借手の希望するかぎりその貨幣を自由に保有させておくという条件で、貨幣から利子をひきだすことを認めたのである。この寛容の根拠は、だから、もはや貸付けられた貨幣から利子がひきだされるというのではなく、ひとが土地を購入するのと同じように、ある額の貨幣をもって賃料を購入するということであった。これは、かれらがそれによって貸付け貨幣を非難したところの諸原理の誤りをはっきり認めることをせず、社会の諸情勢の経過のなかで貸付けの絶対的必要性に譲歩して、これを認めるために持ちだした・つまらない小細工であったのである。しかし、この資本の譲渡という約款では、借手はこの資本を返済するまではいぜんとして負債をおったままであり、かれの財産は常にこの資本の担保にあてられるので、借手にとって少しも利益はない。これはまた、かれが必要なときに貨幣を借りるのにいっそう困難であるという点で、不利益でもあるわけである。というのは、ある人が土地の購入にあてるつもりの・ある額の貨幣を一年ないし二年間ならよろこんで貸すことに同意するとしても、それを無期限に貸そうとは思わないだろうからである。それに、ひとがもし永久賃料を得るためになら自分の貨幣を売ってよいのなら、なぜ、数年間だけ継続する賃料という条件で、貨幣をその期間貸付けてはいけないのだろうか？　もしも年間一、〇〇〇フランの賃料が総額二〇、〇〇〇フランと等価であるとすれば、この総額を永久に保有する者にとって、この総額の一年間の占有権は、毎年、一、〇〇〇フランと等価であろう。

（一）　この節は、『市民日誌』では削除されている。*

＊　『デュポン版』でも同じく削除されている。

第七四節　――貨幣利子の真の根拠。

さて、ひとは貨幣を売ることができるように、これを正当に貸すこともできる。したがって貨幣の所有者はその両方とも行ないうる。それは、たんに貨幣が収入および収入を取得する手段と等価であるためばかりでなく、貸手はかれが取得しうるであろう収入をその貸付け期間中失うためばかりでなく、かれがその資本を危険にさらすためばかりでなく、また借手が有利な購入にあるいは巨額の利潤をひきだすであろう企業にそれを使用しうるためばかりでもなく、すなわち貨幣の所有者はもっと一般的で、もっと決定的な原理によって正当に貨幣の利子をひきだすことができるからである。以上のようなことが全然ない場合でも、かれはやはり貨幣が自分のものであるという唯一の理由によって貸付けの利子を要求する権利を持っているだろう。貨幣はかれのものであるから、貨幣を保有することは自由である。かれに貸付けることを義務づけるものはなにもない。だから、もしかれが貸付けるとすれば、かれは、その貸付けにかれの望みどおりの条件をつけることができる。貸手はそれによって借手にいかなる損害をも与えるわけではない。なぜなら借手はその条件にしたがい、貸付けられた総額に対していかなる種類の権利をも持っていないからである。貨幣をもってすれば利潤がえられるということは、たしかに、借手に、利子支払いという条件で借入れを決心させる最も普通の動機である。利潤は借手が容易に利子を支払いうる源泉の一つである。しかしそれが貸手に利子請求権を与えるわけではない。この点については、かれの貨幣が自分のものであるということで十分である。それに、この権利は所有権と不可分である。パンを買うひとの動機はそれを食べることである。だがパン屋がその価格を要求する権利を持っているのは、パンをこのように使用することとはなんの関係もない。すなわちそれは、かれが石を売る場合の権利とも同じものであり、パンはかれのものであるので、なんびともかれに無料でパンを提供させる権利を持たない、ということになによりも根拠を持つ権利である。*

(一) チュルゴの手稿では、このあとに「反対論に対する答え」と題する一章があった。これは『貨幣の貸付けにかんする覚書』(Mémoire sur les prêts d'argent)のなかにみられるものである。チュルゴは『市民日誌』でこの章を削除するかどうかをデュポンの自由にまかせた。そのためこれは削除されたのである。しかし抜刷りでは第七五節として原文どおりにもどされた。一七七四年五月三日のカヤールあての書簡が示しているように、チュルゴはむしろそれが削除されることを望んだろう。だから、われわれはここにそれを再録しない。

第七五節 ――利率は、すべての商品の価格と同じく、商業の動きによってのみ決定されるべきである。

すでにのべたように、貸付け貨幣の価格は、他のすべての商品の価格とおなじく供給と需要の均衡によって決まる。したがって貨幣を必要とする借手がたくさんいる場合には貨幣の利子はヨリ高くなる。貨幣の貸付けを申しでる貨幣所有者がたくさんいる場合には利子は下がる。したがってまた、商業上の貨幣の利子が君主の法律によって定められるべきであると考えるのは誤りである。すなわちそれは他のすべての商品の通用価格と同じように定められた一種の通用価格である。この価格は、貸手がその資本を失わない安全性の程度にしたがって多少は異る。だが、その安全性が等しい場合には、この価格は資本の豊富さと必要性とに応じて上下するはずである。そして法律は商業において流通する他のすべての商品の価格を規制すべきでないと同様に、貨幣の利率をも定めるべきではない。

第七六節 ――貨幣は商業において別々の二つの評価を持つ。すなわち一つはさまざまな種類の財貨を取得するために与えられる貨幣量を表わし、他はある額の貨幣とそれが商業の動きにしたがってもたらす利子との関係を表わす。

貨幣が年利支払いを条件として売られたり、貸付けられたりする方法について、このように詳述すれば、商業上では貨幣を評価する二つの方法があるように思われる。売買において、ある重量の銀は一定量の価値あるいは一定量の各種商品を表わす。たとえば一オンスの銀は一定量の小麦あるいは人間の一定日数の賃金と等価である。

貸付けおよび貨幣の取引きにおいて、資本は、この資本の一定部分に等しい賃料と等価であり、逆に年々の賃料は利率の高低にしたがってこの賃料の総額に一定の倍数を乗じたものに等しい資本を表わす。

第七七節　――これら二つの評価は相互に無関係であり、全く異なる諸原理によって規制される。

これら二つの異なる評価は、一見してそう思いがちであるよりは、はるかに関係少なく、相互の依存関係もはるかに少ない。

貨幣が、通常の取引きにおいて、非常に多く、ごくわずかの価値しか持たず、ごく少量の財貨と釣合っているのに、同時に貨幣利子が非常に高いということはありうるだろう。

現実の商業上に一〇〇万オンスの銀が流通しており、一枡の小麦に対しては一オンスの銀が与えられるものと仮定する。また、どのようにしてでもよいから、さらに別の一〇〇万オンスの銀が国内に入ってきて、この増加分がはじめの一〇〇万と同じ割合いですべての人の財布に分配され、その結果、さきに二オンスの銀を持っていた者がこんどは四オンスの銀を持つものと仮定する。すると金属塊として考えられた銀は、たしかにその価格を減少するだろう。すなわち同じことだが、財貨はヨリ高く支払われるだろう。そしてひとがそれまで一オンスの銀で手に入れていた一枡の小麦を得るためには、ヨリ多くの銀を、おそらくは一オンスではなく二オンスの銀を与えねばならないだろう。

しかし、仮りにこの銀が全部、最初の一〇〇万オンスの銀が仮定としてそうであったように、市場にもたらされ、それを所有する人びとの日常経費に使用されるならば、それによって貨幣の利子が下落するというようなことにはならないであろう。というのは貸付けられるべき貨幣が借手の必要に比して以前よりも多く存在する場合にかぎって貨幣の利子は下落するからである。

ところで、市場にもたらされる貨幣は全く貸付けられるべきものではない。貸付けられるのは保蔵された貨幣であり、蓄積された資本である。したがって市場における貨幣の増加すなわち通常取引きにおけるもろもろの財貨に対する貨幣価格の下落が、必ず、しかもある直接的な関係によって貨幣利子の下落をひきおこすどころではなく、逆に市場における貨幣量を増大する原因および貨幣の価格を下げることによって他のもろもろの財貨の価格を高める原因こそ、まさに貨幣の賃料すなわち利率を高める原因となりうるのである。

実際に、さしあたり、一国の富裕なる人がみなその収入あるいは年々の利潤を節約する代わりに、その全額を支出するものと仮定しよう。[一]またかれらがその収入の全部を支出することで満足せず、かれらの資本を支出するものと仮定しよう。また貨幣を一〇万フラン所有するものが、それを有利な方法で使用したり、貸付けたりする代わりに、小出しにして無益な支出に消費すると仮定しよう。すると一方で、日常の購入つまり各個人の必要や気まぐれな好みに使用される貨幣がヨリ多くなり、その結果、貨幣の価格は下落するし、また一方で貸付けられるべき貨幣はたしかにずっと少なくなり、多数の人が破産するので、おそらく借手もいっそう多くなるだろうということはあきらかである。ゆえに、まさしく同一の原因によって、貨幣は市場でいっそう多くなり、その価格は下落するのに、貨幣の利子は高くなるだろう。

　ひとが小麦を得るために市場に提供する貨幣はその人の必要を満たすために日常支出する貨幣であり、ひとが貸付けに提供する貨幣はまさしく貨幣を保蔵し資本を形成するためにその人の日常の支出から節約された貨幣であるということを考えれば、この一見奇妙なことにおどろかされることはあるまい。

（一）『市民日誌』*で、デュポンはつぎの注をつけている。「著者は、われわれが重要であると思う若干の意見をこのパラグラフにつけ加えることを許していただきたい。これらの意見は著者の学説とすこしも矛盾しないし、それに浅薄な読者が著者のいくつかの表現の意味をとりちがえないようにすることができるからである。
　「一般に、ひとが資本の形成に成功するのは、収入の支出の節約によるよりは、むしろこの支出の善用によるのである。著者は、このあとの文章で、全く正当に、有利な支出の方法と無益な支出の方法とを区別している。この区別はつぎのように拡大されうるであろう。すなわち、不必要に資本を消費する異常な支出を無益な支出(dépense folle)、資本総額を減らしもふやしもしない日常的消費の支出を不生産的支出(dépense stérile)、富を少しも産まないが耐久使用にふさわしいものを作り、それによってひとが多年の労働の成果と収穫とを同時にかつかなり長い期間にわたって享受しうるような労働に対してなされる支出、たとえば家屋の建造、機械、家具等の作製にあてられる支出のようなものを保蔵的支出(dépense conservatrice)、そして最後に日常の必要のために消費される生産物の総量がそれによって実際に増大されるような労働に対する支払いの支出、および保蔵的支出によってそれから耐久使用の富が作りだされるところの原料に対する支出を生産的支出(dépense productive)、と呼ぶことができよう。

　「こうしてみると、あきらかに、資本を増殖するための最上の方法は生産的支出であり、保蔵的支出がそのつぎであるように思われる。しかし節約は生産的ではない。それは一般的にはきわめて不完全に保蔵的であるにすぎない。節約が、生産的あるいはたんに有利であったかもしれない支出からなされる場合には、その節約は破壊的でかつ有害であるかもしれない。

　「だから資本形成の諸要素のうちで節約という単純な考えはしりぞけるべきである。自生産物で生活した人間の初期の状態以後、人間にその境遇を改善させ、多少とも大きな資本を形成させたのは、これら自生産物の節約ではない。人間が食物を発見しても、節約のために食べないのはむだであろう。それに、かれがなにもしないでいるなら、かれはいつもやむなく断食していなければならないだろう。獲得したり、利得をえたり、蓄積したり、富裕になったりする自然な手段は労働である。すなわち最初は探し求める労働であり、つぎは保蔵する労働であり、最後は耕作の労働である。

　「しかし労働するためには、まず労働者が生存することが必要である。労働者は、土地生産物や水の消費によってはじめて生存しうるのである。この消費は一つの支出である。労働者が首尾よく労働するためには、時間をかけて自分自身で道具を作るにしても、またはその製作をなしとげた道具製作者から、交換によって道具を手に入れるにしても、道具を持つことも必要である。かれが交換に与える物も、あるいはかれがやむをえず行なう消費もまた一つの支出である。ゆえに、社会の発端において、および増大し完成した諸技術や商業への貨幣の導入によって富と労働との循環が拡大し複雑化する以前において、ひとがその財産を増殖しうるのは、もっぱら知能と利潤とをともなってなされる支出によるのであって、節約によるのではない。

　「しかも、すっかり形成されてしまった社会では、節約はさらにいっそう危険な諸結果を持つのである。

　「たとえばある耕作者は小麦だけを作り、これに対して別の耕作者はブドウ酒だけを作り、ある製造業者は毛織物だけを製造し、その時その隣りの製造業者は革の加工だけに専念する等というように、各人がおのずからただ一種類の企業だけに固定されるやいなや、つまり労働が分業化され、耕作にしろ純粋な手工品にしろ、すべてその長たる企業者が、社会の大量の消費のなかで一種類の品物だけを供給することをひきうけ、自分の個人的消費や使用人たちの消費に有用または必要な他のものを全部自分自身で購入することに同意するやいなや、社会の全成員間の富、生活資料および享有の分配を完全ならしめるためには、それぞれの分野のそれぞれの企業者が直接自家用に取り除きえた分以外は、耕作あるいは製造されるものが全部、売買されなければならなくなる。企業者が、消費をヨリ安くするために自分で作ったものを全く保有せず、自分の労働と前払いとの成果をすべて売り、自分の勤労の品物を消費しないで、同種類の質の劣る他の品物を買いなおすような高価な種類の労働さえ多数あるのである。たとえば、シャンベルタンのブドウ酒耕作者はブドウ酒を最後の一瓶まで全部売り、自分の飲料としては別の普通のブドウ酒を国内で用意する。たとえば、ある宝石細工人は、自分で削ったり台座にはめこんだりするダイヤモンドを自分用には全然残さず、自分の家族の生計をはかり、かつ豊かにするためにそれを全部売るだろう。たとえば、絹織物の製造人や商人は、このために毛織物しか着ないであろう、等である。

「しかし、耕作され製造されるものがみな売却されうるためには、唯一の購買手段である収入と回収あるいは賃金を自然と自分の労働とによってうけとる者がみな、これらの購買手段を流通させることが必要である。というのは、いたずらに社会の半分が一年間の労働の成果を全部売却するとしても、もし他の半分が購入を拒み、節約のためにあくまでもその支払手段の全部あるいは大部分を保有しようとするならば、前者は全部を売却することができないか、または損をして売ることになろう。するとその結果、ちょうど自分の経費しか回収しない人びとや、自分の収穫物を全部売却するか、ある適当な価格で自分の貯蔵を全部売りさばくかしないかぎり、経費を回収しつづけることのできない人びととの耕作と労働とを乱し、かつ破滅させることになろう。しかも常にきわめて大多数の人が、このような状態にあるのである。

「収入が貨幣で支払われている地方で、収穫の自由に処分しうる部分を示す・この収入がもしも土地所有者によって支出されないとすれば、とうぜんこれに相当する収穫の一部分は売られていないのに、耕作者がその価格を土地所有者に支払ったということになろう。この価格は販売からひきだされたものではない。だが耕作者はこの販売によってはじめて一定額の契約金を毎年土地所有者に支払いうると考えていたのである。しかしながらこの売られない収穫部分は、借地農がそれを売払いたいと希望するので、必然的に低価格に下落するであろう。この低価格は、著者が(著書の第三〇、三一、三二の諸節で)みごとに論証したように、自然に水平を保っている他の価格にも必然的に影響をおよぼすだろう。そして価格の低下は同様に再生産の低下をひきおこすだろう。このことはさきほどたんに経費を回収するにすぎない再生産について語ったときにみたばかりである。しかも収入の再生産は、生産物の販売価格および耕作経営費と比較された生産物の販売量に常に比例する。それに収入の減少は吝嗇な土地所有者たちにとっても損失であろう。かれらは、自分たちがどうして節約しながら破産したのか理解に苦しむであろう。そしてかれらはさらに節約をふやす方策しか考えないだろう。この結果、かれらは破産の歩を早め、ついには全くの貧困がかれらの節約を不可能にし、あまり手おくれになりすぎて勤労者階級に身を投ぜざるをえなくなるだろう。

「以上のように、これを理性の唯一の光りに照らしてみれば、吝嗇は真の道徳的罪悪であるということができよう。なぜならそれは支出によって生計をはかる人びとを死なせ、社会にこの害悪を与える人びとをおそかれ早かれ同じ極限に追い込むことになりそうだからである。

「といっても、社会を富裕の状態に維持するため、つまり流通を活発にし、多くの人に生活手段を与え、しかも、自分自身は富裕のままでいるためには、ただむやみに自分の収入を全部支出すべきであるということにはならない。吝嗇が愚者の罪悪であるとすれば、浪費は狂人のそれである。そしてこのことはすでに十分認められているので、われわれがさきに指摘したように、対象も目的も成果もなしに収入や資本を使い果すような支出は、一般に無益な支出と呼ばれるのである。だから問題は収入を節約することではなく、またさらに資本をでたらめに支出することでもない。要は有益な労働に対して支払うために、賢明に支出しうるかぎり支出することである。

「一人の労働者に生活の資を与えるのに、一人のなにもしない人間より多くの経費がかかるということはない。一人の生産的な、あるいは少なくとも有益な労働者の方が全く役にたたない別の種類の賃銀生活者より多くの経費がかかるということはない。だから、収穫を得るため、羊の群れを世話したりふやしたりするため、家を建てるため、運河等を切り開くために、農耕者、ブドウ栽培者、羊飼い、レンガ職人、土方を雇う方が音楽家や舞踊家を雇うよりはましであるということを賃銀を分かち与える人びとが知っているべきである。

「なんだって！　君は富裕な大地主たちが気晴しのために音楽家や舞踊家を雇うのを妨げるつもりなのか、と、ひとは言うだろうか？　もちろんわたくしは、その人のものである収入をその人がすきなように使うのを、どんなことがあっても妨げるつもりはない。だがしかし、それでもわたくしは、つぎのように言うだろう。もしもこれらの土地所有者がいっそう富裕になり、その収入を自分のためにも他人のためにもいっそう有益に支出したいと思うならば、音楽は作曲したり演奏したりする方が金を払って聞くより十倍も楽しいものであるということは論外としても、むしろ自分自身で音楽を演奏すべきであろうと。またバレーを雇うことについては、若い娘さんたちも、わたくしとおなじように言うだろう。すきなように自分たちで勝手にカドリルを踊らせてもらう方がよいし、舞踊家を雇う費用でかの女たちの父親の財産をふやし、かの女たちの結婚の持参金を多くするのに使われる方がよい、と。だから富裕者のたのしみでさえ、正当なかれらの利益と一致しうるのである。

「だれもわれわれが奢侈取締令をそそのかしていると疑うものはあるまい。なぜなら、それは禁制的だからである。それにだれの自由を犯すわけでもなくだれの所有権を犯すわけでもない・ある活動ないし品行に対する禁止法は、それ自体、自然法に対する侵犯であり、いっさいの市民的ならびに政治的法律の最高の規範であるべき正義の基本法の侵害である。しかし、いかなる禁制がなくても、社会の主長たるものは、模範と品位という唯一の影響力によって、世の風潮を無益な支出の方に、あるいは少なくとも不生産的な節約の方にではなく、むしろ有益な労働の方へ向けることができるのである。この不生産的な節約は、他の二つの中間にあるように思われる。しかしながら、この不生産的な節約が、それ自体としては、いかに、すぐれた管理と相異なるものであるかということが了解されるのである。有効な支出によって資本を真に増殖することこそ、すぐれた管理である。以上がまさに著者の見解である。著者は、最後のパラグラフで、いみじくもつぎのようにのべている。〝企業者は、かれが節約する貨幣をただちにかれらの企業活動のもととなる・さまざまな性質の財に変える以外には使用しないのである。こうしてこの貨幣はふたたび流通のなかに帰る。〟と。実際、貨幣がかれらに有利であるのは、まさにこのためである。したがって、かれらの資本増殖と財産増大の源泉は、実際には節約ではなく、よく管理された支出である。またかれらは、それを使用するのに最適の時期を待ったり、その使用のさいに要する支出に足るだけの巨額な蓄積となるのを待ったりするので、時おりかれらが実際に節約しているように見えることがあるけれども、この表面的な節約はヨリ大きな支出の循環に備える一種の動揺にすぎないのである。たとえば、ありふれた格言を使えば、ヨリよく跳躍するためには、あるいはヨリ正しい映像を見たいなら、一瞬うしろにさがるがよい、ということである。たとえば、海面が高まるとき、波は一瞬止まる、そしてちょっとさがるようにさえして、つぎにずっと前にでるようなものである。

「著者が、この著作の残り全部で節約について述べていることは、すべてこの意味に理解されるべきであるように思われる。」

＊　『デュポン版』では多少の相異がある。

第七八節　——貨幣を財貨と比較して評価する場合、評価の対象は金属として考えられる貨幣である。貨幣利子の評価の場合、評価の対象は貨幣の一定期間の使用権である。

市場で、一枡の小麦がある重量の銀と均衡する。ひとは財貨をもって一定量の銀を購入するわけである。ひとはその分量を評価し、他の異なる価値と比較するのである。利子つき貸付けの場合、評価の対象は一定量の価値の一定期間の使用権である。もはや銀の量が小麦の量と比較されるのではない。ある量の価値が、それ自身の一定部分と比較されるのであり、この一定部分がその量の一定期間の使用権の価格となるのである。二〇、〇〇〇オンスの銀が市場で二〇、〇〇〇枡の小麦と等価であろうが、あるいは単に一〇、〇〇〇枡の小麦と等価であろうが、この二〇、〇〇〇オンスの銀の一年間の使用権の価格は、貸付け取引きにおいて、利率が五分であれば、やはり元本総額の二〇分の一、すなわち一、〇〇〇オンスの銀に相当するであろう。

第七九節　——利子の価格は直接的に借手の需要と貸手の供給の関係に依存する。そしてこの関係は、資本が貨幣として存在するにしても、あるいは商業においてある価値を有する・貨幣以外の物として存在するにしても、資本を形成するために、収入と年生産物との節約によって蓄積された動産の富の量に主として依存する。

市場での銀の価格は、ただ日常の交換に使用される・この金属の量に関係するだけである。しかし利率は、資本を形成するために蓄積され保蔵された価値の量に関係する。これらの価値が金属であろうと他の物であろうと、その物がたやすく貨幣に換えられるのでさえあれば、どうでもよい。

一国内に現存する金属の量が一年間を通じて利子つきで貸付けられる価値の総額と同じ大きさであるということはありえない。しかし家具、商品、道具、家畜としてのあらゆる資本が、この銀の代わりをつとめ、それを代表するのである。十分確かな一〇万フランの財産を所有する者が、いついつまでに一〇万フランを支払うと約束して署名した手形は、その期限までは一〇万フランとして通用する。この証書に署名した者の全資本は、たとえその者の所有にかかる財産がいかなる性質のものであれ、ただそれらが一〇万フランの価値を持つものでありさえすれば、その支払いを保証するわけである。

だから、貨幣利子を上下させたり、あるいは商業上で貸付け貨幣の供給をふやしたりするのは、金属として現存する銀の量ではない。それはもっぱら商業上に現存する資本の総量、言いかえれば継続的に収入と利潤とから節約され、新しい収入と新しい利潤とをその所有者に与えるように使用されるために蓄積された・あらゆる種類の動産価値の実際総額である。借手に提供されるのはこれらの蓄積された節約であり、節約が多ければ多いほど、借手の数がこれに比例して多くならないかぎり、貨幣利子はますます下落する。

第八〇節　——国民の節約(一)の精神はたえず資本の総額を増大する。奢侈はたえず資本を破壊する傾向にある。

国民の節約の精神はたえずその資本の総額を増大し、貸手の数をふやし、借手の数を減少させる傾向にある。奢侈の慣習はちょうど反対の結果をもたらす。そして耕作、工業あるいは商業のあらゆる企業における資本の使用について指摘されたことから、ひとは奢侈が一国民を富裕にするか、貧しくするかを判断することができる。

(一)『市民日誌』におけるデュポンの注。「われわれは、節約(economie)という語をここでは無益な支出を廃止し、賢明に保蔵的かつ生産的支出に専念するようにという・すぐれた管理の意味に解すべきであることを読者に想起していただきたい。はなはだしく節約する守銭奴は悪い節約家である。」

第八一節 ――利子の低下は一般にヨーロッパでは節約が奢侈をしのいだことを証明している。

貨幣利子は数世紀来たえずヨーロッパにおいて低下したのであるから、このことから節約の精神の方が奢侈の精神より一般的であったと推断すべきである。奢侈におぼれるものはすでに富裕な人びとだけで、これらの人びとのなかにも分別ある人はみな、その収入を支出するだけにとどめて、その資本を少しも傷つけないように非常な注意を払っている。一国内には、富裕な人よりも、富裕になりたいと願う人の方がはるかに多いのである。ところが土地がすべて占有されている現実の状態では、富裕者になる方法はただ一つしかない。すなわちそれは、どんな方法であれ、収入あるいは生活の絶対必要物以上の年々の利潤を持っているか、あるいは手に入れることであり、それによって資本を形成するために毎年この余剰を保蔵することである。つまりこの方法によって、ひとは収入あるいは年々の利潤の増加を手に入れることができ、さらにこれを節約して資本に換えることができるのである。ゆえに、大多数の人が資本を蓄積することに関心を持ち、それに専念しているのである。

第八二節 ――五種のさまざまな資本使用法の要約。

わたくしは、資本の使用あるいは有利な方法によるその投資の五種のさまざまな方法を列挙した。すなわち

第一は一定の収入をもたらす地所を購入することである。

第二は貨幣を耕作企業に投資して、土地を賃貸すること。これによってその土地の収穫は、賃貸小作料の価格のほかに前払いの利子と、その耕作に富と労力とを注ぐ人の労働の価格とをもたらすはずである。

第三は貨幣を工業あるいは製造企業に投資することである。

第四はそれを商業企業に投資することである。

そして第五は年々の利子を条件として、貨幣を必要とする人びとにこれを貸付けることである。

第八三節 ――貨幣のさまざまな用途相互間の影響。

これらのさまざまな用途に用いられた資本からひきだされ得る年生産物が相互に限定し合い、これらの用途がすべて貨幣利子の実際の利率と相関的であることはいうまでもない。

第八四節　――土地に投下された貨幣のもたらすものは、ヨリ少ないはずである。

自分の貨幣を投じて土地を購入し、これを十分な支払い能力のある借地農に賃貸する者は、ただ受けとるだけのごくわずかな骨折りで一定の収入を手に入れ、この収入を最も気に入った方法で支出し、自分のあらゆる好みを存分に満足させることができる。かれはさらに、土地はすべての財産のうちで、どんな災害に対しても所有の最も安全な財産である、という利益を持つのである。

第八五節　――貸付け貨幣のもたらすものは、等額の資本でえられる土地の収入より多少とも多くなければならない。

自分の貨幣を利子つきで貸付ける者は、土地所有者よりもさらに平穏かつ自由に利益を享有する。だが債務者の支払い不能は、かれの資本を失なわせるかもしれない。

したがってかれは、かれが同額の資本で購入する土地の収入と等しい利子では満足しないだろう。

ゆえに、貸付け貨幣の利子は、同額の資本で購入される土地の収入より大きくなければならない。というのは、もしも貸手が〔貨幣利子と〕等しい収入の土地を買う機会をみつけるとすれば、かれはこの資本の用途の方を選ぶだろうからである。（一）

（一）『市民日誌』におけるデュポンの注。「著者が、貸付け貨幣の利子は同額の資本で購入される土地の収入より大きくなければならないと言っても、かれが、このことは法律によってかくのごとく規定されるべきであると言いたいわけではないことは十分理解される。著者が*さきにみごとに証明したように、法律は商業上の貨幣利子率の決定に介入すべきではない。このように、すべてかれの文章の意味することは、なにごとも自然に生起するということである。

「法律についていえば、それは後見人がその被後見人に対して支払うべき利子、ないしは債権者が裁判による請求後に債務者から取りたてうる利子のような法律上の利子以外については決して裁定しえないのである。この場合でも、法律は率を定めるべきではなく、有効な公正証書によって確認される土地収入の示す率に従うべきである。われわれに言わせれば、たとえそれが最低の利子を与えるような収入であっても、法律は土地収入の示す率に従うべきである。なぜなら法律は、資本をその手中に所有する人の所有権を最もよく保証している〔資本の〕用途以上に、後見人あるいは他のすべての人から取りたてることはできないからであり、この〔資本の〕用途とはいうまでもなく土地の購入だからである。**また利子支払い手段の源泉についての他の経済的諸理由によってもそうである。これらの諸理由はすでに説明されたし、またさらに他の箇所でも詳述されるだろう。」

* 『デュポン版』では、ここに（第七四節および第七五節）とある。

** 『デュポン版』には、これ以下の文章が省略されている。

第八六節　――耕作、製造および商業の諸企業に投下された貨幣がもたらすものは、貸付け貨幣の利子以上でなければならない。

同様の理由によって、農業*、工業、商業に使用される貨幣は、土地に使用される同額の資本の収入あるいは同額の貸付け貨幣の利子よりはるかに大きな利潤をもたらさなければならない。というのは、これらの用途は前払いされる資本のほかに、多くの注意と労働とを要するので、ヨリ多くの利益がなければ、なにもしなくても享有できる等額の収入を手に入れる方がはるかによいからである。ゆえに企業者は、その資本の利子のほかに、かれの注意、労働、才能、危険を償う利潤と、その上、変質しやすく、あらゆる災害の危険にさらされる動産にどうしても最初から転換しておかなければならない前払いの年々の損傷の補塡のために必要なものをかれに供給する利潤とを、毎年ひきださなければならないのである。

* 『デュポン版』では、agriculture という語はない。

第八七節　――しかしながら、これらのさまざまな〔資本の〕使用から生じる・もろもろの収入は相互に制限し合う。そしてこれらの収入は不均等であるにもかかわらず一種の均衡状態を作る。

したがって、資本のさまざまな使用は非常に不均等な収入をもたらす。しかしこの不均等は、これらの収入が相互に影響し合い、それらの間で一種の均衡状態を作るのを妨げない。それはあたかも比重の等しくない二種の液体の間における均衡のようなものである。これらの液体は逆にしたサイフォンの底で相通じ、両方の管をみたすだろう。二種の液体は同じ水準ではないが、一方の高さをあげると、かならず反対の管で他方の高さもあがるだろう。

きわめて多数の土地所有者がとつぜん土地の売却を希望するとしよう。すると土地の価格が下落し、したがって以前よりわずかな金額で以前よりも大きな収入がえられることはあきらかである。このことは必然的に貨幣利子を前より高くするはずである。というのは、貨幣の所有者たちは、かれらが購入する土地の収入より多くない利子で貸付けるよりも土地を購入したがるだろうからである。だからもし借手たちが貨幣を持ちたいと思うなら、かれらは前より高い賃料を支払わざるをえないだろう。もし貨幣利子が前より高くなるとすれば、ひとは、耕作、工業および商業の諸企業においてヨリ困難かつヨリ危険な方法で貨幣を利用するよりは、貨幣を貸付けることを好むだろう。そしてひとは、労働賃金のほかに、貸付け貨幣の利子よりはるかに大きな利潤をもたらすような企業しかおこさないであろう。要するに、なんらかの貨幣使用の結果、利潤の増減が生じるやいなや、資本は他のもろもろの用途から回収されてある用途に投入されたり、ある用途から回収されて他のもろもろの用途に投入されたりする。そしてこのため、必然的にそれぞれの用途において資本と年々の収入との比が変わるのである。一般に、地所に換えられた貨幣がもたらすものは、貸付け貨幣より少なく、貸付け貨幣のもたらすものは困難な諸企業に使用される貨幣より少ない。しかし貨幣がどのように使用されるにしても、用いられた貨幣の収入に増減が生じると、必然的に他のすべての貨幣使用も、これに比例した増減をこうむるのである。

第八八節　――貨幣の市場利子は、それによって資本の多寡を判断しうる寒暖計である。それは、ある国民が耕作、製造および商業の諸企業に与えうる範囲の尺度である。

ゆえに、貸付け貨幣の市場利子は、一国内における資本と一国民が従事しうる・あらゆる企業の範囲とを示す一種の寒暖計とみなされうる。すなわち貨幣利子が安ければ安いほど、土地がますます価値を持つようになることはあきらかである。もしも土地が二〇ドゥニェでしか売られないとすれば、五〇、〇〇〇リーヴルの地代を有する者は、わずか一〇〇万〔リーヴル〕の富を持つにすぎないが、土地が四〇ドゥニェで売られるとすれば、かれは二〇〇万〔リーヴル〕を持つわけである。

利子が五パーセントとすれば、前払いの補填と耕作者の労苦の報酬のほかに五パーセントの収穫をあげない開墾用地はすべて未耕地のまま残るであろう。また製造業、商業で、賃金と企業者の労力や危険の等価物のほかに五パーセントの利益をあげないものはすべて存在しなくなるであろう。

隣りの国で利子が二パーセントにすぎないとすれば、その国は、五パーセントの利子の国が排除する・いっさいの商業を行なうばかりでなく、その国の製造業者や貿易商人は、ヨリ少ない利潤で満足できるので、どの市場においてもかれらの商品の価格をヨリ安くし、もろもろの特殊事情やあまりに高くつきすぎる輸送費のために、五パーセントの利子の国民には維持できないような・いっさい商品の取引きを引きうけて、ほとんど独占的商業を行なうだろう。

第八九節　――あらゆる営利的企業に対する貨幣利子率の影響。

利子の価格は、それ以下ではあらゆる労働、あらゆる耕作、あらゆる工業、あらゆる商業が途絶するような一種の水準とみなすことができる。それは広大な地域に拡がる海のようなものである。すなわち山々の頂きは海面に抜きんでて、肥沃な、よく耕作されたもろもろの島を形成する。たまたま潮がひいてしまうようなことがあれば、潮がひくにつれて、山腹が現われ、ついで平地や小谷が現われて、あらゆる種類の生産物でいっぱいになる。広大な海辺をひたすにしても、耕作するにしても、一フィートの潮の満ちひきで十分である。すべての企業を活潑にするものは資本の豊富さである。そして低い貨幣利子は資本の豊富さの結果であり、同時にその指標である。

第九〇節　――一国の富の総額は(一)つぎのものからなる。一、すべての不動産の純収入に土地価格の率を乗じたものと、二、国内に現存するあらゆる動産の富の総額とである。

不動産は、その年収入に土地売買の市場ドゥニェ(le denier courant)[*]を乗じたものと等しい額の資本と等価である。したがってすべての土地収入、すなわちすべての土地が土地所有者、および地代を徴収する領主、一〇分の一税を徴収する僧侶、租税を徴収する元首のように土地所有者と所有権を共有するすべての人に与える純収入を合算し、さらにわたくしに言わせれば、この総額を全部加算して、それに土地売買の率を掛ければ、一国の不動産の富の総額がえられるであろう。

　一国の富の総額を得るには、耕作、工業および商業のあらゆる企業に使用される資本総額のなかにあって決してそれ以外に出ることのない動産の富、つまりどの分野の企業においても、たえず企業に再投入されるためにたえず企業者の手もとにもどるはずであり、[**]またそうでなければ企業が継続されえない[**]すべての前払いをそれ〔一国の不動産の富の総額〕に加えるべきである。

　これらの動産の富のばく大な総量を一国内に現存する貨幣の総量と混同するのは誤りもはなはだしい。後者は〔前者に〕比較すればごくわずかなものである。このことを理解するには農業の前払いを構成している大量の家畜、道具、種子、それに製造業者《マニュファクチュリエ》の資本をなしている・あらゆる種類の原料、器具、家具、それにあらゆる商人および小売商人の倉庫を想像すれば十分である。そうすれば土地のであれ動産のであれ、一国の富の総額において、正金はそのごく小部分にすぎないことがわかるであろう。しかしこれらすべての富と貨幣とはたえず交換されうるので、すべての〔富〕は貨幣を代表し、また貨幣はすべての〔富〕を代表するのである。

（一）『市民日誌』におけるデュポンの注。これは『チュルゴ著作集』〔デュポン版〕には再録されていない。「著者がここに一般的用語で一国の富の総額と呼んでいるものは、実際には安定かつ永続的な富の総額つまり資本総額である。この資本総額は、生産物すなわち年々再生して資本総額を存続せしめる消費の富を獲得するのに役立つ手段であり、不動産の価値とも、またこれらの不動産の耕作あるいはその他の工業や商業の諸企業に用いられる資本の価値とも混同されるべきではない。」

＊　ドゥニェについては第五七節を参照。

＊＊　この印し間の文章は『市民日誌』にはあるが、『デュポン版』にはない。したがって「もどるはずであるすべての前払いを…」となる。

第九一節　――貸付け資本の総額を一国の富の総額にふくめると、必ず二重計算になろう。

国富の計算のさいに、貸付け資本の総額をふくめるべきでない。というのは、資本を保証し、その利子を支払いうるのは土地所有者と企業者の二者だけであり、すなわち貨幣を土地も産業も持たない人に貸付けるとそれは死んだ資本となって、役立てられる資本とはならないだろうという理由で、貸付け資本は、これを自分の企業において利用する土地所有者または企業者にしか貸付けられえなかったからである。もしも四〇万フランの土地を所有する者が、その土地で一〇万〔フラン〕を借りるとすれば、かれの財産は賃料を負担することになり、それだけかれの収入は減るわけである。またかれがその財産を売却しても、かれが受けとる四〇万フランのうち一〇万フランは貸手のものとなるであろう。したがって貸手の資本は、現存の富の計算の場合には、土地の価値に等しい部分との二重計算となるだろう。この土地の価値は常に四〇万フランである。すなわち土地所有者が一〇万フランを借りるとしても、それによって土地が五〇万フランになるわけではない。ただそれによって四〇万のうち一〇万が貸手に属し、借手には三〇万しか属さないということになるだけである。

企業の前払いとして使用されるために、ある企業者に貸付けられた貨幣を資本の総計のなかにいれれば、同様な二重計算がおこるであろう。というのはこの貸付けは企業に必要な前払いの合計総額をふやさないからである。ただ結果的にこの〔貸付け〕金額とその利子を表わす利潤の一部分とが貸手に属すことになるだけである。ある商人が自分の財産のなかから一〇、〇〇〇フランを自分の商業に使用し、それから利潤の全部をひきだすにしても、あるいは他の人から一〇、〇〇〇フランを借入れ、その人に利子を支払って自分は残りの利潤と勤労の報酬とで満足するにしても、いずれにしても一〇、〇〇〇フランにすぎない

しかし一国の富の計算に貸付け貨幣の利子の資本をふくめると必ず二重計算になるとしても、その他のすべての動産は計算に入れるべきである。これらの動産は本来は支出の対象になるだけで、なんらの利潤ももたらさないけれども、その耐久性のゆえに、たえず蓄積される真の資本となるし、また必要に応じて貨幣と交換されうるのであるから、いわば、商業のなかに再び帰っていつでも必要のときに他の資本の損失を補うことのできる積立資金ともなるのである。たとえばあらゆる種類の家具、宝石、食器、絵画、彫像、守銭奴の金庫にしまいこまれた現金がそれである。すなわちこれらのものはすべて、ある価値を持っている。したがってこれらの価値全部の合計は富裕な国民の場合にはばく大なものとなりうるのである。しかし、それがばく大であろうとなかろうと、一国の富の総計をだすには、不動産の価格の合計とあらゆる分野の企業で循環している前払いの合計とにこれが加えられるべきであるということはどんな場合でも正しいのである。なお、一国の富の総額は何から成るかということについては、いま行なったばかりであるように、きわめて十分に定義することができるけれども、この富が総計いくらになるかをあきらかにすることは、一国の商業全体と土地収入との比例を確定するためのなんらかの規準がみいだされないかぎり、おそらく不可能であることはいうまでもない。それはおそらくできるだろう。だが、まだあらゆる疑念を一掃するような方法では行なわれなかった。

第九二節　——貨幣の貸付け資本家は、社会の三階級のいずれにいれられるべきであるか？

さて、われわれが資本を使用する・さまざまの方法についていま詳述したばかりのことが、さきに社会の全成員を生産階級すなわち農業者、工業ないしは商業階級および自由に処分しうる階級すなわち土地所有者の三階級に分けることについてあきらかにしたことと、どのように合致するかをみよう。

第九三節　――貨幣の貸付け資本家は、その身分にかんしては、富を自由に処分しうる階級に属す。

われわれは、富裕なる人がみな、必ず、動産の富としてある額の資本の所有者かあるいはある額の資本と等しい土地の所有者であることをみた。地所はすべてある額の資本と等価である。すなわち土地所有者はすべて資本家である。しかし資本家がすべて不動産の所有者ではない。そして動産資本の所有者は、その資本をあるいは土地の獲得に用いるか、あるいは耕作階級や工業階級の諸企業に利用するかの選択権を持っている。耕作または工業の企業者となった資本家は、これら二階級の単なる労働者と同じく、自分をも自分の利潤をも自由にしえない。両者はともに、それらの企業の継続にあてられるのである。もっぱら貨幣貸付け人であるだけで満足する資本家は土地所有者あるいは企業者に貸付ける。かれが土地所有者に貸付ければ、かれは土地所有者階級に属すように思われる。かれは土地所有権の共有者となる。土地収入はかれの債権の利子支払いにあてられる。土地の価値は資本の返済までその保証にあてられる。貨幣貸付け人が企業者に貸付ければ、その身分が富を自由に処分しうる階級に属すことはたしかである。だがかれの資本は企業の前払いにあてられたままとなり、企業を害するか同等の価値の資本によって補塡されるかしないかぎり、かれの資本はとりもどされえない。

第九四節　――貨幣貸付け人がひきだす利子は、その使用にかんしては、自由である。

なるほど、かれがその資本からひきだす利子は自由に処分されうるようにみえる。なぜなら企業者も企業も利子なしにすませうるからである。そしてまた、あるいは耕作に、あるいは工業に使用された二つの勤労階級の利潤のなかには自由に処分しうる一部分すなわち貸付け貨幣の市場利率で計算された前払いの利子に相等する部分があると結論できるようである。さらにこの結論は、土地所有者階級だけがいわゆる収入つまり自由に処分しうる収入を持つのであって、他の二階級の全成員はただ賃銀あるいは利潤を持つにすぎないと、われわれがさきにのべたことと矛盾するようである。これについてはとうぜんなんらかの説明が必要である。

ある商人に六〇、〇〇〇フランを貸付けた人は、毎年ひきだす数千エキュ［の利子］をどのように使いうるかということについて考えてみれば、この数千エキュが全く自由に処分できるものであることはなんら疑いの余地がない。なぜなら、その企業はそれなしにすませうるのだからである。

第九五節　――貨幣利子は、国家がもろもろの必要のためには、なんら支障もなく、その一部を使用しうるという意味では、自由に処分されうるものではない。

だが、この数千エキュは、国家が公共的必要のためにその一部分をなんら支障なく使用しうるという意味では、自由に処分されうるものではない。この数千エキュは、耕作あるいは商業が前払いを行なった者に無償で与える報酬ではない。それは、この前払いの価格であり条件であって、この前払いがなければ企業は存続しえないであろう。もしこの報酬が減少すれば、資本家はかれの貨幣をとりもどし、企業は停止するであろう。だから、この報酬は不可侵のものであり完全な特権を受けるべきである。なぜなら、それは企業に投ぜられた前払いの価格であり、この前払いなしには企業は存続しえないであろうからである。これに手をつければ、あらゆる企業の前払いの価格を高め、その結果、企業それ自身すなわち耕作、工業および商業を減退させることになろう。

この答から、われわれはつぎのように推断しなければならない。すなわち土地所有者に貸付けた資本家は土地所有者階級に属するようであるとわれわれがのべたにしても、この外見には多少あいまいな点があるので、これをはっきりさせる必要があるということである。

事実上、かれの貨幣の利子は、耕作および商業の企業者に貸付けられた貨幣の利子と同様、自由に処分されうるものではない、すなわち削りとられうるものではないということは全く正しい。この利子はひとしく自由な契約の価格である。またひとは同じく貸付け価格を改訂もしくは変更せずには利子を削りとることはできないのである。ところでだれに貸付けられたかということはどうでもよい。もしも貸付け価格が変化して土地所有者に対して高くなるとすれば、それは耕作者、製造業者《マニュファクチュリエ》および商人に対しても変化し高くなるだろう。要するに、貨幣の貸付け資本家は、富の生産に絶対必要で、しかもあまり安価ではありえない財貨の商人とみなされるべきである。かれの取引きに課税することは、土地を肥すのに役立つ堆肥に課税することと同じく無謀である。そこでわれわれはつぎのように結論しよう。すなわち貨幣貸付け人は、その貨幣の利子が土地所有者の収入の一部で支払われるにせよ、あるいは前払いの利子にあてられる企業者の利潤の部分で支払われるにせよ、その身分にかんしては、かれはなにもしないのであるから、あきらかに富を自由に処分しうる階級に属し、かれの富の性質にかんしてはそうではない、と。

第九六節　――異　論。

ひとは、きっとつぎのようにわたくしにいうであろう。すなわち資本家は、かれの貨幣を貸付けるにしても土地の獲得に使用するにしても、これを無差別に行ないえたのであり、いずれの場合にも、かれはただ自分の貨幣と等価の価格をひきだすにすぎない。したがってかれがどんな方法でその貨幣を用いたにせよ、かれが公共支出に寄与することに変りはないはずである、と。

第九七節　――この異論に対する答え。

わたくしは第一に答える、たしかに資本家が土地を買った場合、その収入はかれにとって、かれが貨幣の貸付けによってひきだすものに等しい。だが国家にとっては、かれが自分の土地に対して付与する価格はその土地の産出する収入にはなにも寄与しないという本質的な相異がある。土地は、その土地をかれが買わなかった場合でもやはり収入を産みだしたであろう。すなわちこの収入は、すでに説明したように、土地が耕作者の賃銀、その利潤および前払いの利子以上に産みだすものである。貸付けの利子はこれと同じではない。貸付けの利子は貸付けの条件そのものであり、前払いの価格であって、この前払いなしには、利子の支払いに役立つ収入あるいは利潤は存在しないであろう、と。

わたくしは第二に答える、もし土地のみが公共支出の負担を課せられるとすれば、ひとたびこの租税が規定されるやいなや、土地を購入する資本家は、自分の貨幣利子の計算のなかに、この租税にあてられる収入の部分を入れないであろう。すなわち、こんにちひとが土地を購入する場合、僧侶の受けとる一〇分の一税を購入せずに、この一〇分の一税を差し引いた残りの収入を購入しているのと同様である、*と。

(一)　『チュルゴ著作集』にあるデュポンの注。「土地が産出する収入の一定部分を社会的支出にあてること(ひとが土地所有者に対して効用、必要、利益を認めたからこそ、こういうことが行なわれるのであるが)、そして他のあらゆる租税形式をやめること、つまり税を課すのではなく、政府と国民との間にある友好的な社会を建設するというのが、このエコノミストたちの一般的考察の根拠となっている真理である。すなわち一度に、しかも将来にむかって、すべての税を廃止するということである。」

第九八節　――一国内で真に自由に処分しうる収入は、土地の純生産物以外には存在しない。

以上のべられたことから、貸付け貨幣の利子は、土地の収入、あるいは耕作、工業ないしは商業の諸企業の利潤からえられる、とひとは理解する。

だが、われわれがすでに説明したように、これらの利潤それ自体はたんに土地生産物の一部分にすぎず、土地の収入は二部分に分けられる。すなわち一方は耕作者の賃銀、利潤その前払いの回収および利子にあてられ、他方は土地所有者の分け前すなわち土地所有者が自由に処分し、国家の一般支出に寄与するところの収入である。

社会の他の諸階級が受けとるものはすべて、あるいは土地所有者の収入から、またあるいは生産階級の代理人たちが工業階級から購入せざるをえない必需品用にあてる部分から、支払われる賃銀および利潤にすぎないと、われわれは説明した。この利潤が、労働者の賃銀に、企業者の利潤に、前払いの利子に配分されても、その性質が変わるわけではないし、また生産階級によってその労働の価格以上に産出される収入の総額をふやすわけでもない。工業階級はただその労働の価格のかぎりで収入の配分にあずかるにすぎないからである。

ゆえに、土地の純生産物以外には収入はないということ、またその他の年々の利潤はすべて、収入によって支払われるか、または収入を産出するのに役立つ経費の一部をなすということは疑う余地のないことである。

第九九節　――土地はまた動産の富すなわち現存の資本の総額をも提供した。そしてこの総額は土地の生産物の一部分が毎年保蔵されることによってはじめて形成されるのである。

土地の純生産物以外の収入は存在しないし、また存在しえないというだけでなく、土地こそが耕作と商業のいっさいの前払い総量をなす全資本を提供したのである。土地は耕作されなくても、粗雑ではあるが最初の労働に不可欠な最初の前払いを提供した。その他のものはすべて、ひとが土地の耕作をはじめて以来相つぐ数世紀間の節約によって蓄積された成果である。たしかにこの節約は土地所有者の収入からだけでなく、勤労諸階級の全成員の利潤からも行なわれる。土地所有者はヨリ多くの余剰を持っているが、かれらはヨリ多くの余暇を持ち、そのためヨリ多くの欲望、ヨリ多くの道楽を持つので、かれらの節約がヨリ少ないことはまさに一般的にまちがいないのである。かれらは自分たちの財産がヨリ保証されているものと考え、財産を増殖するよりはむしろそれを快適に享楽することを考える。すなわち奢侈こそかれらの分け前である。賃銀労働者、とくに、その前払いや才能や活動に応じて利潤を受けとる他の諸階級の企業者は、いわゆる収入を持ってはいないが、かれらの生活資料をこえる余剰を持っており、かれらのほとんどすべての人は、もっぱら自分の企業に従事し、自分の財産増殖に専念し、労働することによって費用のかかる娯楽や道楽を遠ざけ、余剰を全部節約して、これを企業に再び投じかつこれを増殖する。耕作企業者の大部分はあまり借金せず、ほとんど全部の人が、自分自身の資金だけを利用する。自分の財産を確固たるものにしようと思う他の諸分野の企業者もそうなろうと努力するが、非常な手腕がないかぎり、借入れ資金で企業を運営する者は多くの失敗の危険をおかすのである。しかし、資本の一部が勤労諸階級の利潤の節約によって形成されるとはいえ、この利潤がすべて、あるいは土地の収入から、あるいはその収入を産出するのに役立つ経費から支払われるように、利潤は常に土地から生じるのであるから、資本は収入と同様に土地から生じる、というより収入の所有者ないしその収入の配分にあずかる者が、土地によって産出された価値のうちでかれらの欲望に使用せずに毎年保蔵しうる部分の蓄積にほかならないということはあきらかである。

第一〇〇節　――貨幣は節約の直接的対象であり、いわば資本の形成における最初の素材であるけれども、正金は資本総額のうちのごくわずかな部分を形成するにすぎないのである。

われわれは、貨幣は現存の資本総額のなかにはほとんどふくまれないが、資本形成にはおおいに関係があることをみた。実際に、ほとんどすべての節約は貨幣によってのみなされる。この貨幣によって収入は土地所有者に回収され、前払いと利潤はすべての分野の企業者に回収されるのである。したがってかれらはこの貨幣によって節約するのであり、資本の年々の増加は貨幣によって行なわれるのである。しかしすべての企業者は、この貨幣をかれらの企業活動のもととなるさまざまな性質の動産にただちに換える以外には使用しない。こうしてこの貨幣はふたたび流通のなかにもどり、資本の最大部分は、われわれがすでに前述したように、さまざまな種類の物としてのみ存在するのである。

リモージュ農業協会から賞を授けられた諸論文にかんする所見

（A・L所蔵の原典による。――『デュポン版著作集』、第四巻、三二二ページ、変更あり。）

〔シェルの前文〕

以下の序言は、当時の新聞に発表されたもので、リモージュ農業協会による懸賞論文審査の結果を示すものである。

「協会は、土地所有者の収入におよぼす間接税の効果を最もよく論証し、評価した覚書きに与えられるリモージュ財務管区知事賞への多数の応募作品を受理した。どの作品も課題の完全かつ厳密な解答を示しているとは思えなかったが、協会は、おおくを望み、あまり期待せず、なにも求めない(*Brama assai, poco spera, e nulla chiede*)という題銘をもつ論文がほぼ賞にふさわしいと判断し、この論文に賞を与えた。著者はオルレアン農業協会会員、ド・サン・ペラヴィ氏(M. de Saint-Péravy)である。

この主題で送付された他の諸論文のなかに、受賞論文の諸原理とは全く反対の諸原理で問題を解こうとする論文が一篇あった。協会は、この著者がその諸原理を展開する手法や、その著作に示されている才能ゆたかな諸見解が特別な栄誉にふさわしいと判断した。この論文は **Ne fortè impleantur extranei viribus tuis, et labores tui sint in domo aliénâ**（異邦人は汝の労働によってみたされ、汝のつとめは異国にあるべし。）という銘を持っているが、著者はその名をあきらかにしていない。」

ゲリノ・ド・サン・ペラヴィ(Guérineau de Saint-Péravy)は、気のいい二流詩人で『草花栽培論』(*Traité sur la culture des fleurs*)(一七六五年)の著者であり、政治経済学では浅薄な知識しか持っていず、その論文ではミラボ侯(marquis de Mirabeau)の農業哲学(*Philosophie rurale*)を敷衍したにすぎなかった。

かれは、この受賞論文を、一七六八年、一二折版、『土地所有者の収入におよぼす間接税の効果にかんする覚書き』(Mémoire sur les effets de l'impôt indirect sur le revenu des propriétaires des biens-fonds)という題名で公刊した。デュポンは、この著作について、著者の適確かつ方法的な精神のせいではなく、かれの計算の根拠の不正確さのせいにされるべき若干の誇張があるにもかかわらず、それは、エコノミストたちの間で教科書と考えられている、といった。実際には、エコノミストたちは、あとでみられるように、多くの欠点をこの著作にみいだしたのである。

サン・ペラヴィは、その後、『三部会によって採択されるべき諸原理にかんする試論』(*Essai sur les principes à adopter par les Etats Généraux*)(一七八九年)と『社会組織案』(*Plan d'organisation sociale*)とを書いた。かれは自堕落な生活ののち、ベルギーに亡命せざるをえなくなり、その地で死亡した。

農業協会が「特別な栄誉」を認めた著者は、一七二七年生れで、もとナント高等法院《パルルマン》弁護士および収税長官(receveur général des fermes)、ド・グラスラン(De Graslin)であった。かれは、おおくの偏見にみちてはいるが、政治経済学を語るについては、かれの競争相手よりもずっとよくなれていた。かれは、その論文《メモワール》を『富および租税にかんする分析試論、すなわち王立農業協会の、間接税の効果にかんする一綱領の諸原理となった新経済学説への反論』(*Essai analytique sur la richesse et l'impôt*, où l'on réfute la nouvelle doctrine économique qui a fourni à la Société royale d'Agriculture les principes d'un programme qu'elle a publié sur l'effet des impôts indirects)という題名でロンドンで一七六七年に公刊した。

同時に、グラスランは、「農民が土地を所有する」ことが国家にとって有益であるかどうか、という問題についてセント・ペテルスブルグの経済・農業協会の懸賞に応募していた(一七六六年)。かれの論文は賞状をえ、一七六八年、他のドイツ語およびフランス語の受賞諸論文とともに公刊された(八折版、刊行地・刊行年なし)。この論文では、グラスランは一種の社会主義理論を主張した。そしてかれは、国家による土地所有権の収奪を、ただ実際面で拒否しただけである。かれは、結局、土地所有者はすべて農民であるべきであり、個人所有は自分だけで耕作できる範囲に限られるべきであると考えていた。

グラスランは一七九〇年に死亡した。

デュポンはつぎのようにいった。「エコノミストの反対者たちは、かれの富にかんする著作を教科書と考えた。……(リモージュで賞を授けられた)二つの著作は、どちらも苦労なしには読めないという一つの共通の欠陥をもっていた。そしてこの欠陥は、主題の実際的なむずかしさや、その資料を集めるのが全く容易でない諸問題についての計算の面倒さや、偶然二人の著者が全く同じようになった・少しばかりの形而上学的な傾向に起因していたのである。」

農業協会は必ずチュルゴの意見を採用したが、そのチュルゴは、つぎのように予測していた。すなわち一つの賞はエコノミストたちの反対者の一人に与えられたのだから、この判定は、一方ではエコノミストたちを満足させないだろうし、また一方では、反重農主義学説を発表したグラスランの方は受賞論文よりもはるかに注目に値する論文であるのに、第二位となったのだから、エコノミストの反対者たちを満足させないだろう、と。

チュルゴは、『市民日誌』(Ephémérides du Citoyen)に審査の結果を通知しておいた。だがこの雑誌はグラスランに与えられた賞については一言もふれず、サン・ペラヴィのことしか語らなかった。すなわち、

「いっさいの間接税の廃止の結果として生じ、そして元首の収入を慎重に定められた土地の純生産物の一定部分に限定するであろう・この全面的かつ完全な自由こそ、経済科学の諸原理にもとづいて書かれたオルレアンのド・サン・ペラヴィ氏の著作の目的である。この著作はリモージュ農業協会から賞をおくられたばかりである。われわれはこの著作がやがて公けにされることを期待し、この著作について説明しよう。

「願わくはフランス国民が、農奴解放の模範を全ヨーロッパに示したあと、おなじく天与の自由に反し、耕作の進歩にも国王の権力にも諸国民の富にも人類の繁殖と幸福にもいっそう有害な財政制度の鉄鎖をうち砕いて、ふたたび模範を全ヨーロッパに示さんことを！」

翌年、つまり一七六八年になってはじめて、『市民日誌』は、一月一四日づけのデュポンのサン・ペラヴィあて書簡のなかで、グラスランの論文に言及した。それはつぎのとおりである。

「あなたの論文といっしょに応募した論文《メモワール》をあなたにお送りすることをお許しください。……この論文は、著者自身が言っていますように、この愛国的・学術的協会（リモージュ農業協会）が判定をくだす前に、著者が目立たないように印刷させておいたものです。……これはもちろん、一人の才能ゆたかな人の著作です。しかし諸事情からみておそらく無理もないことですが、ある偏見のために……それは最初から誤っています。……だれもかれが思想家であることを認めないわけにはいきません。……しかしまた、かれは、かれが反論しようとする著作家たちを読むときに、妙な予断を持っていて、はなはだ注意深くなかったことも認めないわけにはいきません。……かれは、むしろ、かれらが富をもっぱら土地の純生産物に限定していると、でたらめに考えたかったのです。……かれらは決して、この原理といわれるものも、それにちかいものも提唱しなかったとあなたは異議を唱えることでしょう。かれらは不動産の富、動産の富、経営の富、急激な消費の富、永続的享有の富、再生する富、再生しない富を区別しました。……あなたはいわれるでしょう、かれらは再生する富を、自由に処分しうる富すなわち純生産物と、本質的に再生産の作業にあてられる富すなわち年々の経費および賃銀とに区別した、と。……かれはつづけて、あなたにいうでしょう、それは、かれによって経済哲学者《フィロゾーフ・エコノミスト》たちのものとされる原理の上でのことにすぎない、かれらはすべての租税は直接、間接、土地所有者の収入の上にかかると結論した、と。……あなたは、かれに答えるでしょう、かれはこれによって、これら哲学者《フィロゾーフ》たちが租税についてのべた学説にかんする自分の全くの無智を証明している、この学説の帰するところは、つまり租税という永久に再生する支出は常に再生する富によってしか支払われえないということである、したがって租税は、自由に処分できて、再生産の作業に直接的には使用されない純生産物からだけとられるべきである、と。……

「著者は、その書物の扉ページで、自分が賞讃を受けた・あるアカデミーを味方にひきいれています。かれは、リモージュの協会が自分の論文に賞を授与せず、賞讃するだけにとどめることを知って、普通、著述家が自分を批判するはずの学会の諸原理を攻撃する際に、それを用いるのがあらゆる点で礼儀であるとされる丁重な儀礼的表現を、印刷後に、この著作から削除したことをその序言であきらかにしています。……

「かれは、自分が消費税において見ようとしたあらゆる有利な諸結果を補うために、さらに各貢納者の支出に応じて定められる一種の人頭税（une capitation）（著者はあきらかに、その支出については、各人が帳簿をつけ、これを提出することが義務とされるものと考えています)と、一アルペンあたり一〇〇ジェルブの小麦を産出する土地に対して、その全生産物のほぼ一五分の一と見積られる一種の現物課税とが必要であることを立証するつもりでいます。……この取るにたらぬ税は、現在のターユ(la taille actuelle)のおよそ二倍も骨が折れるでしょう。……

「あなたは世間に対して義務を負っています。つまりあなたは、あなたが受けた栄誉にかけて、授賞の決定の正しさを完全に証明しなければなりません。……氏が賞をもらえなかったのは、かれの著作にそれだけのねうちがなかったのだということを、あなたは世間の人に証明しなければなりません。あなたは、かれの諸原理のもろもろの誤りとその諸帰結から生じる危険とを詳しくのべ、リモージュの協会が最初の著作に賞を授けるときに気づいたらしい僅かな欠点を第二の著作で補足しなければなりません。」

一　――グラスランの覚書きについて

(富。――自由交易。――生産階級と被雇用階級。――自由に処分しうる富。――財。――価値。――富。――純生産物。――企業者と賃金労働者。――労働の自由。――諸国民の富。――賃金と租税。)

著者は故意に、(一)土地の純生産物すなわち収入だけを富とみなすことの責を、かれが攻撃する著述家たちに負わせている。土地が産出するものはすべて富である。しかも、これらの著述家は、一国の再生する富の総額は土地の年生産物の総額に帰する、と正しく主張している。これらの生産物は二つの部分に分かれ、その一方は耕作者の食糧およびもろもろの欲求の充足に、前払いの利子および補充に、要するに、直接、間接、次年度の再生産に必要なすべてのものにあてられる。この部分はいささかも自由に処分しえない。そして租税がこの部分を傷つければ、必ず再生産を悪化させ富の源泉を破壊するにちがいない。だが、この部分を控除した余剰、つまり耕作者が土地所有者に返す余剰は土地所有者の収入を形成する。そしてこの収入は次年度の再生産に全く不必要なので、土地所有者の手中にあって自由であり、自由に処分しうるものであり、また名目土地所有者(propriétaire titulaire)、一〇分の一税徴収者、年貢徴収領主(seigneur censier)、国家等の間で分配されうるのである。

(一)『分析試論』、五ページ、「もっぱら生産的な土地においてのみ考えられ、さらに土地の純生産物、すなわち総経費を控除したものに限られる基本的富が、政治経済学新体系の基礎である。ここから生産階級(classe productive)と不生産階級(classe stérile)という・かの人間の区別が生じる。」

著者はまた、二つの勤労階級間の真の区別を理解していない。すなわちその一方は直接、土地の労働に従事して生産する、というよりいっさいのあいまいさを除いていえば、土地が与える・いっさいの富を直接、収穫する。他方は土地の産物を収穫した人びとを通じてしか直接的にはなにも受けとらないので、とうぜん必要な生活資料を自分の労働と交換に受けとる。しかしかれは、土地によってのみ産出される富の総額には、いかなる新しい富をもつけ加えない。

現実の富がすべて、租税を支払いうるわけではない。[一] さらにこの富が自由に処分しうるものであること、すなわち直接にも間接にも次年度の再生産に必要でないこと、が必要である。

(一)『分析試論』、八ページ、「租税を支払いうるのは現実の富だけであるから、この富がなにからなりたっているか、そして誰の手中にあるかをはっきり知ることが不可欠である。」

はじめの三つの結論[一]は商業の無制限の自由に帰着する。この自由が、著者の攻撃する諸原理からの一帰結であるとしても、この自由は他の多くの明白な諸原理にもとづいている。そしてこれら諸原理の確かさは、ひとが富や収入の本質についていだく学説体系とはなんの関係もない。希望の物を希望の人へ売買することを許せば、これがために産業は全く放棄されると考えるべきではない。またこの自由をおそれるあまり、外国人がわが国のあらゆる原料を買いあげ、わが国の工業を全部独占し、わが国の商業を全部行なうようになるだろうと考える人びとの議論は、わが国の穀物を外国に販売する自由がわれわれを餓死させるのではないかと心配する人びととの議論と同じ種類のものである。

(一)『分析試論』、九ページ、「わたくしは、危険であると同時に魅力的であり、おそらくその実際的な結論においては不幸である・ある体系樹立の基礎となった諸原理に、真の諸原理を対置しよう。――これらの結論のいくつかのものは、一、わが国のマニュファクチュアのもととなっている原料を直接、外国に売ること、二、外国で加工された商品を全く自由に受けいれること、三、用船やもっぱら労働と工業にかんするものをすべて外国にまかせること、四、最後に、国家の租税を全部、土地だけに負担させること、である。」

わたくしは、享有、所有、あるいは欲望、欲求の対象をすべて財(*bona*)と呼ぶ。[一] わたくしは、交換および評価可能なものをすべて価値(*merces*)と呼び、取引き可能な財、つまりある価値を持つ享有の対象をすべて富(*opes*)と呼ぶ。収入とは、土地が土地の耕作者の経費および回収以上に与える富である。水はすこしも価値を持たない財である。労働はある価値を持っているが、それ自体では財ではない。穀物、布は富である。借地農《フェルミエ》が土地所有者に返すものが収入である。

(一)『分析試論』、二四ページ、「どんな性質の物でも、またどんな源泉から生じる物でも、常にわれわれの欲求の充足にあてられる物はすべて富である。」――六九ページ、「空気や光や水は欲求の現実的な対象物であり、したがって真の富である。」――一一ページ、「ある農民が自分の所有する亜麻畑の耕作にその生涯を費したが、毎年その勤労からは一〇〇リーヴルしかえられず、しかも毎年おなじ一〇〇リーヴルを支出したとする。……すると純生産物が少しもなかったという理由で、国家にとっては、その人と畑は全く存在しなかったに等しいということになるのであろうか？」

これらの定義からして、土地の生産物は、それがただ経費に等しいだけの場合でも富であるが、ただし自由に処分しえない富であり、つまり富ではあるが収入ではない、ということになる。耕作者に一〇〇リーヴルの費用がかかり、一〇〇リーヴルの収穫しかもたらさないという・亜麻畑の引用例の場合、この亜麻は富であり、しかも他のすべての富と同じように、たしかにその効用を持っている。だが土地所有者にとっても国家にとっても収入が全く存在しないことはいうまでもない。耕作者は自分の食糧と衣料とを、すなわち自分の労働の絶対必要な賃金をきちんと回収したが、畑は収入を全然もたらさなかったわけである。この耕作者は、これと同様の畑を耕作する許可を得るのに、その所有者に一スーもだそうとはしないだろう。というのは、かれは、その畑からは自分の生活必需品しかえられないからである。同じ理由で、国家は、耕作者からかれの必需品を奪い、その結果かれを労働不能にしないかぎり、この畑からはなにもひきだしえないし、また耕作者にはなにも要求しえないのである。かりにある王国の畑が全部、これと同様に耕作されるとすれば、その国家がいかなる租税も徴収しえないことはあきらかである。それは富が全く存在しないからではなく、収入、つまり自由に処分しうる富が全く存在しないからであり、また年生産物は全部、生産者の生活必需品にあてられるため、それが少しでも奪われれば、それだけで次年度の耕作と再生産は全滅するからである。

ばくぜんと考えても、耕作者の生活資料は経費のなかに入っているのであるから、耕作者が自分自身の消費を少なくすればするだけ、ますます残りの純生産物が多くなるのは、きわめてとうぜんのことである。(一) ある借地農《フェルミエ》がビロードの服を着、その夫人がレースの服を着るとすれば、この支出が、土地の収入にかかり、土地所有者の分け前を減らすことはたしかである。しかし、耕作者の貧困が純生産物を増すということには決してならない。逆に、最も多額の前払いこそ、最も豊富な収入をあげるのであるから、ある豊富な生産を土地からひきだすには、労働そのものと同じく耕作企業者の富裕が必要であることが証明される。土地の肥沃さには限度があるので、たしかに、前払いを増加しても、それ以上は経費の増加に比例して生産が増加しないような一点があるにちがいない。しかしこれまでは、だれもこの限界に達していないので、経験は、前払いが最大であれば、すなわち耕作者が最も富裕であれば、たんに総生産物が最大であるばかりでなく、純生産物も最大であることをあきらかにしている。

(一)『分析試論』、一三ページ、「耕作の総経費のように、耕作者の支出は、国家についていえば、土地生産物の富を少しも減らすものではない。なぜなら、国家にとって、この総経費から失われるものはなにもないからである。」

生産を一定と仮定すれば、耕作者の分け前が小さければ小さいほど、土地所有者あるいはその他の純生産物の共同分割者の分け前はいっそう大きいであろう。しかし、耕作者(一)がかれの前払いに比例した適正な利潤をえていなければ、つまりかれが巨額の前払いによってとうぜん巨額な利潤をえられるほど富裕でなければ、生産はもはや全く一定ではない。そして耕作者がいっそう貧しくなればなるほど、生産はますます衰え、ある程度の貧困を越すと、もうほとんど純生産物がなくなるようになる。だから、著者によって反論された諸原理は、人びとがアンリ四世によせた念願に反するどころではないのである。

(一)『分析試論』、一二ページ、「もしも、土地生産物において考えられる国富が純生産物にほかならないとすれば、国富はほとんど耕作者の支出節約の程度いかんによって決まるであろう。耕作者の生活が苦しくみじめであればあるほど、国富は大きいであろう。わたくしは、最良の国王たるアンリ四世にこのことを訴える。」

なおまた、著者はここで耕作企業者を、賃金耕作者、つまり自分の腕で土地を耕作する作男(valet de charrue)、日雇い労働者(homme de journée)と区別しなかったようである。しかしかれらは全く異なる二種類の人間であり、富の年々の再生産という大事業に全

く異なる方法で協力しているのである。耕作企業者は、かれの前払**いによって再生産に協力する。**労働者は、かれの労働によって再生産に協力し、耕作企業者が労働者にその賃金を支払う。この企業者が、自分の荷車ひきたちに給料を多くだせばだすほど、つまりかれが雇っている刈入れ人夫やその他の日雇い労働者の日当を高く支払えば支払うほど、かれはますます多くの経費を支出すること、しかもこの支出は常に純生産物から控除されることを認めなければならない。すると結論はどうか？　このことは、どんな体系においても正しいのではないだろうか？　いったい賃金が高くても利潤が減らないような種類の労働があるだろうか？　また、言えばただそれだけ、おのずからあきらかであるような真理を承認するのが、非道なことであろうか？　なおまた、生産された富、収入および賃金の間には、ひとりでに成立する・ある自然的な釣合いがあり、このため、企業者も土地所有者も、賃金がこの釣合い以下に下がることばかりを願っている。どの分野でも、賃金が少なくて、自分の労働では多くの生活資料を稼げない者は、いっそう労働しなくなるばかりでなく、賃金労働者はその稼ぎが少なければ、ますますその消費を少なくする。かれの消費が少なければ、土地生産物の売上価値(la valeur vénale)はますます減少する。ところで、耕作者がかれの労働者たちに安い賃金を支払う場合、自分の小麦を安く売るとしても、それによって、かれがべつだん富裕になるわけではないことはあきらかである。土地生産物の売上価値は、生産規模が等しければ、毎年、耕作者が収穫し、土地所有者と分配する富の尺度である。農産物の高い売上価値と巨額の収入は、耕作者と土地所有者が自分の腕で生活する人びとに高い賃金を与えることを可能にする。一方で、高い賃金は、賃金労働者の消費をいっそう盛んにし、その生活の安楽を増大することを可能にする。他方ではまた、この生活の安楽と提供される多額の賃金は人びとを激励する。そして生産の豊かさは外国人を呼び、人間をふやす。そして人間の数が消費と売上価値とを維持する一方、かわりに人間の増加は競争によって賃金を引き下げる。農産物の売上価値、収入、賃金の価格、人口は、それらの間の相互依存の関係によって結びつけられたものであり、これらは自然的な釣合いにしたがってひとりでに均衡する。そしてこの釣合いは常に、商業と競争とが完全に自由である場合に維持される。

以上のことからひきだされるべき唯一の実際的な結論はつぎのことである。すなわち、賃金支払い者たちが、賃金労働者たちを必要とするとき、かれらをえようと競争し合って、かれらの労働に、ある適正な価格をつけるようにするため、賃金労働者たちは、かれらの欲する人のところで労働することについて完全に自由でなければならないし、また一方、現地の労働者たちが、その人数の少ないことを悪用して、賃金を自然的な釣合い以上にふやすことを賃金支払い者たちに強要しないようにするため、賃金支払い者たちは、かれらが適当と考える人びとを使用することについて完全に自由でなければならない。なぜなら自然的な釣合いは富の量、食糧品の価値、しなければならない仕事の量および労働者の人数のいかんによるのであり、しかも競争と自由によってしか決められえないからである。

耕作の経費は国内で支出されるとはいえ、経費が純生産物を損じて増大しても、国家はおなじく富裕であるということにはならない。国家は純生産物に応じた力しか持たないし、また持ちえないのである。なぜなら、再生産に必要なものは全部、再生産を生ぜしめるために労働する個人の必要にあてられるので、公共的支出のためには少しも控除されえないからである。ところで、もしも公共的支出がありえないとすれば、もしも共同の利益のために用いられる共同の力が全くないとすれば、ほんらいの意味での国家は全く存在しないわけである。存在するのは、ただ順々に生まれ、生きそして死ぬ住民の居住する一地域にすぎない。耕作の経費は、それがライン河とアルプス山脈とピレネ山脈と海との間で支出されるという意味では、国内にとどまる。しかしこの経費は、国家つまり共同の利益のための共同の力の結合によって形成された一政治統一体として考えられる国家のものではないし、またそうであることもできない。経営のために一〇〇マルクの費用がかかり、一〇〇マルクを産出する銀山のたとえは詭弁的である。この銀山が、その所有者にも、また道楽でそれを経営させる企業者にもなにももたらさないことはもちろんである。だが、この銀山が一〇〇マルクの価値を国内に残すことは確かである。この価値は消費されなければ、この銀が交換によって国外に流出するまでは、国内に現存する価値の総量をふやすからである。この点で、年々消費され、かつ再生産される土地の再生的富は、決して消滅しないでたえず流通する・消費できない価値とは非常に異なる。たしかに、毎年耕作費として支出される価値の総量は、再生産にたずさわる人びとの生活資料のためにことごとく消費されて消滅する。鉱産物のように、消滅しないで流通する価値についていえば、採鉱費の支出は価値をなくしてしまうのではなく、ただ価値の所有者を変えるだけである。だから、この場合は、国内にさらに一〇〇マルクふえるという意味で、国家は一〇〇マルクを取得したと言うことができる。だが政治統一体として考えられる国家の富に対しては、いかなる増大が生じるであろうか? この貨幣が資本の形成や有利な用途への使用のために保蔵されれば、再生産や商業に用いられる前払いが増大するし、あるいはこの貨幣が直接、流通面にもたらされて、商品を現金で購入するため、市場に提供されたり、商品の価格を高めたりすれば、生産物の売上価値が増大するので、この流通する新しい価値の存在によって、収入すなわち土地の純生産物が増大し得るという限りでしか、いかなる増大も生じない。この命題は証明可能である。しかしこの命題を十分に解明するには、商業における貨幣の真の効用について、および、孤立国家を考えるにしても、商業上や勢力上のさまざまな関係で他の諸国家に囲まれている国家を考えるにしても、この一国内への貨幣導入量の多寡による結果について詳論しなければならないであろう。これらの諸問題は、これまで十分に詳論されなかったが、問題の範囲が広すぎるので、ここで論じることはできない。わたくしはただ、著者が貨幣を取決めによる富の保証としか考えないのは大まちがいであるとだけ言っておこう。貨幣が他のどんな価値とも交換されるのは、全く取決めによってではない。それは、貨幣自身が、商業の一対象、つまり一つの富であるからであり、一つの価値を持っているからであり、価値はすべて、商業においては、ある等しい価値と交換されるからである。

著者は(一)、反対者たちの諸原理に対して一つの反論を提起しているが、それはつぎのような諸問題に要約されうる。すなわち「もしも工業および商業がいかなる富をも産出しないとすれば、工業と商業しかない国民はどのようにして生活するのだろうか？　このような国民はどのようにして富裕になるのだろうか？　もしも租税が土地の純生産物からしかえられないとすれば、このような国民はどのようにして租税を支払うのだろうか？　工業は商業国では富であるのに、農業国では富ではないのだろうか？」

(一)『分析試論』、一四ページ。

農業を拒否するような工業および商業国民はない。また工業および商業を排除するような農業国民もない。国民(*nation*)という語はこれまであまりはっきり定義されなかった。なぜなら、ひとは国民(les nations)をしばしば政治統一体すなわち国家(les corps politiques ou les Etats)と混同したからである。

国民(une *nation*)とは同一の母国語を話す人びとの集りである。だから、ギリシア人はみな、たくさんの国家に分割されていたにもかかわらず、同一国民であった。イタリアもドイツも多くの独立した主権に分割されてはいるが、イタリア人はこんにち一国民を形成しており、ドイツ人は別の一国民を形成している。フランス国民はかつては唯一の君主政体に統合されていなかった。多くの地方がさまざまな主権者に服従していた。また今でもフランス語を話すものがみな、フランス王国に統合されているわけではない。

国家(un *Etat*)とは唯一の政府のもとに統合された人びとの集りである。この区別は、一見そう思えるほどたんに文法上の区別でもないし、またこのさいどうでもよい区別でもない。この国民という名称は、住民の欲求充足に必要なものを供給する広大な地域の大民族にしか適用されえない。土地は、農業労働によって、住民に食糧と衣服の原料とを与える。工業がこれらの原料を加工し、さまざまな用途に役立てる。商業は消費者を生産者に近づけ、かれらが互いに探し合う苦労をなくし、かれらが商品を必要とする場所で、しかも必要とするときに、それを確実に見つけられるようにする。この覚書きの著者がいみじくものべているように、商業は、輸送、貯蔵、仕入れおよび予想の仕事を担当する。売手と買手の相互の欲求がかれらを互いに近づける。そしてかれらは、各地方ごとに最も地の利のよい、最も住民の多い場所、つまり各人がそれぞれ自分の用事のために通る道がいくつも交差している場所に自然と集まるはずである。これらの地点は自然に商業の集合地となり、仲買人たちの住居がそこに集まる。町や都市が形成され、そこでは売手も買手も売買の機会をますます確実に見つけられるようになるので、買手と売手の集まりはさらにいっそう大きくなる。このように、多かれ少なかれ近接した多くの商業中心地が、いたるところに設けられ、それらは、地方産物の豊かさ、人口の大少、商品運搬の便利の程度によって大なり小なり異なる範囲の諸地域に対応するのである。

小売商業や日常消費物資のために各地方の主要地に設けられた市場は、これら商業中心のかなめとなる。そして各市場は、ごくせまい範囲の一地区だけに対応する。その用途があまり一般的ではなく、またあまりたびたび用いられるものでもないので、つまりその消費があまり大きくないので、それぞれ特別の場所に耕地や工場を作っても、十分な利潤をえられないような商品がある。これらの商品は、普通、少量でもかなり大きな価値があるので、十分、遠方からの輸送費を負担しうる。これらの商品は卸しで取引きされ、それから小売商人に配分される。最も普通の商品の取引きのために、最もよく人の集まる場所に市場が設けられたのと同じ原理で、卸し売り商業のためには、ヨリ広範な一地域に対応するヨリ高級な市場が設けられた。そしてもろもろの商品はいっそう遠くからそこに集められ、いっそう遠くへ配分される。このような大規模な市場(*emporia*)は、まさに商港、集散地と呼ばれるものである。封建的未開の時代に、共同防衛のために団結してハンザ同盟を作ったのは、この種の都市であった。これらの商港は常に大都市のものである。そしてどんな場合でも、これらの商港は、商業活動がひきよせる住民の集合によってそうなるであろう。商業の大集散地をしかるべき場所に決定するものは、交差点にある都市、あえていうなら、航行可能な大河川の河口で、交通量の多い交差点にある都市の地の利の良さ、港の良さ、ときによっては住民の勤勉さおよびいくつかの工場の繁栄の状態である。このように、ナント(Nantes)はロワール河(la Loire)の河口、ルワン(Rouen)はセーヌ河(la Seine)の、ボルドオ(Bordeaux)はガロンヌ河(la Garonne)とドルドーニュ河(la Dordogne)によってできた砂州の、オランダ(Hollande)とゼランド(Zélande)の諸都市はライン河(la Rhin)、ムーズ河(la Meuse)およびエスコオ河(l'Escaut)の、ハンブルグ(Hambourg)はエルベ河(l'Elbe)の、ヴェニスはポー河(le Pô)の河口である。ティール(Tyr)、マルセイユ(Marseille)、カルタゴ(Carthage)、ジェノア(Gênes)、カディス(Cadix)は商港としてはただ海上交通の地の利をえていたにすぎない。リヨン(Lyon)、ジュネーヴ(Genève)、ストラスブール(Strasbourg)、オルレアン(Orléans)、リモージュ(Limoges)はいく分劣る集散地である。これらのどの都市でも、商業と貿易が住民の主要な職業であり、各都市は、だいたい、地方ないしは州をいくつかいっしょにしたぐらいの地域に対応し、これらは、諸州の集散地として、生産物を集め、必需品を配分する。これらの貨物集散都市の対応地域と商業とは相互に必要な二つの相関語である。したがって諸国民や諸地域が問題である場合に、土地生産物の商業と、貨物集散地の商業、すなわち仲買人の商業とを区別するのは無意味である。広範な商業の集散地の役割りを果たす若干の都市や海岸が、それぞれの集散地の領域をはなれて小政治都市を形成できなかったのは決して偶然の事情によるものではない。このような偶然は本質的にはなにも変えなかった。オランダがライン河、ムーズ河、エスコオ河および肥沃なベルギーの運河の河口であることは変らないだろう。オランダは、イギリス、フランスおよび北方諸国のどの港にとっても、依然として有利な商業地であり有利な集散地であろう。したがってまた、オランダを特に必要とする・これら多くの国ぐにと関係を維持し、交易を行なおうとする他の諸国の大部分の港にとっても、それは同様であろう。

このように、地の利をえるということは、あまり地の利にめぐまれない場所に対して一種の排他的特権を持つことである。この自然的な、それゆえに不当ではない特権によって、賃金労働者は、自分の必要以上の賃金を受けとることができ、しかもその賃金を支払う者にとっても経済的である。オランダ人のように、賃金労働者が賢明に、節約して生活する場合は、特にそうである。

この結果、このような立場の国民は、節約によってえられる賃金の余剰で、容易に資本を蓄積することになる。そしてこの資本はその国の貨幣利子を下げ、それによって国民に新たな特権の資格つまり新たな賃金の増大を保証する。まさにこの必要をうわまわる賃金によって、オランダ人はその公共的支出を支払い、なおかつたえず富裕になりうるのである。

かれらは、この賃金も、この賃金を支払う富も生産したことはない。かれらは、自分の労働で正当にその賃金を稼いだのである。かれらの位置が、その労働をかれらにとっても有利で、同時にその労働を雇用する人びとにとっても有益なものとしたからである。かれらは、わが国の大都市の仲買業者たちがかれらの賃金を稼ぐようにその賃金を稼いだのである。

富裕な文明諸国では、著名な学者、名医、大芸術家、大詩人や名優でさえ同じように名誉ある賃金を稼ぎ、裕福に生活し、おびただしい支出を負担し、慈善を行ない、資本を蓄積することができる。かれらが取得し、自由に処分する・これらの富のいかなるものをも、かれらが生産したとは、だれも考えない。ではこれらの富をかれらに譲渡するのは――だれか？　土地所有者である。土地所有者がこれらの富を得るのは――だれからであるか？　耕作者から、つまり耕作の前払いと耕作の労働からである。すなわち前払いと労働は、その過程が妨げられたり中断されたりすれば、必ず全滅するものである。したがって、すでにのべたように、租税理論はまさにこの格率のなかにあるのである。

著者および著者と意見を共にする者は、くり返しつぎのように主張している。すなわち「高い賃金をえている人びとがいる以上、とうぜんかれらは租税を支払える。諸君も認めるように、オランダ人は租税を支払って、かれらの共和国を維持しているのである。この租税が恣意的ではなく、ほぼ資力に応じたものにするには、消費税を徴集するのがよいのではあるまいか？」と。

このことについて、わたくしはつぎのように答える。

一　オランダ人は、租税支払いの必要をかれらの他のもろもろの必要とともに、他の諸国民がかれらに支払う賃金によってまかなうはずである。したがって直接オランダの領土にかかる部分以外は、この共和国の租税を支払うのは他の諸国民である。

二　土地所有者以外の消費者に消費税を支払わせることは不可能である。なぜならそう決まるやいなや、かれらはその消費をきりつめるか、かれらが消費する生産物の買値をさげるかせざるをえなくなり、いずれにしても、この租税は生産者および生産物の販売者にはねかえるからである。

三　ばくだいな賃金の価格も、普通の賃金の価格と同じく、競争によって決められる。したがってそれは、賃金労働者の損失を償なわずには、傷つけられえないのである。というのは、さもなければ賃金労働者はその労働を拒否するか他の場所に移動するであろうからである。

さらにつけ加えるべきことは、四　富裕な賃金労働者の高価な消費に課税しようとしても、ほとんどなにもえられないということである。なぜならこれら富裕な賃金労働者は常にごく少数であるからである。また税収をふやすために一般消費に課税するとすれば、それははなはだ賃金と不釣合いなものとなるからである。つまりそれは、大きな利得を得る賃金労働者に対してはほとんど無に等しいが、最も困難で有益な作業に従事する貧しい賃金労働者の賃金に対しては、たとえ一時的にせよ、かれらが立替えた税を返済してもらうまでは堪えがたいものとなるし、人口の大部分を占める農業の直接的賃金労働者はみなとうぜんこのなかにふくまれるからである。すなわちそれは耕作費を不可避的に高くする。それは土地所有者に租税を転嫁する最もいまわしい方法であり、賃貸小作地方の耕作にあてられる資本に対する最も破滅的な方法であり、収入の少ない土地をさっさと手放させ、したがって住民の食糧を減少させ、国民を最も急速に貧困に導く方法である。

二　――サン・ペラヴィの覚書きについて

（商業国民と農業国民。――借入金。――コルベール。――三階級間の流通。――利子に対する租税の効果と貨幣利子にかんする法律。――家屋税。――消費税率と密輸の危険との関係。――徴税請負制。――パリへの貨幣の集中。――貯蓄の構造。――価値。）

仲買人的小国家と農業的大国家との相違についてのべられている点については、(一)（グラスランの）覚書きについての所見をみよ。そこで示された詳論は、これらの相異なる国家機構を考察する・この方法における、正しいものと誤ったものとを区別するのに役立ちうるであろう。

（一）『間接税にかんする覚書き』、一二〇ページの注、「仲買人の帳場からなる小共和国の構造と利益との相違について一度も研究しなかったために、かれら仲買人たちの運営の慎重さが農業大強国の過誤をひきおこしたのである。」

借入金という不幸な考案は、(一)持っているもの以上に支出しようとする癖に起因する。だから前世紀にヨーロッパの元首たちによってどのような税制度が採られたにしても、ルイ一四世やその他の君主たちの野望は、かならず戦争をひきおこし、すべてを使い果すまで仮借なく戦争を強行しないではおかなかったのである。いまなお元首たちや人民をさえ興奮させる戦争熱のために、人びとは力のつづくかぎり戦い合っている。ひとは自分の収入を使い果すと借金をする。しかも貸手がみつかるかぎり借金をする。ところが抵当にすべき収入があるかぎり貸手はみつかるのである。土地所有者も元首も、全く同様に、毎年かれらの収入以上に支出し、その収入の抵当額に達するまで借金して破産する。このさい、この収入の性質は全くどうでもよいことである。

（一）『覚書き』、一二四ページ。

個人と元首の唯一のちがいは、元首の方は自分の元本や収入を保持したまま破産する策を有しているということである。ひとが戦争を遂行するための最初の借金をする代わりに、借入れる額だけを課税し、まずその税収入を使ったとしても、ひとはやがて借金せざるをえなくなったであろう。ここで嘆かれている弊害はすべて、支出を無制限に増大しうる権限の不可避的な一結果である。

ここで、マニュファクチュアにかんする多くの見解や議論がコルベールのせいにされているが、(一)かれは決してそんなことを考えなかったにちがいない。

(一)　『覚書き』、三〇ページの注。

つぎの二つの命題、(一)すなわち――一　土地所有者階級は、この階級が受けとるものの半分を生産物購入のために生産階級に支出し、他の半分を職工の製品購入のために工業階級に支出すること。――二　耕作者の階級は職工の製品購入のためにこの階級の回収分の四分の一だけを支出すること――は、ただ算式上で使用されうる任意な仮定とみなされうるだけで、これらの仮定からは決して完全に正確な結論はひきだされえない。各階級のさまざまな支出対象間の比例はあまりに変動しやすいので、決して正確には計算されえない。だが仮定はどんな場合でも有益に使用されうるし、また循環過程の概念をいっそうはっきりさせるのに役立つものである。ここでは、すでに原理とされた・ひとつの仮定にもとづいて、推論と計算がはじめられている。

(一)　『覚書き』、三三ページ以下。

この仮定は不変なものではないが、といってそのために、間接税はことごとく土地所有者の負担になるという前述の証明が少しでも弱められるわけではない。なぜならこの真理がゆらいするところのものは、耕作および工業諸階級はなにひとつ無償のものを持たないので、かれらは収穫の自由に処分しうる部分つまり土地が労働以上に与える・かの無償部分の唯一の取得者である土地所有者の費用でしか税を支払えないのであって、かれらの前払いや賃金を傷つけることは不可能であるということにほかならないからである。しかし、以下では、前払いの減少によって生じるはずの結果から間接税の過重を評価しようとし、この結果を算定するためにまず年前払いと総生産物との比例が二対五と仮定されているので、(一)この仮定を検討することが必要である。

(一)　『覚書き』、六〇ページの注、「年前払いと再生産との比率を二対五とするが、別にこれを一般原則とするつもりはない。……大農経営地方における最も普通な比率を用いたのである。」

わたくしは、この比例がある肥沃な地方におけるいくつかの大農経営小作地の前払いと生産物との精密な計算にもとづいてたてられ、著者および著者に諸資料《メモワール》を提供した人びとによって確認されえたものと認めたい。しかしながらだれも、この個別的な計算からどんな一般的結論もひきだす権利はない。前払いと生産物との間に恒常的比例というものはありえないことを理解するには、ほんの少し考察するだけでよい。前払いは、一つの支出にほかならないのであって、それ自体ではなんらの生産力(fécondité)も持たない。前払いは、利子契約の市場利子率が貸付け貨幣に付与する・かの取り決めによる生産力(cette fécondité de convention)すら持たないのである。二〇、〇〇〇リーヴルが利子つきで貸付けられた場合一、〇〇〇リーヴルをもたらすとすれば、このことから四〇、〇〇〇リーヴルは二、〇〇〇リーヴルをもたらすと推論することができる。だが二、〇〇〇リーヴルの年前払いがある小作地に投じられて五、〇〇〇リーヴルの生産物をもたらすとしても、そのことから別の土地に使用される二、〇〇〇リーヴルもおなじく五、〇〇〇リーヴルをもたらすだろうとは推論されえないし、また同一の小作地に使用される四、〇〇〇リーヴルなら一〇、〇〇〇リーヴルの生産物をもたらすだろうとも推論されえないのである。

　耕作の支出とは、土地を肥沃にするのに最も適切なもろもろの調整を土地に施すことにある。ところで、生産はこれらの調整の成功いかんにかかっているのであって、この成功が支出に比例するなどということはありえない。耕作者の英知が、同額の支出を地味や季節のあらゆる状況にヨリ適した方法で用いるかいなかによって、その支出をヨリ生産的なものにしたり、あるいはそうでなくしたりするのである。やせた土地を肥えた土地と同じほど耕作しても、支出はさらに多くなるのにおそらく収穫はヨリ少ないであろう。もしもタル(Tull)の方式になんらかの真理があるなら、ひとは播種を大いに節約することによって生産物を稼ぐことができる。そのとき年前払いは減少し、生産は増大するだろう。生産は前払いを前提とする。しかし肥沃さの等しくない土地に投じられた等額の前払いは非常に異なる生産をもたらす。生産は前払いに比例するものではないことをわからせるには、これで十分である。同一の土地に投じられた前払いでさえ比例するものではない。したがって二倍の前払いが二倍の生産物をもたらすなどとは決して仮定しえないのである。土地の肥沃さは確かに限られている。したがってできるだけ耕作し、肥料をまき、泥灰土を施肥し、溝を掘り、灌漑し、除草した土地を想定すれば、あきらかにその後の支出はすべてむだであり、またこのような支出の増加は有害となることさえありうるのである。この場合、前払いは増大されても生産物は増大しないことになろう。ゆえに生産には越えることのできない最大限度があって、そこに達すると前払いはたんに二五〇パーセントを産出しないだけでなく、全くなにも産出しないのである。

　普通の良い耕作の状態では、前払いは二五〇パーセントをもたらすことを覚書きの著者に同意するとしても、前払いが二五〇パーセントをもたらす・この点から、なにももたらさなくなる点まで、前払いをしだいに増加していくと、増加するごとにきっとますます有利でなくなるにちがいない。この場合、土地の肥沃さは、継続的に等しい重量をかけられて無理におさえつけられているバネのようなものであろう。もしもこの重量が軽ければ、またバネが非常に柔軟でなければ、はじめのうちの荷重力はほとんど無に等しいかもしれない。重量が最初の抵抗に打勝つほど大きい場合には、バネがありありとたわみ、折れ曲がるのがみられるであろう。しかしながらバネは、ある程度まで曲がると自分をおさえつけている力にいっそう抵抗するだろう。するとバネを一プス〔旧尺度の一インチ〕たわませたほどの重量も、もはや半リーニュ〔旧尺度の一二分の一インチ〕しかたわませないだろう。このような効果はしだいに減少するだろう。このたとえは完全に厳密なものではないが、わたくしの考えや、土地が生産しうるかぎりのものを産出する限界にずっと近づくと、きわめて大きな支出でも、いかにごくわずかしか生産を増大しえないかということを理解させるには十分である。

前払いが最も多くのものをもたらす点以上にしだいに均等に前払いを増加するかわりに、逆にこれを減少するとすれば、比例の上では同じ変化がみいだされるはずである。ごくわずかの前払いはきわめて大きな前払いよりもはるかにすくない利潤をもたらし、しかも利潤の比例の方が前払いの比例よりもずっと大きいということは、容易に考えられうるだけでなく、また確かなことでもある。もし二、〇〇〇フランが五、〇〇〇リーヴルをもたらすとしても、一、〇〇〇フランはたぶん一、五〇〇〔リーヴル〕ももたらさないだろうし、五〇〇フランは六〇〇〔リーヴル〕ももたらさないだろう。

播種は、それが天然の肥沃な土地に行なわれても、なんの調整もされていなければ、ほとんど残らず失われてしまう前払いとなろう。一度でもその土地を耕作すれば生産物はヨリ多くなるであろう。二度、三度の耕作は、生産物を、おそらく二倍、三倍にではなく、四倍にも一〇倍にもすることができるであろう。生産物はこうして前払いの増加よりはるかに大きな比例で増大するが、ある程度までいくと、前払いに比して生産物は可能なかぎり最大となるだろう。

この点を越えて、さらに前払いが増加されると、生産物はさらにふえるが、そのふえかたはヨリ少なくなる。しかも自然の生産力はかれ果て、技術はもはや自然になにもつけ加えることができないので、それ以上に前払いがふやされても生産物はいっこうにふえなくなるまで、そのふえかたは常にしだいに減少するであろう。

ついでまでに指摘しておくが、前払いが可能なかぎり最大のものをもたらす点を、耕作の達しうる最も有利な点と考えるのは誤りであろう。というのは前払いの新しい増加分はそれ以前の増加分と全く同じだけのものをもたらすわけではないにしても、この増加分が土地の純生産物を増大するに足るだけのものをもたらすとすれば、前払いを新たに増加する利益はあるわけだからである。そしてそれは常に非常に上手な貨幣の投下によって生じるであろう。たとえばかりに、著者とともに、良い耕作の年前払いが二五〇パーセントをもたらすものと仮定すれば、二二五パーセントをもたらすような〔前払いの〕増加はまだまだ非常に有利なわけである。というのは、元前払いの利子と初年度の年前払いの回収とはすでに二五〇パーセントのなかから控除されており、この控除分はふたたびきわめて適正な純生産物を与えるので、新前払いの生産物から、この前払いの年々の回収として一〇〇と、初年度の年前払いは常に元前払いの一部分であるので、元前払いの増加分となっている初年度の出資金の利子として一〇とが控除されるとしても、したがって新前払いによって産出された二二五パーセントから、この一一〇パーセントが控除されるとしても、一一五パーセントの純生産物がえられるだろう。これは初年度の前払いの二五〇パーセントが与えたものより大きいわけである。というのは、著者の計算によれば、まさにこの生産物から年前払いの回収として一〇〇、この前払いの初年度の出資金の利子として一〇およびその他の元前払いの利子として四〇を控除しなければならず、そうすると純生産物は一〇〇しか残らないからである。

わたくしは、この点の議論を詳しくのべたが、それは前払いが間接税のためにそこなわれる場合に、前払いの減少による生産物の漸減は全く正確に測定できるという期待をあまり安易に持たないことが肝心だからである。ここでは、著者の計算は誤った根拠にもとづいているようである。なぜなら著者は、再生産は常に前払いに対して五対二の比であるものと仮定し、この割合いで生産物の減少を計算しているからである。以上のことからあきらかなように、前払いが可能なかぎり最大のものをもたらす点を越えて耕作される場合には、前払いの減少による破壊的結果はヨリ少ないはずである。もし逆に、ちょうど前払いによる生産物が最大の点で、この〔前払いが〕減少しはじめるとすれば、〔生産物の〕漸減はヨリ大きいはずである。しかしまた、この点以下にも、前払いの漸減がヨリ小さい割合いでしか生産を減少させない点があるはずである。要するに、前払いの漸減は、前払いの漸増が生産を増大したと同じ割合いで生産を減少させるはずである。

耕作者の回収はそこなわれてはならず、また耕作者が前払いを減らせば、生産は必ず減少するという・この覚書きの基本原理は異論の余地なくあきらかである。だがこの減少の正確な大きさが厳密に査定されうるとは思えない。

金利生活者（一）は貨幣商人である。金利は資本の価格である。資本は、それ自体ではなにも生みださず、契約当事者たちの取決めによってはじめて利得をもたらすのであるから、金利に対する税は、厳密にいえば商品に対する税と同じようなものである。もし諸君が、どんな商品でもある商品の価格の一部を要求するとすれば、あきらかに諸君は、諸君が売手に要求する分だけ、この価格が下がって買手の利益となるのを妨げることになる。したがって金利に対する税を支払うのは買手つまりこの場合は結局のところ土地所有者である。この推論を事実にあてはめてみると、いたずらに貨幣利子を定める君主の法律の権威、つまり君主の諸法律が人びとの意識に植えつけて、いまでも非常に流布している意見が、この問題において影響力を持っているために、時にはこの推論が一見、事実に反するようにみえることがある。しかし注意すべきことは、貨幣利子にかんする君主の法律はいつも結果的にはその法律がない場合より高い率に貨幣利子を維持することになっているということである。いつも価格を高めたり、商業を妨げたりするのは、商品に対する他のすべての税と同じく、まさにこの法律なのである。

（一）『覚書き』、六五ページ、「金利とは、国家の三階級を活気づけている樹液をにじみださせるところの寄生樹枝である。」

元首が金利に課税する場合、法律は旧契約に対しても効力を発揮する。すると貸手は、返済を要求できないので、自分の損失を埋め合わせるなんらの方策も持たないわけである。この法律以後に結ばれる新規契約にかんしていえば、もし貸手がこの税法に従うとすれば、それは法定利率の方が自然利率より高くなったことの証拠である。もし法定利率があまりに低すぎれば、貸手は、個人的な取決めによって法律をごまかすか、貸付けをやめるかするだろう。

もしも自然秩序が、つまり完全な自由と、その結果生じる競争とが貨幣取引きの面でも生じるなら、ここで著者が行なっている推論は理論的にも実際的にも正しいであろう。

たしかに家屋は(一)、国内における一つの新しい収入とみなされうるような・いかなる収入をも産みださない。家屋の賃料はあきらかに正真正銘の支出であって、この支出は他のすべてのものと同じく土地の生産物から支払われる。しかしながら、わたくしが思うに、家屋は建物の価値に応じてではなく、その家屋が占める土地の価値に応じて課税されるべきであり、ひとが家屋に課税するのは、ただその方が他の方法によるよりも多くをもたらすからにすぎないのである。

(一)　『覚書き』、六八ページ、「家屋は貨幣と同じく不生産的である。」

奢侈品と必需品との間の不均衡にもとづいて、消費税に段階をつけることは実際上不可能である(一)。消費税には、越えることのできない・あの最大限度がある。そしてこの最大限度は、密輸が容易であるかいなかによって決まる。密輸の危険はすなわち海の危険と見積られ、周知のようにひとは密輸入に保険をつけている。ある商品に対する税が一五パーセントで、密輸入の危険が一〇パーセントにすぎないとすれば、ひとがほとんどすべてを密輸にあおぎ、それだけ政府の税収が少なくなることはあきらかである。ところで、高価な商品ほど、つまり少量で多くの価値のあるものほど密輸は容易である。二〇リーヴルの小麦よりも二〇、〇〇〇リーヴルのレースをかくすことの方がずっとたやすい。したがって価値の多い財貨ほど比例的に税を減らすべきである。そうすれば富裕者の支出は確かに最も少なく課税されることになる。過重な税というものはすべて、専売手段によってしか徴収されえないものである。しかもこの種の税の弊害は数しれない。そしてこの種の税が商業の混乱と民衆の気持の上でのいっさいの道徳観念の転倒によってひきおこす諸結果は、この種の税が間接税としてひきおこす諸結果、つまり、他のすべての消費税と同様の諸結果よりさらにいっそう有害である。

(一)　『覚書き』、七一ページ。

政府が、徴税請負制による収入を正確に知ることが絶対に不可能かどうか、わたくしは知らない。おなじように広大かつ複雑な国家徴税組織でも、関係者がみな利益の分配について説明を求める権利を有する場合には、徴税請負人はきわめて規定どおりに帳簿を必ずつけるはずである。したがって政府は、いつでもこれを提示させることができる。

個人支出のきわめて大きな部分が首都でなされるということは、たしかに一つの弊害である(一)。だがこの不都合は徴税請負の利得に特有のものではない。直接税から生じる収税長官の利得、政府雇用者や年金受給者の所得、すべての大土地所有者の収入は全部、首都で支出されている。これは大きな弊害だが、しかしそれは間接税の性質よりも、むしろ政治の一般的制度に根ざす弊害である。

(一)　『覚書き』、一〇三ページ。

著者はここで、徴税請負人の利得の一部が資本形成のために保蔵されること、またかれらの手に入った貨幣が少しも流通に返されないことを、一つの弊害と考えているようである(一)。徴税請負人のことはさておき、われわれはこの問題を一般的に考察しよう。

(一)　『覚書き』、一〇六ページ。

著者と他のいく人かの経済学者たちはいかなる部分も金銭的資本

の形成のために保蔵されることなく、収入の総額が必ずただちに流通に再投入されるべきである、さもなければ再生産が渋滞するだろうと推測しているようである。この推測はまちがいである。そのまちがいを知るには、耕作、工業、商業のあらゆる営利的企業における資本の影響力と、前払いの不可欠な必要性とについて考察すれば十分である。

この前払いとはなにか、またそれが収入の節約から生じるのでなければ、いったいそれはどこから生じるのか？　土地の生産物しか富は存在しないのである。したがって前払いは、土地が産出するものの一部と絶対に再生産にあてられる必要のないものの一部との保蔵によってのみ増大しうるのである。この部分が勤労諸階級の企業者によって保蔵されようと、土地所有者によって保蔵されようと、それはどうでもよい。企業者はまず第一に自分の利潤を保蔵して、その企業の増大のために使用される資本を自分で作り出す。だがそのためには、企業者の利潤が次年度の再生産にどうしてもあてられるべきものよりわずかでも大きくなければならない。それは、つぎの二つの理由からである。一、企業者は、前払いの年々の回収と補充のほかに、自分の労働の賃金と生活資料のほかに、さらに不動産の獲得とか利子つき貸付けとか、自分は労働しないで、同額の資本を別のなんらかの方法で使用した場合、それによって自分にもたらされるものと等額の前払いの利子を要求する権利があるからである。二、競争企業がなければ、企業者は、企業の継続に必要な利潤よりはるかに大きな利潤、すなわちかれが毎年そのなかから大いに貯蓄しうるような大きな利潤を取得しうるからである。この利潤は、必ず土地所有者側の負担で支払われるべき回収以上に、企業者が自分のものとする純生産物の一部分である。節約の直接的結果は動産資本の蓄積である。そしてこの資本は、年々の収入あるいは利潤、つまりこの資本を用いてはじめて可能となるものを取得する目的のためにもっぱら蓄積されるのである。この蓄積の結果は、貸付け貨幣の利子を下げ、不動産の売上価値を増し、あらゆる分野の企業者の不可欠な回収とあらゆる企業の経費とを減らし、企業の利潤を多くし、したがって可能でなかった企業を可能にし、あらゆる分野の前払いの総量を増し、企業と生産物との総体を比例的に増大させることである。

あらゆる貨幣使用法のうちで、資本家側で苦労の最も少ないのは、利子つき貸付けである。土地の獲得はこの気楽さの順では第二であるが、安全の順では第一である。貨幣資本の所有者に、不安定かつ困難な企業でその貨幣資本を用いるように決心させうるのは、ヨリ大きな利潤の期待だけである。ゆえに貸付け貨幣の利率は、与えられた第一の尺度であり、いわば土地の売上価値と、耕作、工業および商業の諸企業における前払いの利潤とがそれによって定められるところのパラメーターである。金利とその無益な所有者とを非難するのは無意味である。この貨幣の用法すなわち貨幣借入の必要が存在する限り、この用法が優先権を持つだろう。なぜなら、それが優先権を持つことが事物本然の理だからである。それは、前払いとなって困難な諸企業を活気づけるのに役立つ余剰にほかならない。それはナイル河の河床である。すなわちいっぱいになると、必ずあふれでて田畑を肥沃にするはずである。河水がこの河床の上を流れ去るのを嘆くべきではない。というのは重力の法則が必然的にそのようにさせるのだからである。またさらに河水が貯えられるのを嘆くべきではない。というのは、この貯水が行なわれなければ田畑は少しも灌漑されないからである。真の弊害は、この河床に河水をほとんど全部吸いこんでしまうような穴をあけられることである。政府がさまざまな借入金によって、貨幣所有者には有利だが国家にとっては不生産的な用途をたえず貨幣に提供することこそ弊害である。このような破滅的な施策によって、貨幣利子をいぜんとして高い価格で、しかも諸外国よりも高く維持するために、政府が個人の奢侈に協力することこそ弊害である。だがこのような弊害が現に存在している以上、国家収入の所有者ないし共有者がそれを全部支出せずに、それを資本に変えるために毎年保蔵するのは大いによいことである。なぜなら低金利とそのいっさいの有利な結果とは、借手の需要量と貸手によって提供される資本の量との関係から生じるのであるからである。わたくしは大農経営について言うのではなく、最も貧弱な耕作について言うのだが、もしも純生産物が全部、毎年必ず少しも保蔵されずに支出されたならば、決して大量の前払いは形成されえなかっただろうし、またこれらの前払いは決してふえることもできないだろう。このことはまったくあきらかである(一)。

(一) デュポンは、この問題についてつぎのような諸考察を付した。

「この点については、チュルゴ氏の言っていることとケネー氏の考えていたこととの間に、ある僅かな相違、それも実際的というよりむしろ表面的な相違がある。

資本の形成に協力するために、収入を節約し、さらに可能なかぎり賃金を節約することの重大な必要性は否認されえないであろう。そしてこの節約を行なう方法は、どうでもよいわけではない。

それが蓄財(thésaurisation)によって行なわれるなら、その方法は分配の自然秩序における多少の混乱と、生産物の価格における多少の減少、したがって生産物をふやし、耕作を拡大することの利益において多少の減少とをもたらす。——これがケネー氏の意見であった。

しかしながら、耐久的使用物の製造、たとえば家屋、家具、布地、とくに植樹、排水、ヨリ有利な配水、ないしはこれらの有利な用途に貨幣を用いる人びとへの当をえた貸付けのような、新しい有益な仕事に貨幣を使用するために節約が行なわれるのなら、貨幣は支出され、収穫は販売されて利潤をもたらし、しかも一方では富は蓄積され、資本は形成される。

たしかに、チュルゴ氏がきわめて適切に指摘しているように、耕作者やそれ以前の狩猟者もしくは漁師が貯えたときに、富の最初の安定(stabilisation)つまり資本の最初の形成がおこったのだが、それは貨幣の保蔵によってではなかった。というのはそのころは、いかなる流通貨幣もなかったからである。だが狩猟者はその武器を、漁師はその小舟と網を、牧者と耕作者はその家畜と建物を、つまりすべての人がそれぞれのさまざまな動産の質をよくし、またその数をふやしたのである。そしてこんにちでもかれらはそうしている。まさにこのため、あらゆるもののうちで社会に最も有利な節約は耕作者の節約であるということになる。なぜなら耕作者の節約の大部分は家畜にあるからである。——銀が導入され、それが貨幣の資格をえたとき、それは、家畜以上に非常に有利な動産となった。なぜならそれは交換を容易にしたし、また小川が集まって川をなすように、資本の形成を助ける・ごく小額の節約を容易にしたからである。

〔農業〕生産用にしろ、あるいは少なくとも賃労働による長期的使用物への加工用にしろ、この小額の節約によって集まる貨幣の積極的用途が見いだされる以前から、ケネー氏はこの予備的ではあるが不可欠な小額の節約の諸利益を常に認めていた。

かれが非難したのは、若干の生産物の販売を妨げたり、その価格を下げたり、または流通を維持するとか確立するとかのために必要以上の金属を外国で購入することを余儀なくさせたりする蓄財だけである。ただし小額の節約そのものがすみやかにいろいろの用途にあてられ、それによって有益な労働と消費とが生じるならばである。とくに小額の節約がただちに生産的労働、たとえば耕作労働やその他、新しい富を生産したり与えたりする諸経営にあてられるならばである。

チュルゴ氏が、節約は必要である、節約なしには資本は形成されえないであろうというのは正しい。またケネー氏が、蓄財はすべきではない、そうでなければ、その結果労働の遅滞と販売上の損失とが生じるので、資本の形成はヨリおそくなり、ヨリ有効でなくなるであろうというのもやはり正しいのである。」

しかしながら、ひとはいう。貨幣が流通に少しも返されなければ、売上価値は下がり、そのとうぜんの結果として借地農《フェルミエ》の回収は減る、つまり借地農がとうぜん自分で行なった計算より安く売れば、かれは賃貸借契約の価格を支払うのに自分の回収を傷つけることになるからである、と。

これについての四つの回答。

一　この議論は証明のしすぎであろう。というのは、それは、収入として土地所有者の受けとる貨幣は必ず全部ただちに耕作者の手中にもどるべきであるということを証明することになるからである。しかしそれは絶対にまちがいである。『農業哲学』の賛成者たちが、銀で支払われる貿易差額と呼ばれるものについて、全くの無関心を力説する場合に、かれら自身まちがいを認めているのである。というのは、たしかに、国内で流通していた現金の一部が差額支払いのために毎年外国に流出するとすれば、その現金が全部、流通にもどって、耕作者によって生産されたもろもろの農産物に対立することはないのに、著者の考えによれば、これらの農産物の価格は下がることになるからである。しかも一方では著者は、この銀による支払い方法など全くどうでもよいと確信しているのである。

二　世界中に流通している金および銀の総量は不断の鉱山労働によって毎年増加する。鉱山が産出する銀は、まず第一にその鉱山のある国内にひろまる。そのあるものは国内の流通面にとどまり、あるものは企業者によって国内に保蔵され、またあるものはもろもろの財貨と交換されるために国外に流出する。保蔵された銀は、実際には、間もなく流通面に帰る。そして鉱山の銀が外国のもろもろの財貨と交換されるためにその鉱山を所有する国民のもとから国外に流出するのは、事物本然の理である。というのは、もし銀が国内にとどまるなら、財貨の価格は異常なほど増大し、銀はひどく下落するからである。すなわち一、鉱山は経営費と釣合うほど十分な利潤を企業者に提供しなくなり、国民生産はやがて価値が少ないために止まるだろう。そして二、外国の財貨とその国の財貨との間の価格の差はやがて非常に大きくなり、そのため政府のあらゆる輸入禁止措置にもかかわらず、各消費者市民の利益は、政府の偏見が銀の流出に対処して設けようとする・あらゆる障害を打破るために外国商人の利益と一致するだろう。

鉱山所有国が地中から抽出する銀は、貿易差額の銀での支払いによって、鉱山所有国に対して農産物を売る国に導入される。鉱山所有国の鉱山から直接に抽出された銀について論じるのと同じく、商業によって商業国に導入される銀についても論じる必要がある。銀は、それがたくさんになると、もろもろの財貨を高価にする。やがて、銀で支払う国民には、農産物はもはや同じ価格では与えられなくなり、銀のヨリ少ない諸国民が優先される。銀を過剰に手に入れた国民は、自ら、消費するものの一部を銀のヨリ乏しい諸国民から取り寄せざるをえなくなる。このようにして、銀は、諸国民が鉱山のある国にどれだけ近いかという程度にしたがって、またそれら諸国民が組織《システム》のなかに入りはじめた時期、というよりいわば文明的商業諸国民の大社会の一員となりはじめた時期の早さの程度にしたがって、さらには諸国民の機構や国内法が生産の増大と商業の活動性とにどれだけ有利であるかということの程度によって、しだいにすべての国民にひろまる。金と銀は、ペルーやブラジルからスペインやポルトガルへ移動し、またそこから、フランスへ、イギリスへ、オランダへ、ついでドイツや北方諸国へと移動する。初期のローマ共和国時代に、*æs*(銅)という語がこんにちの *argent* という語の意味を持っていたように、スウェーデンでは、いまでも金・銀が少ないので銅が貨幣の機能を果たしていることはよく知られている。

鉱山は毎年たえず貴金属の総量に新しい増加をもたらすので、その結果、鉱山経営国をはじめとして、商業が行なう年々の分配に最もおそく、しかも最も僅かな割合いで参加する最後の諸地域にいたるまで、事物の自然的秩序においては、ということはつまり国外への過度な支出、戦争、政府の誤った諸施策によって起こりうる・もろもろの混乱を考慮に入れなければ、毎年、通貨総量の増加を経験しない国民はいないようになる。

それぞれの地方の年生産物の総量に比例して、いつかは銀があまねく全世界にわたって存在しうるとすれば、これら諸国が銀の豊富さの程度によって構成する一種の等級において、最も恵まれた位置にあって完全な繁栄状態に最も近い諸国とは、完全に均衡がとれて銀の豊富さが中程度にある諸国である。商業が銀に与える自然的な流通は、このような世界的平準を目ざしているのである。だが鉱山が掘りつくされないかぎり、すなわち鉱山が提供するものが経営費を弁済するにたるほど豊富で、なおかつ企業者をして前払いを投じる決心をさせるほど十分な利潤があるかぎり、いつか平準に達するということはありえない。なぜなら、その時こそは、鉱山の物質的な掘りつくしではなく、鉱山経営の終末だからである。

この平準状態では、商業はすべての国民間での財貨の交換にとどまり、実際上のいかなる差額も生じないだろう。こんにち金や銀を持ちすぎもせず、また全く持たないというわけでもない中間的状態にある諸国民はほとんどこれと同じ状態にあり、これらの諸国では貿易差額の銀による支払いは存在しない。なぜなら、これらの諸国民は、かれらが銀をヨリ多く有する諸国民から受けとるだけのものを、銀をヨリ少なく有する諸国民に返すからである。

耕作者がもたらした貨幣を全部、耕作者に回帰させる必要の問題にもどろう。すなわち、貯蓄によって直接的な流通からひきだされた貨幣量が、毎年商業によって流通面に導入される貨幣量より少ないか、せいぜい多くはないとすれば、農産物はその売上価値を維持するだろうし、耕作者は前年度と同じだけの貨幣を再生産に用いるだろうし、富の減少は全く生じないだろう。ゆえに貯蓄は再生産も収入もそこなわないだろうということになる。貯蓄は再生産と収入を妨げないばかりか、その増大を促すだろう。なぜなら結局のところ、貯蓄の結果、常に資本総量と前払い総量はふえ、貨幣利子は下がることになるからである。貯蓄によって保蔵される貨幣が実際に流通からひきだされるとしても、貯蓄は銀の導入の結果生じる財貨の増大をふせぎ、国民がその余分の農産物を銀保有の外国に販売する可能性を保持し、自国の労働者がもはや同じような低価格では供給できなくなる国民の消費必需品をヨリ富裕でない外国から購入する必要をなくして銀を節約するだろう。貯蓄の結果、貨幣が流通からひきだされない場合でも、貯蓄は、貨幣利子の低価格と企業者の絶対必要な回収額の減少とによって、農産物の売上価値の増大の結果生じる労賃の増大を償うのである。貯蓄は貨幣過剰のあらゆる弊害を取除き、国民にその諸利益だけを残す。もしも低金利と、その結果としての活潑さとが高賃金を償ってあまりあるのでなければ、オランダの高賃金はその商業を全滅させるのに十分であることがわからないものがいるだろうか？

三　いま仮りに、貯蓄の直接的結果として、貨幣が流通から取りだされ、耕作者に損をさせて売上価値が下がるとしても、この貯蓄の結果、前払いの増大が生じ、またこの前払いの増大の結果、ヨリ大きな生産すなわち言いかえれば年々の経費の減少が生じ、したがって、少量の貨幣が流通からひきだされることから生じる売上価値の下落が販売物の数あるいは個々の販売物のヨリ低い基本価値によって償われてあまりあるとすれば、この場合、貨幣を保蔵する大きな利益があるわけである。ところが、表面的には、前払いの増大の方がはるかに有益で、貯蓄によって生じる売上価値の下落はわずかでも不利益であるように見えるものである。もしも自由な輸出によって、わが国の諸生産物がいつも全体の市場とその価格をともにするならば、この下落は常にごく僅かなものであろう。おそらく新前払いの投資によって生じる生産の増大の方がいっそうはっきりと売上価値の低下をもたらすであろう。しかしながらこの弊害の解決策は、このまさに全体の市場との関係のなかにあり、また耕作者が諸生産物のなかから販売上最も有利な生産物を選び、それが有利であるなら小麦よりもアザミを選ぶこともできるような、その土地に適した生産物の多様性のなかにあり、さらには、生産物が豊富であることの自然的結果としての人口の増大のなかにあるのである。

一　基本価値 (*la valeur fondamentale*) と売上価値 (*la valeur vénale*) という二種類の価値が区別される。基本価値とは、売手にかかる・物の費用、すなわち原料費、前払いの利子、労働および技能の賃金である。売上価値とは、買手が売手に同意する価格である。基本価値は売上価値よりかなり固定的で、変動はずっと少ない。売上価値は需要と供給の関係にもとづいてのみ決まる。この価値は欲望とともに変動する。したがってこの価値の非常に大きな、しかも非常に突発的な変動や不均等をひき起こすには、たいていは意見だけで十分である。この価値は基本価値との必然的な関係を持たない。なぜならそれはまったく別の原理に直接依存しているからである。しかし売上価値はたえず基本価値に接近する傾向があり、それがたえず基本価値からはるかに離れているということはほとんどありえない。売上価値がながい間、〔基本価値〕以下のままでありえないことはもちろんである。というのは、ある財貨が損をしてしか売られえないとすれば、その財貨が少なくなって、その価格が基本価値以上に回復するまで、ひとはその生産をやめるからである。この価格はまた、非常にながい間、基本価値以上であることもできない。というのは、ばくだいな利潤を提供する大きな価格は、その財貨をひきよせ、売手間にはげしい競争をひき起こすからである。そこで、この競争のとうぜんの結果として、もろもろの価格は下がり、これらの価格は基本価値に接近するであろう。

四　貯蓄は保蔵貨幣の総額を流通からひきだすことによって、売上価値を下げると考えられているのは、全く根拠のないことである。保蔵貨幣の総額はほとんどすぐに流通に回帰する。そしてこれを十分理解するには、一般に行なわれている保蔵貨幣の使用法について考察するだけでよい。すなわち、あるひとは、それを土地の購入に用い、またあるひとは、それを利子つきで貸付け、またあるひとは、それを耕作、工業、商業の有利な諸企業に前払いとして用いている。この最後の用法が資本をただちに流通に回帰させ、それを細別して、もろもろの用具、農耕用家畜、原料および労働者の賃金と交換し、商業対象としての商品の購入を行なうことはいうまでもない。このことは、他の二つの用法についても同様である。不動産取得者の貨幣は売手に渡る。売手は通常ヨリ有用なものの獲得のためか、あるいは負債の支払いのために売るのであるから、販売価格は常にこの最終目標におちつくのである。というのは、もし最初の売手が別の土地を買うとしても、この最初の売手は、その別の土地の売手、すなわち換言すれば、もっぱら負債の支払いのために売ろうとする・第三の売手となるだろうからである。もしそれが催促のきびしい負債であれば、ここに貨幣はふたたび支出され、ふたたび流通に投じられるのである。それが利子を生む負債である場合には、債権者は返済されるともっぱらその貨幣を新たに貸付けることばかりを急いだろう。そこで貸付け貨幣がどのように変転するか、借手はそれをどうするか、ということを見よう。

良家の放蕩な若者たちや政府は使うために借金をする。そしてかれらが使うものは、ただちに流通に帰る。かれらにもっと分別がある場合には、かれらは身辺を整理するために、支払い期日の来た負債を支払うために、高すぎる利子を生む負債を支払うために借金をする。ある人たちは、かれらが手に入れたいと思う不動産の価格の足しにするために借金をする。するとこの借金の目的は、前述の土地獲得のための貨幣使用法のなかにふくまれるわけである。すなわち、この貨幣は第二、第三の人の手にわたり、商業において再分配されながら流通に帰るのである。企業者、製造業者、商人の借金についていえば、周知のように、これらの借金はただちにかれらの企業に投入され、あらゆる種類の前払いとして使われるのである。

この詳論によってつぎのことがあきらかになる。すなわち資本形成のために節約され、蓄積され、保蔵された貨幣は少しも流通から取り除かれないし、それに商業の細部において他のもろもろの価値と釣合って価格を決める金銭的価値(les valeurs pécunières)の総額は、いぜんとして同じ大きさである。

農業、工業および商業が栄えていて、貨幣利子が安い国では、資本総量はばくだいであるのに、周知のように、一方、金庫に保蔵される貨幣の総量はごく僅かである。現存する資本はほとんど全部、貨幣と等価の手形によって代表されている。なぜならその確実性を保証する諸効力が貨幣に等しいからである。ところで実際に金庫のなかにあるのは、商業の展開に必要な日常の支払いを行なえるだけの貨幣量にすぎない。財布を動かさずに時には数百万〔の額〕が動くのである。ゆえに、いわば大量に流通する・この貨幣の量は、ごく限られたものであり、常に商業活動の程度、つまり商業が貨幣に与える運動に比例していて、常にほぼ一定である。

わたくしは、つぎの二つのことを証明したと思う。すなわち一つは、貯蓄が流通から貨幣をひきだすとしても、貯蓄それ自体は悪いことではあるまいということである。他の一つは、実際には、貯蓄は、それによって保蔵される貨幣を流通から確かに少しもひきださないということである。

このながいノートの結末は、徴税請負人が間接税によって行なう貨幣の保蔵と蓄積はそれ自体としては少しも害悪ではなく、またこの種の税の弊害のうちに数えられるべきものでもないということである。過度な利得はあきらかに害悪である。なぜなら、それは民衆から奪い取られるものであり、しかも君主の金庫に少しも入らないので、そのため君主は増税の必要にせまられるからである。これらの利得がパリで使われるのは害悪である。それはすべての大土地所有者がかれらの収入をパリで使うことが害悪であるのと同様である。だが徴税請負人が利得の一部分だけを小出しにして支出するのは有益である。

価値と貨幣（論文草案）(一)

（A・L所蔵の原典による。――『デュポン版著作集』、第三巻、二五六ページ、かなり多数の改変あり）

（尺度。――さまざまな種類の貨幣。――価値、すなわち孤立人にとっての価値と交換における価値。）

貨幣は、それが任意的かつ慣習的であるという点では、さまざまな国民の間で異なるが、若干の点では、その諸関係によって、ある共通の名辞あるいは基準に接近し同化するところの一種の言語であるという点で、あらゆる種類の尺度と共通点を持っている。

すべての言語を結びつけ、またこれらの言語の発する音が多種多様であるにもかかわらず、すべての言語にある似かよった不変の内容を与える・この共通の名辞とは、もろもろの語が表現する諸観念そのものにほかならない。すなわちそれは諸感官を通じて人間精神に提示された自然の諸対象、および人間がこれら諸対象のさまざまな様相をありとあらゆる方法で区別したり、組合わせたりして形成した諸概念にほかならない。

いかなる黙契とも関係なくすべての言語に本質的な・この共通の内容によって、ひとはそれぞれの言語、つまり諸観念の記号として用いられる・それぞれの黙契の体系を持ち、それを他のすべての黙契の体系と比較することができるし、また同様に他のすべての黙契の体系を諸観念の体系そのものと比較して、もともと全く別の言語で表現されたことをそれぞれの言語で解釈することができる、一言でいえば翻訳することができるのである。

長さ、面積、容積のあらゆる尺度の共通の名辞とは、拡がりそのものにほかならず、さまざまな国民の間で用いられる・さまざまな尺度は、ひとしく相互に比較・換算されうる・その任意な分割にすぎない。

言語は相互に翻訳され、尺度は相互に換算される。これらの異なる表現は、まったく異なる二つの作用を表わすのである。

(一) 一七六九年という日付けは疑わしい。チュルゴはつぎの書物を引用している。すなわち、一° アベ・ガリアニの『貨幣について』(*Della Moneta*, de l'abbé Galiani) 一七五〇年刊行(クストディ男爵編、『イタリア古典・政治経済学集』*Scriptori classici italiani di economica politica*、ミラノ、一八〇三―一八〇六年、近代編、第三巻に再録されている)と、二° グラスランの『富および租税にかんする分析試論』(*Essai analytique sur la richesse et l'impôt*, de Graslin、一七六七年刊行)とである。ところでチュルゴは(デュポン著『覚書き《メモワール》』一八一一年、四三ページによれば)、この労作を、一七六九年に『趣意書《プロスペクチュス》』が発表されたアベ・モルレの『商業辞典』(*Dictionnaire du Commerce* de l'abbé Morellet)に予定していた。この辞典は完成されなかったが、そのうちのいくつかの資料は、プシェ(Peuchet)によって、かれの『商業地理学辞典』(*Dictionnaire de Géographie commerçante*)(五巻、一八〇〇年)に利用された。

言語はもろもろの音によって諸観念を指示するが、そのもろもろの音それ自体は、これらの観念と無関係である。これらの音は言語ごとに全く異なるので、これらの音を説明するには、ある音を他の音の代わりに置き代えなければならない。すなわち、外国語の音の代わりに、翻訳される言語のなかでそれに相等する音を置き代えなければならない。これに反して、尺度は、拡がりそのものによって拡がりを測定するだけである。単位として用いることが承認されている拡がりの量の選定と、さまざまな尺度をあきらかにするために決められた分割は、たんに任意的かつ可変的なものにすぎない。したがってあるものを他のものの代わりに用いるということはない。ただ比較さるべき諸量と、別の比率に代えられるべき比率とが存在するだけである。

すべての国の貨幣が一致する共通の名辞とは、これらの貨幣によって測定される・商業のすべての対象の価値そのものである。しかしこの価値は、この価値に対応する貨幣量そのものによってしか指示されえないので、とうぜん、貨幣を評価するには、別の貨幣をもってするほかはないことになる。これは、ある言語の音を解釈するには、別の音によってするほかはないのと同様である。

あらゆる文明国の貨幣は、同じような・いくつかの材料で作られており、もろもろの尺度とおなじく、これらの材料の分割と、単位とみなされるものの任意な決定とによる以外に貨幣相互間の相違はないので、貨幣は、この観点からすれば、さまざまな国民の間で通用しているもろもろの尺度のように、相互に換算されうるのである。

つぎにわれわれは、この換算が貨幣の重量と称号の表示によってきわめて便利に行なわれているのをみよう。

しかし重量と称号の表示によって貨幣を評価する方法は、貨幣にかんする商業用語を説明するのに十分ではない。ヨーロッパのすべての国民は二種類の貨幣を認めている。エキュ、ルイ、クラウン、ギニーのように、明らかな刻印をもった金属貨幣で、これらの名称で流通する現実貨幣(monnaies réelles)のほかに、貨幣は、それぞれ一種の擬制貨幣(monnaie fictive)となった。この擬制貨幣は、計算のあるいは計数上のと、呼ばれているもので、その名称と分割は、現実貨幣のどれにも対応せずに一つの共通な尺度を形成し、ひとは現実貨幣をそれにあてはめ、現実貨幣が対応する・この尺度の部分の数によってそれを評価するのである。たとえばフランスで計算のあるいは計数上のリーヴルというのがそれであり、これは二〇スーからなり、さらに一スーは一二ドゥニェに分かれる。一リーヴルに対応する貨幣というものは全然存在しないが、一エキュは三リーヴルに相当し、一ルイは二四リーヴルに相当する。この二つの現実貨幣の価値を計算貨幣で表わすと、エキュとルイの比は一対八ということになるのである。

これらの計算貨幣は、周知のように、単なる任意な名称にすぎないので、国ごとに変わるし、また同一国においても時代ごとに変わりうるのである。

イギリス人もおなじように、かれらのポンドをもっており、ポンドは二〇スーすなわち二〇シリングに分かれ、シリングはさらに一二ドゥニェすなわち一二ペンスに分かれている。オランダ人はフローリンで計算するが、その分割はわが国のリーヴルの分割とは対応していない。

したがって、われわれは、商業地理学においては、たんに各国のもろもろの現実貨幣や、それらの重量および称号による評価だけでなく、さらに各国で用いられている・もろもろの計算貨幣、この計算貨幣と国内で流通している・もろもろの現実貨幣との比率、およびさまざまな国の計算貨幣相互間の比率をもあきらかにしなければならない。

各国の計算貨幣と現実貨幣との比率は、現実貨幣の価値をその国の計算貨幣で表わすことによって定まる。すなわち、デュカをフローリンで、ギニーをシリングとドゥニェ・スターリング〔ペニー〕で、ルイとエキュをリーヴル・トゥルノワで表わすようにである。

さまざまな国で通用している計算貨幣相互間の比率について、第一に考えられることは、各国の計算貨幣と現実貨幣との比率と、現実貨幣の重量および称号の認識とによって、この比率を推定することである。実際にイギリスの一クラウンの重量と称号およびフランスの一エキュの重量と称号とを知っていれば、クラウンとフランスのエキュとの比率がわかるし、またエキュがドゥニェ・トゥルノワでいくらに相当するのか知っていれば、それによってクラウンがドゥニェ・トゥルノワでいくらに相当するかが推論されるのである。また同じくクラウンがドゥニェ・スターリング〔ペニー〕でいくらに相当するのかわかっているので、これこれの数のドゥニェ・スターリングはこれこれの数のドゥニェ・トゥルノワと等しいということがわかるし、リーヴル・スターリング〔ポンド〕とリーヴル・トゥルノワの比率も理解されるのである。

さまざまな国の計算貨幣を、それぞれの国の現実貨幣との比較によって評価したり、これらの現実貨幣の重量と称号の認識によって評価したりする・この方法は、もしも貨幣がただ一種類の金属貨幣、たとえば銀貨しか存在しないとすれば、あるいはこの用途に用いられる・さまざまな金属、たとえば金と銀との相対的価値がすべての商業国において同一であるとすれば、つまりある重量の純金、たとえば一マール〔旧単位八オンス〕が純銀、数グレン〔旧単位五四ミリグラム〕と正確に等値であり、これがすべての国で同一であるとすれば、なにもむずかしい問題にはぶつからないだろう。だがこの金と銀との相対的価値は、さまざまな国において、これら二つの金属が相対的に豊富であるか希少であるかによって変化する。

もし、ある国で銀が金の一三倍もあり、したがって金一マールを得るのに銀一三マールが与えられるとすれば、銀が金の一四倍もある別の国では金一マールに対して銀一四マールが与えられるだろう。そのため、金と銀の相対的価値が同一でない二国の計算貨幣の価値を決定するのに、たとえばリーヴル・スターリングをリーヴル・トゥルノワで評価するのに、比較の名辞として金貨を用いるとすれば、銀貨を用いた場合と同一の結果にはならないであろう。いうまでもなく、真の評価はこれら二つの結果の間に生じるのであって、その評価を完全に厳密な正確さをもって決定するためには、この問題の解決にあたって、きわめて困難な多くの問題を考慮しなければならないだろう。しかしながら、国と国との貨幣の取引き、この取引きにかんするいっさいの交渉、信用証券による貨幣の代行、為替操作、銀行は、この問題が解決されたものと前提しているのである。

貨幣という語は、その固有の、本来的かつ基本的な意味では、厳密にラテン語の *moneta* に相当し、公権力が捺印せしめた刻印によって定められ、保証された重量と称号とをもつ金属の小片を意味する。名称を明らかにし、刻印を指示し、その重量をマール重量に換算して、さまざまな国の各貨幣の重量と称号とを明らかにすること。以上のことは、さきに第一の観点から考察した貨幣の概念を明確にするためにぜひしなければならないことである。

しかし慣習は、この貨幣という語にヨリ抽象的で、かつヨリ広範な意味を与えた。金属は一定重量の小片に分割される。政府が一つの刻印によってその称号を保証するのは、これらの金属が商業において便利かつ確実な方法で使用されるということのため、つまりこれらの金属が商業において、もろもろの価値の尺度として役立つと同時に、もろもろの財貨の代表的担保として役立つということのためにほかならない。というより、これらの金属がすでに、あらゆる価値の尺度として、またその共通の担保として役立っていたからこそ、こうして金属を分割し、それに刻印し、要するにそれをもって貨幣とすることが考えられたのである。

貨幣にはほかに用途がないので、この名称は、その用途そのものを示すものと考えられた。そして実は、貨幣はもろもろの価値の尺度であり担保であるから、つまり、もろもろの価値の尺度であり担保であるものはすべて、貨幣を代行しうるのであるから、この用途に用いられるものすべてに、広い意味での貨幣という名称が与えられた。この意味でこそ、宝貝はマルディヴ諸島の貨幣であるとか、家畜はゲルマン人や古代ラティウムの住民の貨幣であったとか、金、銀および銅は文明諸国民の貨幣であるとか、またこれらの金属は、ある法定刻印によってその重量と称号とを指示することが考えだされる以前から、貨幣であったとか、いわれるのである。この意味でこそ、貨幣を代表する信用証券に紙幣（papier-monnaie）という名称が与えられるのである。要するに、この意味でこそ、貨幣という名称はすべての価値と、もろもろの現実貨幣の価値そのものとの相互の比較に役立つもっぱら抽象的な名称に合致するのであり、また *monnaie de compte*（計算貨幣）、*monnaie de banque*（銀行券）等というように用いられるのである。

貨幣という語は、こういう意味で、ラテン語の *moneta* という語で表現されるべきでなく、この語と全く正確に符号する *pecunia* という語で表現されるべきである。

われわれはいま、まさにこの最後の意味において、つまりもろもろの価値の尺度ともろもろの財貨の担保として、商業への貨幣導入の経過と、もろもろの価値測定の技術が人間にもたらした進歩とに即して貨幣を考察しようとしているのである。

まず第一に、いまこの価値(valeuir)という語によって何を理解すべきかについて、はっきりした考えを持つ必要がある。

この抽象名詞は、valoir(価値がある)という動詞、つまりラテン語では *valere* に相応するもので、日常用語では多数の意味を持っており、それらを区別することが肝要である。

この語のラテン語本来の意味は、力(force)、たくましさ(vigueur)という意味であった。また valere もやはり壮健である(se bien porter)という意味であった。そしていまでも、われわれはフランス語の *valide*(健康な)、*invalide*(病身な)、*covalescence*(回復)のような派生語で、そのもとの意味を保っている。価値という語が力を意味していたからこそ、この語義から発して、この語は、かつて古代人が同じ体力という意味の語でほとんどいつも示していた最高のもの、つまり戦闘的勇気を意味するように転化したのである。

valoir という語は、フランス語で非常によく用いられる・ある別の意味を持った。そしてこの意味は、商業において、この語や *valeur* という語に与えられる語義とは異なるけれども、やはりその第一義的な基礎をなしているのである。

それは、われわれの欲求との関係における・物の適性を示し、自然の贈りものや自然の財は、この適性によってわれわれの享有、つまりわれわれの欲望充足に適しているとみなされるのである。シチュー料理がまずいと、これは *ne vaut rien* (全然だめ)だとか、ある食べ物は健康にとって *ne vaut rien*(害になる)とか、ある織物が他の織物より *vaut mieux*(ましである)などと・ひとはいうが、こういう表現は取引きされうる価値(la valeur commerçable)とはなんの関係もなく、たんにそれが向けられる用途にヨリ適しているというだけの意味である。

悪い(mauvais)、普通の(médiocre)、良い(bon)、優れた(excellent)という形容詞は、この種の価値のさまざまな段階を特徴づけている。しかしながら、価値(valeur)という名詞は、この意味では、価値がある(valoir)という動詞ほどにはまだまだ使いならされていないことに注意すべきである。しかしそれが使用されれば、ひとはそれによってもっぱらわれわれの享有との関係における、ある物の適性を理解するのである。この適性は、常にわれわれとの関係において存在するとはいえ、一方、われわれは、価値という語を用いて、物には固有な・ある現実的特質があり、その特質によって物がわれわれの使用に適するのであることを知る。

価値という語のこのような意味は、他の人間と交渉のない一人の孤立人にとっても生じるであろう。

われわれは、この人間が自分の能力をただ一つの物にしか注がないものとして考察しよう。かれは、その物を探し求めるか、避けるか、あるいは無関心に放っておくだろう。第一の場合には、かれはきっとそのものを探し求める・ある動機を持っているにちがいない。すなわち、かれはそれが自分の享有に適していると判断しているわけである。かれはそれを良いと思うだろう、するとこの相対的適性は絶対的に価値と呼ばれてよいだろう。しかしこの価値は、他の価値と全く比較されないので、測定されえないであろう。そしてこの物は価値はあるが少しも評価されないであろう。

もしもこの同じ人間が、自分の使用に適した多数の物のなかからあるものを選択するとすれば、かれは、あるものを他のものより尊重し、栗よりもオレンジの方をうまいと思い、防寒用には綿布よりも毛皮の方がすぐれていることを発見できるだろう。すなわち、かれは、これらのうちのある物が他のものよりいっそう価値があると判断し、心のなかで比較し、それらの価値を評価するだろう。したがってかれは、自分が選ぶものには注意を払うが、その他のものは捨ててしまおうと決心するだろう。

野蛮人が仔牛を殺し、それを自分の小屋に運ぶとする。かれはその途中で小鹿をみつけると、いっそううまい肉を食べたいという期待からその小鹿を殺し、仔牛の代りに小鹿を選ぶ。それは、ちょうど最初自分のポケットに栗をいっぱいつめこんだ子供が、ボンボン菓子をだされると、それを入れるためにポケットをからにするようなものである。

以上のように、野蛮人と子供の・こうした判断のなかに、もろもろの価値の比較、つまりさまざまな物の評価があることがみられるのである。しかしこれらの評価は全く固定したものではなく、人間のもろもろの欲求の変化に応じて、刻々に変化する。野蛮人が空腹のときは、かれはどんなに上等な熊の毛皮よりも一片の鳥獣の肉の方を尊重するだろうが、空腹がみたされ、かれが寒さを感じるようになると、熊の毛皮の方がかれには貴重なものとなるだろう。

たいていの場合は、野蛮人は、自分のもろもろの欲望を現在の欲求充足だけに限定し、自分に必要なものを手に入れたが最後、かれが使用しうるものの量がどれだけあろうと、かれは、自分にとって役に立たない残りのものを捨ててしまうのである。

しかしながら、わが野蛮人は、経験によって、自分の享有に適したもののうち若干のものは、その性質上しばらくの間は保存でき、将来の必要に備えて蓄積できることを知る。すなわち、これらの物は、一時的欲求が満たされても、なおその価値を保存するからである。かれは、これらの物を自分の所有にしておこうと努力する、すなわち、それらの物をかくしたり、守ったりできるような安全な場所におこうと努力するのである。この価値評価のさいに、もっぱら享楽あるいは欲求する人間との関係でなされる・もろもろの考慮は、将来に対する用意という・この新しい観点が最初の欲求の感情につけ加わることによって、いちじるしくふえることが認められるのである。

はじめは一時的なものにすぎなかった・この感情が永続的な性格を帯びると、その時こそ人間は、自分のもろもろの欲求を相互に比較しはじめる、つまりたんに目前の欲求の性急な衝動だけでなく、さまざまな欲求の必要と効用との順位にもとづいて、いろいろの物を求めはじめるのである。

切実さの程度によって異なる・この効用の順位は他のもろもろの考慮によって比較されたり修正されたりするのだが、これらの考慮のうちで最初に現われるものの一つは、物の卓越性すなわちそれを求めさせるような種類の欲望を、その物がどの程度満足させうるかということである。この卓越性の順位は、その結果生じる評価との関係では、いくらか効用の順位の方に属することを認めなければならない。なぜならこの卓越性の程度から生じる・ヨリ強烈な享楽の魅力はそれ自体一つの利益であるので、ひとはこの利益を物のヨリ緊急な必要性と比較して、ただ一つしかない卓越した物よりも豊富である方を選ぶからである。

第三の考慮は、ひとが自分の欲望の対象を手に入れようとする場合、予想される困難がどの程度大きいかということである。というのは、ともに有用でともに卓越せる二物間では、ふたたび探すのに非常に骨が折れる物の方が、とうぜん、そのひとにはヨリ貴重に思えるだろうし、したがってかれはヨリ多くの注意と努力とを払ってその物を手に入れるだろうからである。このためにこそ、水は、その必需性や、それが人間に与える多くの快適さにもかかわらず、水に恵まれた地方では、すこしも貴重なものとは考えられないのであり、この生活必要物が豊富で手近かにえられるために、ひとはそれを少しも確保しようと努力しないのである。

われわれはまだ交換の問題に入っていないが、ここにはすでに、評価の一要素である希少性の問題がある。しかし、この希少性に付与される評価もやはり特殊な効用にもとづいていると言わねばならない。というのは、見つけにくい物ほど探し求められ、ひとがそれを手に入れるためにいっそう努力するのは、その物をあらかじめ貯蔵しておくのがいっそう有利だからである。

孤立人にかんする・この種の価値決定にさいして、そこに生じる考慮はすべて、以上三つの考慮に帰せられうる。これすなわち価値の形成において協合する三要素である。この価値を、それにふさわしい名称で呼ぶために、われわれはそれを尊重価値(valeur estimative)と名づけよう。なぜならこの価値は、まさしく人間が自分のさまざまな欲望の対象に与える尊重の度合であるからである。

人間が自分のさまざまな欲望の対象に与える尊重の度合とは何か、この評価の本質は何か、あるいは各対象の価値が個々に比較される単位名辞は何か、この比較尺度の読み方はどうか、その単位は何か、ということをこの概念にもとづいて分析しても無意味である。

こう考えてみると、われわれは、人間の生存と幸福とに必要な対象全体が、全く広範かつ多様であるにもかかわらず、かなり限定された、いわば欲求の総量を形作っていることに気づくであろう。人間は、これらの欲求を満足させるのに、さらにもっと限定された程度の体力あるいは能力しか持たない。人間の享有の個々の対象はそれぞれ、人間に注意と疲労と労働と、少なくとも時間を費いやさせる。人間が各対象の探求にあてる・その能力の使用こそ、かれの享有の代償、いわば対象の価格となるのである。人間はまだ一人である。かれのもろもろの欲求を満たしているのは自然だけであり、すでにかれは自然と最初の取引きをおこなっているわけである。だが、この取引きでは自然は、人間が自分の労働によって、つまり自分の能力と時間とを使って獲得するのでなければ、なにひとつ提供しないのである。

この場合、かれの資本は狭い限界内に限られている。かれは自分の享有全体を資本に釣り合わせなければならない。つまりかれは、自然という巨大な倉庫のなかで、一つの選択をおこない、自分で自由にしうる・この価格を、自分の気にいる・さまざまな対象の間で配分し、かれの生存と幸福にとっての重要さに応じて、それらを評価しなければならないのである。しかもこの評価とは、かれの労苦と時間の分量について、すなわち両者を一言でいえば、かれが、ある対象を探求するために、これと同等あるいはそれ以上に重要な他の諸対象の探求をあきらめることなく使用しうる自分の能力の分量について、自分自身で行なう計算にほかならないのではないだろうか？

ではこの場合、もろもろの価値を測る・かれの尺度は何か？　かれの比較尺度は何か？　かれが自分の能力そのもの以外に尺度を持たないことはいうまでもない。かれの能力の総計こそは、この尺度の唯一の単位であり、かれが出発しうる唯一の定点である。そしてかれが各対象に割当てる・もろもろの価値は、この尺度の比例部分である。したがって孤立人にとって、ある対象の尊重価値とは、まさに、かれの能力全体のなかで、かれがその対象に対して持つところの欲望に対応する部分、すなわちかれがその欲望を満たすのに用いようとする能力の部分である、ということになる。いいかえれば、ある対象の尊重価値とは人間の能力全体に対する・この比例部分の比率であり、この比率は、分子に単位をもち分母に価値の数すなわち人間の全能力中にふくまれる均等な比例部分の数をもつ分数によって示されるであろう。

われわれは、ここで一つの考察をしなければならない。われわれはまだ商業の発生について考えていない。われわれはまだ、二人の人間を組合せていない。そしてこの研究の第一歩からわれわれは価値の一般理論がふくむ最も深く、最も新らしい真理の一つに触れているのである。この真理は、二〇年前にアベ・ガリアニ氏が、その論著『貨幣について』(*della Moneta*)において、あまり詳細にではないが、明快に、かつ力強く、「あらゆる価値の共通の尺度は人間である」とのべて、あきらかにしたものである。これと同一の真理が、さきごろ『富および租税にかんする分析試論』(*Essai analytique sur la richesse et l'impôt*)という題名で発表されたばかりの書物の著者(一)によっても漠然とほのめかされ、一定不変の単一の価値が常に単位によって表現され、個々の価値はすべてその比例部分にすぎないという・かれの学説が誕生せしめられたようであるが、この学説には真理と誤りとが混じり合っているので、ほとんどの読者にとってかなり難解だったろうと思われる。

(一) グラスラン(Graslin)の著。

以上その重要さからいって広く討議されるにふさわしい一つの命題について、われわれが行なったばかりの簡単な説明では、実際に読者にとってわかりにくい点があるかもしれないが、ここでその点を詳論する余裕はない。ましてこのさい、多くの結論を詳述する必要はあるまい。

これまでわれわれを導いてきた糸をふたたびたぐって、われわれの最初の仮定を拡大しよう。一人の孤立人だけを考えるのではなく、孤立人を二人集め、それぞれ自分の用途に適したものを所有しているが、これらの物は別々の物で、別々の欲求に適しているとしよう。たとえば北海のまっただなかの、ある無人島に、二人の未開人が、一方は自分で消費しきれないほどの魚を小舟に積み、他方は着物にして着たりテントをこしらえたりするのに用いる以上の毛皮を持って、それぞれの側から上陸するとする。魚を持ってきた者は寒さを感じ、毛皮を持ってきた者は空腹を感じる。そこで後者が魚の所有者にその貯蔵の一部を要求し、その代わり魚の所有者に自分の毛皮をいくつか与えると申しでて、魚の所有者はそれを承知するだろう。ここで交換が行なわれ、ここで商業がはじまるのである。

この交換のさいにおこる問題をすこし考察することにしよう。まず第一に明白なことは、自分の漁獲物のなかから、魚が腐らない程度の数日間食べる分だけを取って、残りを不用なものとして捨ててしまったかもしれない人でも、その魚が、かれ自身着るために必要な毛皮を（交換によって）手に入れるのに役立つことがわかれば、それを尊重しはじめる、ということである。つまりかれにとって、この余分の魚は、これまで持っていなかった一つの価値を持つわけである。毛皮の所有者も同様の推論を行ない、かれの方でも自分自身には不必要な毛皮を評価することを覚えるだろう。この最初の状況では、すなわち二人の人間はそれぞれあり余るほどの物を所有していて、余剰の物には全然価値を認めないことになれているという・われわれの仮定では、交換条件についての掛け合いはそれほど激しいものではあるまい。どちらも、自分自身に必要のない魚あるいは毛皮を全部、相手が取るにまかせるだろう。ところで仮定を少し変えてみよう。すなわち二人の人間のどちらにも、かれの余剰の物を保蔵することとの利益、つまり余剰の物に価値をつける動機を与えることにしよう。一方は魚の代わりに非常にながく保存のできるトウモロコシを持ってき、他方は毛皮の代わりに薪を持ってき、しかもその島は穀物も木材も産しないものと仮定しよう。二人の未開人は、それぞれ数ヵ月分の食料または燃料を持っている。かれらは、たぶんかれらがそこから狂暴な野獣か敵国民の恐怖のために追い出された大陸に帰る以外には、どこへもかれらの貯蔵を補充しに行くことはできない。つまりかれらは、暴風雨期の海上ではほとんど避けられない・いろいろの危険に身をさらすのでなければ、それをなしえないのである。トウモロコシの全部と薪の全部とが二人の所有者にとって非常に貴重なものとなること、つまりそれらが、二人にとってある大きな価値を持つことはあきらかである。しかし、一月分の消費が可能な一方の人の薪も、この所有者がこの期間内にトウモロコシの欠乏のため餓死するとすれば、かれには全くむだなものとなるだろう。またトウモロコシの所有者も、もしかれが薪不足のため凍死の危険にさらされるとすれば、おなじく生きられないだろう。だから、季節が変って、別のトウモロコシと別の薪を求めて大陸に行くのに航海できるようになるまでは、どちらも薪とトウモロコシを持っていられるように、かれらも交換を行なうだろう。この場合、どちらもきっと前ほど大まかではあるまい。つまり各人は、自分の持っている一定量の財貨よりも自分の持っていない一定量の財貨を選ぶようにかれにしむける・あらゆる考慮を慎重に吟味するだろう。換言すれば各人は二つの欲求の強さ、すなわちトウモロコシを保蔵する利益と薪を手に入れる利益、およびトウモロコシを手に入れる利益と薪を保蔵する利益という・各人が選択に迷うところの二つの利益の大きさをそれぞれ計算するだろう。要するに各人は、自分との関係で、その尊重価値をきわめて正確に決めるだろう。この尊重価値は、各人がこれらの二物を手に入れるについて持つところの利益に比例している。そしてこれら二つの価値の比較とはあきらかに二つの利益の比較にほかならない。だが各人はそれぞれにこの計算を行なうので、その結果が相異なることはありうる。すなわち一方は六ブラス〔brasse は一抱えの量〕の薪に対して三ムジュール〔mesure は一枡の量〕のトウモロコシを交換するだろうが、他方は九ムジュールのトウモロコシに対して僅かに六ブラスしかあたえないだろう。各人がそれによって保蔵する利益と取得する利益とを比較する・このような内心の評価とは無関係に、双方ともさらに、いっさいの比較とは関係のない一般的利益によって動かされる。すなわちそれは、おのおのが自分の財貨をできるだけ多く保蔵し、相手の財貨をできるだけ多く取得するという利益である。このため、各人は、自分の二つの利益について、つまり各人が二つの交換財貨に与える二つの価値について心のなかで行なった比較を秘密にしておき、ヨリ少なく提供しながらヨリ多くのものを要求して、自分の欲する財貨の所有者の気持ちを探るのである。後者は後者で同様のことを行なうので、かれらは交換条件について掛け合うだろう。そして双方どちらとも同意できる・ある大きな利益がみつかると、かれらはやっと同意するだろう。すなわちかれらは結局、一定量の薪に対して一定量のトウモロコシを与えることで意見の一致をみるまで、どちらも少しずつ自分の提供をふやしたり、自分の要求を減らしたりするだろう。交換が行なわれるさいに、たとえば五ブラスの薪に対して四ムジュールのトウモロコシを与える者があるとすれば、かれが四ムジュールのトウモロコシよりも、この五ブラスの方を尊重していることはたしかである。つまりかれは五ブラスの薪に優越的な尊重価値を与えているわけである。しかし四ムジュールのトウモロコシを受けとる者の方からいえば、かれはこのトウモロコシの方を五ブラスの薪より尊重しているわけである。物を譲渡してえられた物に、その取得者が与える・この尊重価値の優越性こそ交換において本質的なものである。というのは、この優越性こそ交換の唯一の動機だからである。もし各人が交換することに一つの利益、一つの個人的利得も見いださないとすれば、またもし各人が自分自身について、与えるものより受け取るものの方を多いと思わないとすれば、かれらはどちらも現在のままでいるだろう。

しかし、この尊重価値の差は相互的なものであって、どちらの側でも全く等しいものである。というのは、かりにそれが等しくなければ、二人のうちの一方は他の者ほどには交換を望まず、他方がヨリ多くを提供して自分の価格に近づくようにさせるであろうから。したがって各人は等しい価値を得るために等しい価値を与えるということは常に厳密に正しいのである。もしも五ブラスの薪に対しては四ムジュールのトウモロコシが与えられるとすれば同じく四ムジュールのトウモロコシに対しては五ブラスの薪が与えられるのである。したがってこの個別的な交換においては、四ムジュールのトウモロコシが五ブラスの薪と等価(équivalent)である。ゆえに、これらの二物は等しい交換価値(valeur échangeable)を有するのである。

さらに注意しよう。相等しいことをもって自由な交換の必要条件とする・この交換価値とは正確には何であるかを考えてみよう。ここでもやはり、われわれの仮定の単純性から離れないで、二人の契約者と二つの交換対象しか考えないことにする。交換価値はあきらかに尊重価値ではない。換言すれば、交換価値は、各人が相手の物を取得するのに自分の物をどれだけ譲渡すべきかということを決めるために欲求の二対象の所有を比較し、それぞれ別々にこれら二対象に付与した利益ではない。なぜならこの比較の結果は二人の契約者の心のなかでは相等しいものではありえなかったからである。すなわちわれわれがさきに尊重価値という名称をつけた・この最初の価値は、各人が自分の心のなかで相対立する二つの利益をそれぞれに比較することによって成立するものであって、双方で別々に考えられた各人の心のなかにしか存在しないのである。これに反して、交換価値は、交換が相等しいことを認め、これをもって交換の条件とする二人の契約者によって決められるのである。尊重価値の決定の場合には、各人は、別々に考えて二つの利益、すなわち各人が現に持っている対象と、持ちたいと思う対象に付与する二つの利益を比較しただけである。交換価値の決定の場合には、比較する人間は二人で、比較される利益は四つである。しかし、二人の契約者それぞれの二つの個別的な利益がまずそれらの間で別々に比較され、ついでこの二つの結果がいっしょに比較される、というより平均的尊重価値(valeur estimative moyenne)を成立させるために二人の契約者によって掛け合わされるのである。この平均的尊重価値こそたしかに交換価値となるものであり、われわれはこれに評価価値(valeur appréciative)という名称を与えるべきであると思う。なぜならこれが価格すなわち交換の条件を決定するのだからである。

以上にのべたことから、評価価値は、――この価値は交換される二対象間で相等しい――本質的には尊重価値と同じ性質のものであることがわかる。つまり評価価値は、それが平均的尊重価値であるという点が異なるだけである。さきに見たように、各契約者にとって、与えられた物の尊重価値の方が受けとられた物のそれより大であり、この差は正確にそれぞれの側で相等しいのである。つまりこの差の半分を大きい方の価値から引き、それを小さい方の価値に加えれば、双方は相等しくなるだろう。われわれは、この完全に相等しいということが、たしかに交換の評価価値の特質であることをみた。ゆえに、この評価価値はあきらかに二人の契約者がそれぞれの対象に付与する価値の平均的尊重価値にほかならないのである。

われわれが論証したように、孤立人にとって、ある対象の尊重価値は、一人の人間がこの対象の探求にさきうる能力の分量とかれの能力全体との比率にほかならない。したがって、二人の間の交換における評価価値は、二人がそれぞれの交換対象の探求にあてようとする・各自の能力の分量の合計とこの二人の能力〔全体〕の合計との比率である。

この二人の間に交換を導入するとどちらの富も増大すること、すなわちかれらは同一の能力でいっそう大きな享有量を得ることに、ここで注意しておくと有益である。さきの二人の未開人の例において、トウモロコシを産する海浜と木材を産する海浜とが相互に離れているものとする。未開人が一人しかいなければ、かれはトウモロコシと薪を貯えるために二度往復せざるをえない。するとその結果、かれは航海のために多くの時間と疲労とをむだにするだろう。反対に、未開人が二人ならば、かれらは二度目の往復にあてるはずの時間と労働とによって、一方が木材を切り他方がトウモロコシを収穫するだろう。トウモロコシと薪の収穫の全合計はずっと多くなり、したがってめいめいの分もずっと多くなるだろう。

さて本題に帰ろう。われわれの評価価値の定義からすれば、評価価値は、これまで何人かの人が考えようとしたように、交換される二物間の関係、すなわち価格と販売物との関係ではない、という結論になる。この表現は、二つの価値の比較、つまり交換の二つの条件の比較の場合には絶対に正しくないだろう。ある相等しい関係があるとすれば、この相等しい関係はすでに相等しい二物を前提としているのである。ところで、この相等しい二物とは、交換される二物ではなく、交換される物の価値である。ゆえに、相等しい関係にある価値と、比較される二つの価値を前提とする・この相等しい関係とを混同してはならない。

たしかに、ある意味ではもろもろの価値は一つの比率である。われわれはさきに、尊重価値の性質を究明したときに、このことを説明した。われわれはまた、この比率は、どんな比率とも同じように、分数で表現されうるとものべた。交換の本質的条件をなすものは、まさしく、この二つの分数の等しさ、つまり評価価値を二つの尊重価値の間の差の半分に決めることによってえられる等しさである。

商業用語ではしばしば価格と価値とが混同されるが、実際は、価格の表明は常に価値の表明をふくんでいるので、なんの障害もない。しかし、それは異なる概念であるから区別することが肝要である。

価格とは他のものと交換に与えられるものである。この定義からすればあきらかに、この他のものも、おなじく最初のものの価格である、ということになる。交換が語られる場合に、このことに注意を促してもほとんどむだであり、商業とはそもそも交換であるのだから、この(価格という)表現が、ともに相互の価格である・もろもろの取引き物にどんな場合でも相互に適合することはいうまでもない。購入される物の価格、つまりいってみれば二つの価格はある等しい価格をもっている。すなわち価格は購入品に値し、購入品は価格に値する。しかし価値という名称は、厳密にいえば、交換の二つの名辞のどちらか一方にヨリ適合するというものではない。ではなぜ、この二つの名辞は混同して使用されるのか？　その理由はつぎのとおりである。そしてこの理由の説明によって、われわれはさらに価値の理論において一歩を進めるだろう。

一　実際の用語では、価格はもっぱら貨幣をともなった交換価値である。

その理由とは、価値をそれ自身で表明することが不可能だということである。われわれが価値の本質についてのべ、かつ論証したことをすこしでも考察すれば、これが不可能なことは容易に理解される。

その第一の名辞、つまり基本単位としての分母が評価できないので、全くばくぜんとしかわからない比率の表現は、実際にはどのようにして見出されるのだろうか？　ある対象の価値が人間の能力の二〇〇分の一に相応すると、どうしていえるのだろうか、またこの能力とはどんなものをいうのだろうか？　この能力の計算に時間を考慮に入れなければならないことはたしかである。だがその期間はどれだけと決められるだろうか？　一生涯あるいは一年、あるいは一ヵ月、あるいは一日とされるだろうか？　おそらく、そのいずれでもあるまい。というのは、どんな欲求の対象にしても、これを得るためにはどうしても人間の能力が長短さまざまの期間用いられなければならないのだが、その期間ははなはだしく不均等だからである。これらのさまざまな時間の長さをどのように評価するのか？　時間は人間のあらゆる欲求を同時に通りすぎていくが、個々の欲求にかんしては不均等な持続時間としてしか計算されないはずである。どんな場合でも唯一の、いわば不可分な一本線上を経過する・一定の持続時間における想像上の諸部分をどのように評価するのか？　その基礎がすべて不確実である・このような計算の迷路において、導きの糸となりうるものは何か？　ゆえに価値をそれ自体として表現することは不可能である。そしてこの点について人間の言語が表明しうるのは、せいぜいある物の価値が他の物の価値に等しい、ということだけである。二人の人間によって評価された、というよりむしろ感じられた利益が、個別的なそれぞれの場合に、この方程式をたてるのであって、これまでだれも人間の能力全体を欲求の各対象と比較するために人間の能力を総計しようとは考えなかったのである。どんな場合でも、利益がこの比較の結果を決定するのだが、利益は決してこの比較を行なわなかったし、また行なえもしなかったのである。

　したがって価値を表明する唯一の方法は、すでにのべたように、ある物と他の物が価値において等しいと表明すること、すなわち別のことばでいいかえれば、ある価値を、求められている価値に等しいものとして表現することである。価値は、拡がりと同じく、価値以外の尺度を持たない。いろいろの長さは、もろもろの長さをそれにあてがうことによって測定されるように、もろもろの価値は、それともろもろの価値とを比較することによって測定される。いずれの比較方法においても、自然から与えられた基本単位があるのではなく、慣習上の任意単位があるだけである。交換の場合には必ず相等しい価値が二つあるのだし、その一方をいい現わせば他方の測定ができるのであるから、この測定の基本、すなわち換言すれば、価値比較の尺度を構成する諸部分の計算法の基礎として用いられる任意単位を承認する必要がある。二人の交換契約者のうちの一方が、自分の取得する物の価値を言い言わそうとすると仮定しよう。かれは自分の価値尺度の単位として自分が与える物の一定部分を用い、かれが受けとる物の一定量に対してかれが与える物の量を数で、つまりこの単位の分数で示すだろう。この量は、かれにとっては価値の表明であろうし、またかれが受けとる物の価格であろう。つまり以上のことから、価格は常に価値の表明である、したがって、取得者にとって、価値を表明するということは、取得した・物の価格を言うことである、ということがわかる。だからかれは、自分がある物を取得するために与える物の量を言い表わすことによって、この量がかれの購入する物の価値、すなわち価格であると区別せずに言うだろう。かれは、この二通りの言い方をしながら、心のなかでは同じ意味に考え、またそれを聞く人びとの心のなかにも同じ意味を与えるだろう。つまり価値と価格という二つの語は本質的には相異なる概念を示すものではあるが、その厳密な正確さが求められない場合、日常の用語ではなんの障害もなくいかに相互に代用されうるかということが、これによってあきらかである。

　二人の契約者の一方が、自分の与える物の任意な一定部分によって自分の取得する物の価値を測定するとすれば、ひるがえって他の契約者もこれと同一の権利をもち、相手に取得された物すなわちまさにかれ自身が与えた物によって、さきに相手が自分に与えて価値の測定に利用した物の価値を測定するだろうということはいうまでもなくあきらかである。われわれの例でいえば、五ブラスの薪に対して四袋のトウモロコシを与えた者は一袋のトウモロコシを自分の単位尺度として用い、一ブラスの薪はトウモロコシ一袋の五分の四に相当する、と言うだろう。トウモロコシに対して薪を与えた者は、逆に、一ブラスの薪を自分の単位として用い、一袋のトウモロコシは薪一ブラスと四分の一に相当する、と言うだろう。この計算は、一方はフランスのオーヌ(aune)〔フランスの織物用の旧尺度 一、一八八四メートル〕をスペインのヴァール(vare)〔スペイン、ポルトガルの長さの単位 地方によって差があるが約八五センチ〕で、また他方はスペインのヴァールをフランスのオーヌで互いに評価しようとする二人の人間の間で生じる計算と全く同じものである。

この二つの場合、ひとは、評価すべき物も一定・不可分の単位として用い、これを、すでに任意に単位として用いられた一部分を評価するために用いられる物の一部分と比較することによって評価する。といってもフランスのオーヌがスペインのヴァールの尺度である以上に、スペインのヴァールがフランスのオーヌの尺度であるわけではない。同様に、一ブラスの薪が一袋のトウモロコシの価値の尺度である以上に、一袋のトウモロコシが一ブラスの薪の価値の尺度であるわけではない。

この一般的命題から、つぎの結論がひきだされるはずである。すなわち、どんな交換においても、交換の二項は、ともに相手の項の価値の尺度である、と。同じ理由で、どんな交換においても、二つの項は、ともに相互の代表的担保である、すなわち、トウモロコシを持っている者は、そのトウモロコシで、それと等価の薪を一定量手に入れることができ、同様に薪を持っている者は、その薪で、それと等価のトウモロコシを一定量手に入れることができる。

これこそ、価値、貨幣および商業の理論において、きわめて簡単ではあるが、きわめて根本的な一つの真理である。この真理は、まったく自明のことであるにもかかわらず、いまでも、よくたいへん優れた人々によってさえ誤解されている。そしてその最も直接的な諸結果についての無智のために、施政はしばしば最も致命的な誤りにおちいった。有名なローの体制(système de Law)を例としてあげれば十分である。

われわれは、ずい分ながい間、孤立人、および二つの物を交換する二人の人間という最初の仮定について詳述した。つまりわれわれは、そこから、それ以上複雑化を必要としない価値理論のあらゆる概念をひきだしたかったのである。このように自分をいつもできるだけ単純な仮定のなかに置いておけば、われわれがそれから帰結する諸概念は必然的にいっそうはっきりと理解されるのである。

商業の発生を考え、価値がある(valoir)という語に結びついている一連の概念を完成するには、これまでの仮定を拡大して交換者と交換物の数をふやしさえすればよい。

この後者の目的のためには、常にただ二つの交換物だけを考えて、人間をふやしさえすればよいのである。

二人の代わりに四人、すなわち薪の所有者二人とトウモロコシの所有者二人を仮定すれば、まず考えられることは、四人の間でなんの連絡もなく、一方で二人の交換者が出会い、他方で二人の交換者が出会う、ということである。そのさい交換はそれぞれ別々に、まるで世界に二人の契約者しかいないかのように行なわれるだろう。しかし、二つの交換が別々に行なわれるといっても、それがために、各交換が同一の条件で行なわれるという理由は全くない。別々に行なわれる・それぞれの交換において、交換される二物の評価価値は双方の側で相等しい。だがこの評価価値こそ二人の契約者が交換物に与えた二つの尊重価値の平均結果にほかならない、ということを見落してはならない。ところで、この平均結果が、別々に取決められた二つの交換において、全く異なるということはきわめてありうることである。なぜなら尊重価値は、各人の欲求の諸対象に対する尊重の仕方と、各人が他の諸欲求のなかでこれらの対象にふり当てる効用の順位とによって決まるからである。つまり尊重価値は各個人にとってさまざまに異なるわけである。だから、もしも一方の二人と他方の二人だけを考えるとすれば、この平均結果が非常に異なることはありうるだろう。一方の交換契約者たちが他方の契約者たちよりも寒さを感じないということは非常におこりうることである。こういう状況は、かれらに薪よりもむしろトウモロコシを尊重させるのに十分である。こうして、二つの交換のうちの一方では、四袋のトウモロコシと五ブラスの薪とが二人の契約者にとって、ある等しい評価価値を持っているのに対して、別の契約者たちにとって、五ブラスの薪はただ二袋のトウモロコシとしか等価でないだろう。といっても、ひとはある物を他の物に対して与えるのであるから、それぞれの契約においては、二物の価値がその契約者たちにとって正確に等しいことにかわりはないだろう。

さて今度は、これらの四人を近づけ、かれらが交渉をもち、薪にしろトウモロコシにしろ、それぞれの所有者たちによって提示される条件を互いに知ることができるようにしよう。それ以後は、五ブラスの薪に対して四袋のトウモロコシを与えることに同意していた者も、薪の所有者の一人がわずか二袋のトウモロコシに対して五ブラスの薪を与えることに同意していることを知ると、かれはもう五ブラスの薪と四袋のトウモロコシとの交換を望まなくなるだろう。ところがこんどは、この薪の所有者の方でも五ブラスという同一量の薪で四袋のトウモロコシがえられることを聞くと、かれは意見を変えて、もう二袋では満足しなくなるだろう。かれはとうぜん四袋を要求したくなるだろう。しかしトウモロコシの所有者たちは、薪の所有者たちがトウモロコシ二袋で満足して同意する以上に与えることを承知しないだろう。したがって、予想された交換条件は変更され、一つの新しい見積り、つまり薪の価値とトウモロコシの価値とについて、一つの新しい評価が形成されるだろう。まずあきらかなことは、この評価が、二つの交換において、したがって四人の契約者にとって同一のものとなろう、すなわち二人のトウモロコシ所有者はいずれも同一量の薪に対してはトウモロコシを多くも少くも与えないだろうし、逆に二人の薪所有者も同一量のトウモロコシに対しては薪を多くも少くも与えないだろう、ということである。もしもトウモロコシ所有者の一人が同一量のトウモロコシに対して他の所有者より少なく薪を要求するとすれば、二人の薪所有者はこの値下げを利用しようとしてその人に商談を申込むだろう、ということは一見してあきらかである。すると、この〔薪所有者たちの〕競争は、この〔トウモロコシ〕所有者をしてかれが同量のトウモロコシに対して要求していたより多くの薪を要求するようにさせるだろう。ところが、かれの側でも別のトウモロコシ所有者が、自分に必要な薪の所有者を取りもどすために、自分の薪の要求量を下げるか、自分のトウモロコシの提供量を引き上げるかするだろう。そしてこの作用は二人のトウモロコシ所有者が同一量の薪に対して同一量のトウモロコシを提供するようになるまで続くだろう。

■岩波オンデマンドブックス■

一橋大学経済研究叢書 12 チュルゴ経済学著作集

1962 年 2 月28日　第 1 刷発行
2016 年 8 月16日　オンデマンド版発行

訳　者　津田内匠《つだたくみ》

発行者　岡 本　厚

発行所　株式会社 岩波書店
〒 101-8002 東京都千代田区一ツ橋 2-5-5
電話案内 03-5210-4000
http://www.iwanami.co.jp/

印刷／製本・法令印刷

ISBN 978-4-00-730467-5　Printed in Japan